Mosaik bei
GOLDMANN

Buch

Die Hormontherapie galt lange Zeit als das geeignete Mittel gegen erhöhtes Herzinfarkt- und Osteoporose-Risiko und andere Beschwerden des Klimakteriums, wie Hitzewallungen, Gewichtszunahme, Stimmungsschwankungen und trockene Haut. Wissenschaftliche Erkenntnisse belegen jedoch, dass die langfristige Verabreichung von Hormonen etliche gefährliche Krankheiten wie etwa Krebs, Herzerkrankungen und Schlaganfälle keinesfalls verhindert, sondern im Gegenteil in unterschiedlichem Maß sogar begünstigt. Sie weisen daher in eine andere, natürliche und möglichst nebenwirkungsfreie Richtung. Spezialisten verschiedener medizinischer Fachrichtungen wie der Herzspezialist Dr. Dean Ornish, die Fachautorin Gail Sheehy, der Arzt für chinesische Medizin Isaac Cohen u. a. erläutern Hintergründe sowie wissenschaftliche Erkenntnisse und stellen ein breites Spektrum von Möglichkeiten vor, mit der richtigen Ernährung, Lebensführung und Naturheilmitteln gesund und vital und dennoch ohne körperliche oder seelische Beschwerden durch die Wechseljahre zu kommen.

Herausgeber

Dr. Mary Tagliaferri ist praktische Ärztin und Fachärztin für Akupunktur und Naturheilkunde sowie Direktorin der ersten Klinik für chinesische Medizin in den USA. Sie hat Aufsehen erregende Ergebnisse in der Erforschung der Wirkung von pflanzlichen Wirkstoffen bei Brustkrebs und in den Wechseljahren erbracht. Für dieses Buch hat sie wertvolle Beiträge von renommierten Fachärzten zusammengestellt, darunter der Herzspezialist Dr. Dean Ornish, die Fachautorin Gail Sheehy, der Arzt für chinesische Medizin Isaac Cohen.

Mary Tagliaferri · Isaac Cohen
Debu Tripathy (Hrsg.)

Wechseljahre

Wirkungsvolle und gesunde
Alternativen zur Hormontherapie

Aufklärung und Rat von
namhaften Experten

Aus dem amerikanischen Englisch
von Monika Niehaus

Mosaik bei
GOLDMANN

Bildnachweis
Wendy Wray (Kap. 6), David Martinez (Kap. 7),
Ronit Cohen (alle anderen)

FSC
Mix
Produktgruppe aus vorbildlich bewirtschafteten Wäldern und anderen kontrollierten Herkünften

Zert.-Nr. SGS-COC-1940
www.fsc.org
© 1996 Forest Stewardship Council

Verlagsgruppe Random House FSC-DEU-0100
Das für dieses Buch verwendete FSC-zertifizierte Papier *Munken Print*
liefert Arctic Paper Munkedals AB, Schweden.

1. Auflage
Deutsche Erstausgabe November 2006

Originaltitel: The New Menopause Book
Kapitel 7 basiert auf *Yoga for Healthy Bones* von Linda Sparrowe.

Die Fotografien in Kapitel 7 wurden übernommen aus
Yoga und Gesundheit für Frauen von Linda Sparrowe.

Umschlaggestaltung: Design Team München
Umschlagmotiv: Zefa/O. Graf
Redaktion: Vera Herbst
Satz: Barbara Rabus
Druck und Bindung: GGP Media GmbH, Pößneck
WR · Herstellung: Han
Printed in Germany
ISBN 10: 3-442-16685-3
ISBN 13: 978-3-442-16685-5

www.goldmann-verlag.de

Inhalt

Einleitung

Als ich im Alter von 30 Jahren die Diagnose »Brustkrebs« erhielt, war es ein großes Glück für mich, Debu Tripathy und Isaac Cohen zu begegnen, zwei außerordentlichen praktischen Ärzten, die sich für Frauengesundheit engagieren und, was den Forschungsbedarf auf dem Gebiet der komplementären und alternativen Medizin angeht, ähnliche Vorstellungen hatten wie ich. Das war vor zehn Jahren, und wir drei haben inzwischen viele Millionen Dollar an Unterstützung gesammelt, um dieses Ziel zu erreichen. Wenn wir uns nicht gerade gegenseitig Geschichten über unsere Reisen oder unsere Familien erzählen, Witze reißen oder heftig über Politik diskutieren, suchen wir nach innovativen Wegen, präzise wissenschaftliche Daten über die Rolle pflanzlicher Arzneimittel bei der Behandlung von Wechseljahrssymptomen und Brustkrebs zu gewinnen.

Dr. Debu Tripathy ist ein renommierter Onkologe, er spielte eine führende Rolle bei der klinischen Entwicklung des bahnbrechenden neuen Antikörpers Herceptin zur Behandlung von Brustkrebs. Isaac Cohen gilt weltweit als herausragender Experte beim Einsatz Traditioneller Chinesischer Medizin in der Krebsbehandlung und im Rahmen der Frauengesundheit. Mein beruflicher Hintergrund als Ärztin mit einer zusätzlichen Ausbildung in Traditioneller Chinesischer Medizin bot ideale Voraussetzungen für unsere langfristige Zusammenarbeit.

Ich wusste, dass wir einen wichtigen Durchbruch in unserer Arbeitsbeziehung erzielt hatten, als Debu Tripathy, Isaac Cohen und ich nur ein Jahr nach unserem ersten Treffen zu einer Erkundungsmission nach China aufbrachen. Zwischen Zusammenkünften mit Onkologen und Akupunkteuren feilschten wir auf einem Markt um den Preis einiger Seidengewänder, als uns ein englischer Wirtschaftsprofessor ansprach und nach dem Anlass unseres Chinatrips fragte. Debu erwiderte, dass wir über chinesische Medizin forschten, und der Mann bemerkte skeptisch: »Glauben Sie tatsächlich an das Konzept des Qi?« Als Debu zu einer eloquenten und leidenschaftlichen Erklärung der traditionellen chinesischen Sichtweise des Qi wie auch eine mögliche rationale Deutung für dieses Qi auf der Basis von molekularem und biochemischem Gleichgewicht ansetzte, ist mir beinahe schwindelig geworden. Während ich zuhörte, wie Debu unsere Theorien und Ziele erläuterte, erkannte ich plötzlich, dass wir tatsächlich Brücken gebaut hatten zwischen den beiden medizinischen Feldern – dem einen, das in poetische Erklärungen eingebettet war, und dem anderen, das auf plausible wissenschaftliche Theorien gründete.

Das war vor zehn Jahren. Aus unserer Zusammenarbeit hat sich etwas viel Größeres entwickelt als der Austausch unter Kollegen aus verschiedenen Gebieten. Wir haben einander beigebracht, Medizin und Heilung aus vielen verschiedenen Blickwinkeln zu sehen. Während Isaac und ich

Pflanzen zuvor lediglich als potente Heilmittel angesehen hatten, deren Einsatz sich auf zweitausend Jahren anekdotischer Berichte stützt, wissen wir heute, dass es auch eine biologische Begründung für ihre Wirkung gibt. Dieses doppelte Verständnis – wie pflanzliche Arzneien auf der Basis traditioneller Theorien wirken und wie sie wissenschaftlichen Erklärungen zufolge Körperfunktionen regulieren – gibt uns die Möglichkeit, mit Komplementär- *und* mit konventionellen Medizinern zu kommunizieren, die gemeinhin völlig isoliert voneinander arbeiten. Unsere Fähigkeit, beide Sprachen zu sprechen, hat uns ein neues Gebiet eröffnet, die ganzheitliche Medizin.

Dieses Buch stellt das zweite gemeinsame Projekt von uns Dreien dar. Unser erstes Buch *Breast Cancer: Beyond Convention* war sowohl beruflich als auch persönlich ein riesiger Erfolg. Wir konnten unsere persönlichen Erfahrungen – die Arbeit innerhalb und außerhalb des medizinischen Establishments wie auch die direkte Arbeit mit Patientinnen – verbinden, um Frauen die aktuellsten Informationen über komplementäre Therapien zur Behandlung von Brustkrebs zur Verfügung zu stellen. Das Feedback, das wir von Frauen mit Brustkrebs zu unserem Buch erhalten haben, war überwältigend positiv; generell haben die Frauen das Gefühl, dass wir die Bandbreite von Fragen, die im Rahmen einer Behandlung auftreten und mit denen sie sich auseinandersetzen – die jedoch von konventionellen Medizinern häufig vernachlässigt werden –, gründlich und mit dem nötigen Einfühlungsvermögen angesprochen haben.

Im Jahr 2002, kurz nachdem *Breast Cancer: Beyond Convention* erschienen war, begannen wir, an diesem Folgebuch *Wechseljahre* zu arbeiten. Unsere Arbeit mit Frauen, die ihren Brustkrebs überstanden und von denen viele aufgrund von Chemotherapie und anderen Behandlungen eine ärztlich hervorgerufene Menopause erlebt hatten, hat uns gelehrt, dass solide wissenschaftliche Informationen über andere Möglichkeiten dringend benötigt werden. Zudem war das Thema Wechseljahre eine natürliche Fortsetzung unserer Arbeit auf dem Gebiet des Brustkrebses, denn vom biologischen Standpunkt spielt Östrogen eine entscheidende Rolle beim Auftreten von Brustkrebs wie auch beim Eintreten der Wechseljahre.

Im Jahr 2002 wurden im *Journal of the American Medical Association* (JAMA) die Ergebnisse einer Studie der Women's Health Initiative (WHI) publiziert. Wir alle waren von den Ergebnissen schwer getroffen. Die Studie zeigte, dass die konventionelle Hormonbehandlung das Risiko einer Frau für Brustkrebs, Herzinfarkt und Schlaganfall erhöht. Heute sind Schätzungen zufolge rund 50 Millionen Amerikanerinnen in den Wechseljahren und rund 80 Prozent von ihnen leiden unter Hitzewallungen. Die konventionelle Medizin bietet wenig Alternativen zu einer Hormonbehandlung, daher war uns klar, was wir zu tun hatten.

Wir haben einige der renommiertesten Experten auf dem Gebiet der Frauengesundheit für dieses Buchprojekt gewinnen können. Eines unserer Ziele war es, Fachleute zu finden, die nicht nur führend auf ihrem Gebiet sind, sondern ihre

Ratschläge und Behandlungspläne für Frauen in und jenseits der Wechseljahre auf solide wissenschaftliche Fakten stützen, nicht einfach nur auf Hörensagen oder anekdotische Berichte. In *Wechseljahre* haben wir ein fantastisches Team von Experten zusammengebracht, die sich auf wissenschaftliche Daten und klinische Beobachtungen stützen, wenn sie alternative Behandlungsformen wie pflanzliche Präparate, pflanzliche Hormone, Yoga und Stressmanagement sowie Vitaminpräparate empfehlen.

Die oft verwirrenden Gefühle und Erfahrungen, die Sie in den Wechseljahren durchleben, können überwältigend sein. Wir hoffen, dass *Wechseljahre* Ihnen hilft, Ihren Weg durch den Dschungel an Information über die Wechseljahre zu finden und Ihnen die Wahl der für Sie geeigneten Behandlung erleichtert. Wir sind sehr stolz auf dieses Buch; es ist das erste dieser Art, das Frauen in den Wechseljahren eine solch große Bandbreite an Wahlmöglichkeiten vorstellt. Wir wünschen Ihnen während der Wechseljahre und darüber hinaus ein erfülltes, vitales und gesundes Leben.

Mary Tagliaferri

Vorwort

Ich freue mich sehr, das Vorwort zu diesem zweiten wichtigen Buch über Themen der Frauengesundheit zu schreiben, das von Mary Tagliaferri, M.D., L.Ac., Isaac Cohen, L.Ac., und Debu Tripathy, M.D., herausgegeben wird. Das erste Buch des Trios, *Breast Cancer: Beyond Convention* wurde als bahnbrechender Ansatz zur Behandlung von Brustkrebs begrüßt. Dieses Buch *Wechseljahre* wird für die geschätzten 50 Millionen Amerikanerinnen, die sich in den Wechseljahren und jenseits davon befinden, sicherlich ähnlich bedeutsam werden.

Dieses Buch ist wichtig *und* es kommt zum richtigen Zeitpunkt. Gegenwärtig beträgt die durchschnittliche Lebenserwartung für Frauen in den Vereinigten Staaten 82 Jahre. Und wie Dr. Mary Tagliaferri in Kapitel 2 betont: »Während die Lebenserwartung für Frauen weiter ansteigt, ist das durchschnittliche Alter beim Eintritt in die Wechseljahre nicht gestiegen. Das heißt, dass heutzutage die Mehrheit der Frauen *nach* den Wechseljahren noch etwa ein Drittel ihres Lebens vor sich hat.«

Heutzutage erleben Millionen Frauen die unangenehmen und hinderlichen Symptome der Wechseljahre, und viele von ihnen sind gezwungen, sich selbst nach Behandlungsalternativen umzuschauen. In der Regel bieten die niedergelassenen Ärztinnen und Ärzte den Frauen kaum Behandlungsalternativen und lassen ihnen häufig nur die Wahl zwischen einer Hormonbehandlung oder gar keiner Therapie.

Wenn Sie zu den Frauen gehören, die mit Symptomen wie Hitzewallungen und Angstzuständen zu kämpfen haben und sich wegen späterer Folgeerkrankungen wie Osteoporose und koronarer Herzkrankheit Sorgen machen, dann lassen Sie sich von *Wechseljahre* führen.

Ich freue mich, dass sich Frauen zur Behandlung von Wechseljahrsbeschwerden so häufig wie nie zuvor komplementären und pflanzlichen Behandlungsformen zuwenden. Wie eine ganze Reihe aktueller Studien zeigt, nutzen in den Vereinigten Staaten vier von fünf Frauen in den Wechseljahren pflanzliche Arzneimittel, und die meisten von ihnen suchen Fachleute, die komplementäre Medizin praktizieren, häufiger auf als ihren Hausarzt.

Zudem haben die kürzlich veröffentlichten Ergebnisse der Studie der Women's Health Initiative (WHI) der Nationalen Gesundheitsinstitute (NIH) gezeigt, dass Östrogen-Gestagen-Kombinationstherapien das Risiko für Herzinfarkt, Schlaganfall, Blutgerinnsel und Brustkrebs erhöhen. Die Studie ergab darüber hinaus, dass die Gabe von Östrogen allein, also ohne den Zusatz von Gestagen, das Risiko für Schlaganfall und Blutgerinnsel erhöht, ohne das Risiko für Brustkrebs, Herzinfarkt und Dickdarmkrebs zu senken. Weitere Einzelheiten über diese Studie und ihre Auswirkungen auf die Behandlung von Wechseljahrssymptomen durch die niedergelassenen Ärztinnen und Ärzte finden sich in

Kapitel 2: Sechzig Jahre Hormonbehandlung: Wo stehen wir heute?.

Die Ergebnisse dieser Studie haben viele Frauen, die sich bisher einer konventionellen Hormonbehandlung unterzogen haben, oder die überlegen, damit zu beginnen, veranlasst, ihre Entscheidung zu überdenken. Dieses Buch liefert Ihnen den wissenschaftlichen Hintergrund der Hormongabe wie auch den der natürlichen Alternativen, sodass Sie eine wohlinformierte Entscheidung über Ihre Behandlung treffen können.

Jedes Kapitel dieses Buches ist von einem Experten bzw. einer Expertin auf dem jeweiligen Gebiet geschrieben worden, ob es sich nun um Traditionelle Chinesische Medizin, Phytotherapie, Naturheilkunde oder Frauengesundheit im Allgemeinen handelt. Die Autoren beschreiben die Symptome, unter denen Sie möglicherweise leiden, wie Hitzewallungen, Gedächtnisverlust und Depressionen, und erläutern, wie sich diese Symptome mit speziellen Therapien und pflanzlichen Mitteln behandeln lassen. Um ihre Empfehlungen mit soliden wissenschaftlichen Forschungsergebnissen zu stützen, zitieren die Autoren die vorhandene Fachliteratur. Am wichtigsten ist jedoch, dass diese Fachleute ihr ganzes Wissen, das sie in Jahren der Behandlung von Frauen wie Ihnen gewonnen haben, mit Ihnen teilen. Meines Erachtens erweisen sie Ihnen damit einen unschätzbaren Dienst.

Die Autoren betonen im Zusammenhang mit den Wechseljahren zwei ganz entscheidende Punkte: Weil keine zwei Frauen die Wechseljahre in gleicher Weise erleben, ist es zum einen wichtig, eine Reihe therapeutischer Optionen auszuloten. Zum anderen können gesunde Ernährung, moderate körperliche Bewegung und Stressverringerung Ihre Gesundheit und Ihr Wohlbefinden steigern, sodass Sie Ihre Wechseljahrssymptome leichter bewältigen.

Meine Arbeit im Verlauf der letzten 25 Jahre hat gezeigt, dass eine gesunde Ernährung und ein ebensolcher Lebensstil insgesamt das Fortschreiten von koronarer Herzkrankheit stoppen und die bereits eingetretenen Schäden rückgängig machen können, und zwar *ohne* Medikamente oder Operationen. Vor Abschluss meiner Forschungsergebnisse hat sich kein Wissenschaftler damit beschäftigt, wie sich ein umfassendes Programm für einen gesunden Lebensstil auf die Ursachen von koronaren Herzerkrankungen auswirkt. Kürzlich habe ich die erste randomisierte kontrollierte Studie durchgeführt, die zeigt, dass umfassende Änderungen der Lebensweise auch das Fortschreiten von Prostatakrebs verlangsamen können. Es gibt keinen Grund anzunehmen, dass derartige Veränderungen nicht auch einen positiven Effekt auf andere Symptome und Erkrankungen haben sollten – einschließlich Wechseljahrsbeschwerden.

Ein ausgewogener Speiseplan, regelmäßige körperliche Betätigung, Aufgabe des Rauchens (wenn Sie Raucherin sind) sowie Stressverminderung (Meditation, Visualisierung, Verhaltenstechniken usw.) sind allesamt Teil eines Way-of-Life-Pakets, das nachweislich Gesundheit und Wohlbefinden fördert und die Basis meines Forschungsansatzes bildet.

Dies ist ein guter Zeitpunkt, um zu beginnen, ganzheitlich über Ihre Gesundheit zu denken. Sie werden sehen, dass Ihr Geist eine große Rolle bei der Regulierung Ihrer Körperfunktionen spielt, und wie gut oder wie schlecht Ihre Körpersysteme funktionieren, wirkt sich direkt auf Ihr Wohlbefinden aus. Stabile, von gegenseitigem Vertrauen geprägte Beziehungen machen uns vielen medizinischen Problemen gegenüber widerstandsfähiger. Das gilt auch für die Wechseljahre: Sammeln Sie gute Freunde, eine liebende Familie und vertrauenswürdige Kollegen um sich, mit denen Sie regelmäßig Zeit verbringen, plaudern und Kontakt halten. Bald werden Sie lernen, dass Sie nicht nur nicht allein sind, sondern dass es viele andere Frauen gibt, die ähnliche Stressphasen und Lebensveränderungen durchmachen. Dies zu wissen und mit anderen Frauen, die ähnlich fühlen, Kontakt zu halten, ist sehr hilfreich, wenn es darum geht, Wechseljahrssymptome zu bewältigen.

Um es klar zu sagen: Ich will damit nicht andeuten, dass die Symptome, die aufgrund der hormonellen und anderen physiologischen Veränderungen in den Wechseljahren auftreten, nicht real sind – sondern nur, dass Sie wählen können, wie Sie diese Veränderungen erleben. Während das Ende der Regelblutung eine universelle Erfahrung ist, die alle Frauen machen, sind es die damit einhergehenden subjektiven Erfahrungen nicht. Es ist eindeutig, dass biologische, ernährungs- und lebensstilabhängige, psychologische und soziale Faktoren beim Erleben der Wechseljahre eine Rolle spielen.

Mein Rat für jede Einzelne von Ihnen ist, sich Ihr Leben als Einheit aus Körper, Geist und Seele und als Kontinuum vor, während und nach den Wechseljahren anzuschauen. Mit dieser Perspektive wird es Ihnen besser gelingen, sich in schlechten Zeiten als Herrin der Lage zu fühlen und die guten Zeiten zu genießen. Beginnen Sie mit einer gesunden, fettarmen Ernährung, moderater körperlicher Bewegung, Entspannungstechniken und verbringen Sie Zeit mit Menschen, die Sie lieben. Machen Sie einen Termin mit Ihrem Gesundheitsexperten aus, um Ihre persönlichen Gesundheitsfragen zu diskutieren und gemeinsam einen Behandlungsplan aufzustellen. Und natürlich empfehle ich *Wechseljahre* als Ihren persönlichen Leitfaden, der Ihnen helfen wird, die für Sie optimale Behandlung zu finden.

Nehmen Sie die Dinge in dieser Phase Ihres Lebens selbst in die Hand. Tun Sie alles, was Sie können, um Ihre Symptome zu lindern. Und versuchen Sie, diese Phase Ihres Lebens so sehr zu genießen, wie Sie können. Es wird ein langer, wilder Ritt werden – aber er ist die Mühe unbedingt wert.

Dean Ornish

Gründer und Präsident des
Forschungsinstituts für präventive Medizin
Clinical Professor of Medicine
University of California, San Francisco

Kapitel 1

Wechseljahre: Ein Tor zum zweiten Erwachsenenalter

Gail Sheehy

Gail Sheehy hat zwölf Bücher geschrieben; ihr bekanntestes Buch heißt in der deutschen Übersetzung *In der Mitte des Lebens: Die Bewältigung vorhersehbarer Krisen*. Das amerikanische Original stand mehr als drei Jahre lang auf der Bestsellerliste der *New York Times* und wurde von der Library of Congress als eines der einflussreichsten zehn Bücher unserer Zeit bezeichnet. Sheehy hat sich in einer Reihe von Bestsellern, darunter *Wechseljahre – na und?* und *Die neuen Lebensphasen, Wie man aus jedem Alter das Beste machen kann* ausführlich mit den verschiedenen Stadien des Erwachsenenalters beschäftigt. Ihre 1999 erschienene Hillary-Clinton-Biographie, auf deutsch *Hillary*, wird gegenwärtig fürs Fernsehen verfilmt, und ihr neuestes Buch *Middletown, America: One Town's Passage from Trauma to Hope* (Random House, 2003) wurde von der Kritik begeistert gefeiert.

Sheehy ist mit dem National Magazine Award, dem Washington Journalism Review Award als beste Zeitschriftenautorin in Amerika, dem Headliner Award der Association for Women in Communications und dem Anisfield-Wolf Book Award in Race Relations ausgezeichnet worden. Bei sechs verschiedenen Gelegenheiten hat sie für ihre hervorragende journalistische Arbeit den New York Newswomen's Club Front Page Award gewonnen. Sheehy ist Mitbegründerin der Women's Commission for Refugee Women and Children, die sich um die Belange von Flüchtlingsfrauen und -kindern kümmert, und Mitglied des New Yorker Women's Forum.

»Ach, bitte, ich möchte niemals alt werden!«

Das Bild im Spiegel war das einer Frau Ende dreißig, durchaus attraktiv, doch wegen des schrillen Tons ihrer Bitte und ihres hoch gepuschten Busens, der in einem sehr tiefen Ausschnitt über ihrem WonderBra thronte, wirkte sie leicht verzweifelt. Neben ihr am Waschbecken einer Damentoilette in der New Yorker Innenstadt stand eine Frau, die etwa zwanzig Jahre älter sein mochte. Die beiden hatten sich offenbar miteinander unterhalten. Die ältere Frau war etwas rundlicher und trug viel weniger Make-up, aber sie fühlte sich offensichtlich wohl in ihrer Haut. Sie entgegnete mit einer Stimme, aus der Lebenslust klang: »Warum denn nicht? Dann würden Sie ja auf den ganzen Spaß verzichten!«

Ich lachte leise in mich hinein, denn ich verstand genau, was sie meinte. Ich hatte gerade zwei gut aussehende Fünfundzwanzigjährige an der Bar zurückgelassen, die versuchten, mit mir zu flirten – mit mir, einer Frau jenseits der Wechseljahre, die mehr als doppelt so alt war wie sie. Nach dem Besuch eines besonders deprimierenden Theaterstücks hatte ich in dem kleinen Restaurant Halt gemacht; ich war allein, es war Samstagabend, mein Mann war 3000 Meilen weit weg, und ich hatte Hunger. An einem belebten Samstagabend um zehn Uhr gab es keinen Tisch für eine einzelne Dame, daher ließ ich mich am Ende der Bar nieder und zog mein Tagebuch hervor, um meinen wunderbaren Tag festzuhalten. Ich hatte mich um mein Enkelkind gekümmert. Ich war völlig ins Schreiben vertieft, als mich die Stimme des ersten jungen Mannes aus meinen Gedanken riss. »Was schreiben Sie da, ein Buch?«

»Vielleicht«, antwortete ich. »Ich schreibe gern.«

»In Ordnung, ich werde Sie nicht stören.« Aber nach einer Weile versuchte der zweite junge Mann sein Glück. »Warum schreiben Sie nicht ein Buch über mich?«

Ich sah mich um. Die Bar war voll hübscher junger Frauen mit tiefen Dekolletés, die offensichtlich ohne Begleitung waren. So fragte ich die jungen Männer, warum sie ihre Zeit an mich verschwendeten. Sie überlegten eine Weile. Ich wusste, dass es nicht an meinem Dekolleté lag – ich trug ein hochgeschlossenes schwarzes T-Shirt. An meinen Schuhen lag es auch nicht – es waren hinten offene, kleine sexy Dinger mit einem niedrigen Absatz, sodass ich in ihnen tatsächlich laufen konnte, aber sie waren unter meinem Stuhl verborgen. Schließlich meinte der Größere und Hübschere der beiden: »Sie sehen – interessant aus.«

Ich unterhielt mich weiter mit den beiden jungen Männern, weil ich, wie ich ihnen erzählte, meinen ersten Ehemann in der White Horse Tavern kennen gelernt hatte.

»Ihren Ersten?« fragten sie.

»Ich bin inzwischen beim Zweiten angelangt.«

Sie spielten mit. »Dann ist es Zeit für einen oder zwei weitere.«

»Vielleicht, aber das könnte etwas eng werden. Mein gegenwärtiger Mann und ich haben nach einer stürmischen Verlobungsphase von siebzehn Jahren geheiratet.«

Sie lachten. Und dann erzählten sie mir alles über sich, wie es fünfundzwanzigjährige Männer immer tun. Ich hörte ihnen aufmerksam zu, wie es fünfundzwanzigjährige Frauen vielleicht nicht immer tun. Als ich mich erhob, um zu gehen, schrieben sie ihre Namen und Telefonnummern auf die Rückseite meines Tagebuchs und baten mich, sie anzurufen.

Leichtfüßig legte ich in meinen hinten offenen Schuhen dreißig Blocks zurück, ohne dass meine Füße auch nur im Geringsten geschmerzt hätten.

Ich erzähle Ihnen diese Anekdote nicht, um anzugeben (na ja, höchstens ein bisschen), sondern um klarzumachen, dass eine Frau niemals abgeschrieben ist – es sei denn, sie interessiert sich nicht länger für neue Menschen und ein neues Leben. Zwei Dinge kann man sich allerdings nicht leisten zu verlieren, wenn man sich gerne alterslos fühlen möchte: seine Nerven und seine Gesundheit.

Das Tor zum zweiten Erwachsenenalter

Frauen in den Wechseljahren wurden früher gewöhnlich mit dem wenig schmeichelhaften Etikett »in mittleren Jahren« belegt. Aber die Frauen der geburtenstarken Jahrgänge, der so genannten Baby-Boomer-Generation, kommen einfach nicht ins mittlere Alter. Jugendlichkeit ist das Wesen ihrer Identität. Und tatsächlich profitieren die amerikanischen Baby Boomer von einer Revolution im Lebenszyklus.

Früher konnte ich das Alter einer Frau auf zwei bis drei Jahre genau einschätzen. Als Autorin von *In der Mitte des Lebens* hatte ich meine Augen darauf trainiert, Menschen als schwierige Zwanziger, stürmische Dreißiger, einsame Vierziger, leidenschaftliche Fünfziger oder gelassene Sechziger einzuordnen. Aber im neuen Jahrtausend kann ich eine fitte Fünfundsechzigjährige, so muss ich gestehen, häufig nicht von einer verhärmten Fünfzigjährigen unterscheiden. Und das liegt nicht nur an den Verschönerungstechniken mittels Laserstrahl und Botox-Injektionen, die heute überall verfügbar sind.

Es liegt daran, dass Frauen heute *wählen* können, wie sie altern.

Innerhalb einer einzigen Generation hat sich der Lebenszyklus von Erwachsenen grundlegend verändert. Wie ich in meinem aktualisierten Buch *Die neuen Lebensphasen* geschrieben habe, haben wir inzwischen nicht nur für ein, sondern für zwei Erwachsenenleben Zeit – vor und nach den Wechseljahren. In unserem ersten Erwachsenenleben sind wir so sehr damit beschäftigt, von A nach B und von B nach C zu gelangen, dass uns kaum Zeit bleibt, darüber nachzudenken, wie das Leben aussehen könnte, wenn wir uns nicht länger darum sorgen müssen, schwanger zu werden, uns unseren Eltern gegenüber zu beweisen und hinter den Kindern herzuräumen. Heutzutage verändert sich das Terrain der Fünfziger, Sechziger, Siebziger und Achtziger so radikal, dass es uns ein ganzes »zweites Erwachsenenleben« eröffnet.

Heute erreichen Frauen den Scheitelpunkt ihres Erwachsenenlebens mit fünfzig. Es ist wie das Erklimmen einer Bergspitze. Plötzlich bietet sich uns ein atemberaubender Rundblick in alle Himmelsrichtungen. Wir können die Höhe der bereits erklommenen Hügel und die Tiefe der dunklen Täler einschätzen, die hinter uns liegen. Wir können das Muster unserer Fußstapfen sehen. Und sobald man ein Muster erkennt, kann man es verändern und verbessern.

Die Wechseljahre sind das Tor zu unserem zweiten Erwachsenenleben. Sie führen uns aus den turbulenten Jahren der Familiengründung und des Karriereaufbaus in ruhigere Gewässer, wo eine Frau, gestützt auf ihre Selbstsicherheit und ihr gewachsenes Geschick im Umgang mit anderen, ihre eigene Stimme hören und ihre Reichweite in Sphären ausdehnen kann, die sie sich, von den Eitelkeiten der Jugend geblendet, niemals hat vorstellen können.

Unser zweites Erwachsenenleben können wir uns nach Maß schneidern. Nun ist es an der Zeit, ein Bündnis mit unserem Körper zu schließen und einen Pakt mit unserer Eitelkeit auszuhandeln.

Die ältesten Frauen der Baby-Boomer-Generation wurden im Jahr 2005 achtundfünfzig. Vor einigen Jahren hat eine amerikanische Organisation zur Verbesserung der Lebensbedingungen älterer Menschen eine Umfrage unter ihren neuen Mitgliedern in den Fünfzigern – den Leuten der Baby-Boomer-Generation – gestartet und herausgefunden, dass sich diese ziemlich unbegrenzt »in mittleren Jahren« sehen, bis sie über siebzig sind. Gefragt, wann sie meinten, dass sie alt seien, vertrat die Mehrheit die Ansicht: nicht vor Neunundsiebzig.

Und wissen Sie, was? Die am schnellsten wachsende Gruppe in Amerika sind Frauen über neunzig. Sie sammeln sich einfach ständig weiter am Ende der Altersskala an! Daher sind wir alle Pionierinnen, treten wir doch in Lebensphasen ein, die ganz anders sind als die »Jahre des Niedergangs«, die unsere Eltern oder Großeltern erlebten. Das macht es noch wichtiger zu fragen: Wie können wir am besten durch die Wechseljahre kommen und anschließend unser zweites Erwachsenenleben genießen?

Die Wahrheit über die Wechseljahre

Als mein Buch über die Wechseljahre 1992 in Amerika veröffentlicht wurde, waren die Wechseljahre ein Tabuthema. Innerhalb eines Jahres, in dem sich Öffentlichkeit und Medien mit dem Thema befassten, erkannten ältere Frauen, dass sie eine mächtige demografische Kraft darstellten. Im Jahr 2000 waren mehr als 50 Millionen Amerikanerinnen in den Wechseljahren oder darüber hinaus. Journalistinnen begannen, über die Wechseljahre zu schreiben, Politikerinnen forderten Forschungsprogramme zu diesem Thema, und Patientinnen drangen darauf, dass sich ihre Gynäkologen besser über die Behandlung von Wechseljahrsbeschwerden informierten. Doch selbst heute noch bleiben die Wechseljahre eine der verwirrendsten Übergangsphasen im Leben einer Frau.

Dem zentralen Mythos zufolge sind die Wechseljahre eine Phase, in der Frauen einige Jahre lang verrückt spielen und unter heftigen Zornausbrüchen und tiefen Depressionen leiden, um anschließend ihre verlorene Jugend zu beweinen und langsam dahinzuwelken. In Wahrheit sind die Wechseljahre die Brücke zum lebendigsten und freiesten Abschnitt im Leben einer Frau. Aber die Brücke führt gewöhnlich über aufgewühltes Wasser. Hormone üben großen Einfluss auf unseren physischen Zustand und unsere Stimmungen aus. Viele Frauen leiden in dieser Übergangsphase zeitweilig unter Erschöpfungszuständen und Niedergeschlagenheit. Aber das ist etwas anderes als eine klinische Depression. Und was noch wichtiger ist: Es geht vorüber.

Die Verwirrung um die Hormonbehandlung

Es ist wenig hilfreich, dass unser wissenschaftliches und medizinisches Establishment seine »Befunde« und Verordnungsempfehlungen etwa alle zehn Jahre widerruft. Die

Frauen meiner Generation wurden *en masse* mit Hormonen behandelt. Im Jahr 2000 unterzogen sich in den USA sechs Millionen Frauen in den Wechseljahren einer Hormonbehandlung, um Beschwerden wie Hitzewallungen und nächtliche Schweißausbrüche, Stimmungsschwankungen, Gedächtnisprobleme und Scheidentrockenheit zu lindern. Wir waren begeistert von dem Versprechen, diese kleinen Pillen würden uns für immer jung halten, und wir fühlten uns von dem Versprechen getröstet, diese Hormone könnten uns vor den wichtigsten tödlichen Erkrankungen älterer Frauen schützen.

Eine dynamische Unternehmerin meinte einmal zu mir: »Ich möchte gar nicht wissen, wann ich in den Wechseljahren bin, weil ich nicht daran denken will, dass ich jemals so alt sein kann.« Als sie die ersten schwachen Hitzewallungen spürte und merkte, dass ihre Periode unregelmäßig wurde, eilte sie schnurstracks zu dem Gynäkologen, bei dem sie ihre Kinder entbunden hatte, und bat ihn um Hormone. Der Arzt verschrieb ihr, was damals der Goldstandard der pharmazeutischen Hormonbehandlung war. Sie fühlte sich daraufhin besser als seit Jahren.

Doch sieben Jahre später, im Juli 2002, wachte die Unternehmerin auf und entdeckte, dass sich die Welt über Nacht verändert hatte. Alle Verordnungsempfehlungen, die vor Juli 2002 in Umlauf waren, waren hinfällig. Die Studie der Women's Health Initiative – die weltweit erste umfassende klinische Studie zum Thema Frauengesundheit überhaupt – schlug ein wie eine Bombe und traf gleichermaßen das medizinische Establishment wie auch dessen in den Wechseljahren befindliche Patientinnen.

Wie sich herausgestellt hatte, konnte die übliche kombinierte Hormontherapie aus Östrogen und Gestagen Frauen nicht vor der Todesursache Nummer 1 – Herz-Kreislauf-Erkrankungen – schützen; schlimmer noch, sie erhöhte bei einer Reihe von Frauen das Risiko für tödliche Erkrankungen, darunter Herzinfarkt, Schlaganfall, Blutgerinnsel und Brustkrebs. Bei Frauen in der Studie, die das Kombinationsmittel nahmen – das gleiche Präparat wie die Unternehmerin –, wurde das Medikament abgesetzt. Die auf zehn Jahre angelegte Studie wurde vorzeitig abgebrochen.

Die Unternehmerin geriet in Panik. Wie Legionen anderer Frauen, die Hormone nahmen, setzte sie das Präparat schlagartig ab. Innerhalb einer Woche wurde sie überflutet von verzögerten Wechseljahrssymptomen und hatte Angst, über Nacht zu altern.

Wie steht es um die ersten Frauen der Baby-Boomer-Generation, die die Brücke zu den Wechseljahren bereits überschritten haben – Frauen, die heute zwischen Mitte vierzig und Mitte fünfzig sind? Aufgewachsen mit der Gesundheits- und Fitnessbewegung und Pionierinnen der sexuellen Revolution, verfügten sie bereits über eine gesunde Skepsis gegenüber dem medizinischen Establishment, das in den letzten sechzig Jahren einer Hormonbehandlung das Wort geredet hatte. Aber ihr Wunsch, den Übergang auf natürliche Weise zu vollziehen, kollidiert direkt mit der Herausforderung, Wechseljahrssymptome zu bewältigen, während man in verantwortlicher Stellung ist und das eigene sexuellen Begehren und die eigene Attraktivität erhalten möchte.

Diese Frauen hat die Women's Health Initiative nicht berücksichtigt.

»Drei Wochen, nachdem ich mein Hormonpräparat abgesetzt hatte, fühlte ich mich niedergeschlagen und benommen«, war eine häufige Klage. Es gibt offensichtlich viele Frauen, die Veränderungen bei Schlaf, Stimmung, kognitiven Funktionen und Scheidensekretion bemerken – alles Symptome, die mit dem verringerten Östrogenspiegel nach der Menopause zusammenhängen. Die Debatte wurde zunehmend ideologisiert und polarisiert.

Eine Frau muss ihre eigenen Risiken hinsichtlich unerwünschter Nebenwirkungen gegen die Vorteile abwägen, die der kurzzeitige Einsatz einer niedrig dosierten Hormonbehandlung zur Symptombehandlung mit sich bringt. Wenn Sie achtundvierzig sind und es in Ihrer Familie weder Herzerkrankungen noch Brustkrebs gibt, wenn Sie sich vernünftig ernähren, Sport treiben und nicht übergewichtig sind, Ihnen aber Wechseljahrssymptome – unregelmäßige Periode, Stimmungsschwankungen, Gedächtnislücken, Schwierigkeiten, klar zu denken und/oder eine schwächer werdende Libido – zu schaffen machen, können ein paar Jahre Hormontherapie vielleicht Ihre Ehe oder Ihre Karriere retten. Wenn Sie andererseits über fünfzig sind und Ihr Vater einen Herzanfall hatte oder Ihre Mutter an Brustkrebs erkrankt war, gehören Sie in eine ganz andere Kategorie.

Und genau aus diesem Grund ist dieses Buch so wichtig.

Offensichtlich benötigen Frauen dringend *zuverlässige* Alternativen zu einer Hormonbehandlung, die ihnen helfen, ihre Wechseljahre zu bewältigen. Ich betone hier den Begriff »zuverlässig«. Denn angesichts ihrer Angst, in die Wechseljahre zu kommen, laufen Frauen jetzt, wo es kein magisches Elixier mehr gibt, Gefahr, auf allerlei Quacksalberprodukte hereinzufallen, die versprechen, ihre Symptome zu lindern und sie jung und knusprig zu halten.

Frühphase der Wechseljahre

Gleichgültig, welcher Generation wir angehören und wie gut wir informiert sind: Jede Frau, die in diese Übergangsphase eintritt, muss das Rad neu erfinden.

Fast jede Frau hat eine Vorstellung von den Wechseljahren und ihrem Beginn. Frauen, die dazu neigen, sich Katastrophen auszumalen, sorgen sich vielleicht, sie würden schon Mitte dreißig in die Wechseljahre kommen. Frauen, die sich vor den Wechseljahren fürchten, weigern sich unter Umständen zuzugeben, dass sie bereits mittendrin sind. Und einige von uns sind schlicht unwissend. Die ersten Zeichen und Symptome treten gewöhnlich Mitte bis Ende vierzig auf. Länge und Auswirkungen dieser Frühphase variieren enorm, aber es ist die Phase mit den meisten Symptomen. Ich erinnere mich nur allzu gut daran.

Ich war achtundvierzig und hatte gerade wieder geheiratet. Während ich an einem verschneiten Sonntagabend ruhig ein Buch las und mit meinem Mann füßelte, fand plötzlich eine kleine Explosion in meinem Kopf statt. Es fühlte sich an wie eine Energiewelle. Ich sah auf die Seiten nieder, die ich gerade gelesen hatte, und mein Kopf war leer. Mir wurde erst heiß, dann klamm und kalt. Ich legte mich hin, doch mein Herz begann zu rasen. Zum ersten Mal seit meiner ersten Menstruation fühlte ich mich in meinem Körper höchst unwohl.

Im Verlauf der nächsten Monate setzten tiefer greifende Veränderungen ein: plötzlicher Energieverlust, Anfälle von Niedergeschlagenheit, das Gefühl, aufgedunsen zu sein, Kopfschmerzen, Herzrasen, Benommenheit und natürlich Hitzewallungen. Ich begann mich zu fragen, ob ich den Verstand verlieren würde. Nicht nur meinen Verstand, sondern auch meinen bisher üblichen sexuellen Elan. Ich fühlte mich in etwa so begehrenswert wie eine alte Brotscheibe, die in der Mikrowelle wieder aufgebacken wird. Und um mein Begehren sah es auch nicht besser aus.

Ich hatte keine Reserven mehr, weder an Energie noch an Geduld. New Yorker Taxifahrer sind von Natur aus unverschämt, aber mein Mann musste mich davon abhalten, mich auf lautstarke Auseinandersetzungen mit ungehobelten und rabiaten Mitgliedern dieser Zunft einzulassen: »Du könntest angeschossen werden oder, schlimmer noch, auf der Titelseite der *New York Post* enden.« Ich kämpfte mit ungewöhnlichen Gesundheitsproblemen, unter denen ich nie zuvor gelitten hatte, beispielsweise Allergien, Myomen, migräneartigen Kopfschmerzen (aufgrund einer Unverträglichkeit von

Gestagen?) und war – für mich ganz untypisch – anfällig für Erkältungen und Grippe.

Ich hatte das Gefühl, ich stünde *außerhalb* meines Körpers, unfähig, mit ihm zurechtzukommen. Ich fragte ihn immer wieder: *Was ist los mit dir? Warum funktionierst du nicht mehr so, wie ich mich fühle?* Das Schlimmste war die Furcht, diese Metamorphose würde mich über Nacht in eine alte Frau verwandeln, und ich würde nie mehr dieselbe sein.

Nun, was Letzteres anging, hatte ich Recht. Ich bin nicht mehr dasselbe »Ich«, das ich in meinem ersten Erwachsenenleben war. Aber ich fühle mich überhaupt nicht als alte Frau, trotz der Tatsache, dass ich heute fünfzehn Jahre mehr auf dem Tacho habe. Nachdem ich den Hügel überwunden hatte, verschwanden all die kleinen Beschwerden und Krankheiten auf geheimnisvolle Weise. Auf der anderen Seite angekommen, fühle ich mich stärker und selbstsicherer als jemals zuvor – und sexuell attraktiver, weil ich jetzt weniger gehemmt bin. Aber all das geschah nicht über Nacht. Und es erforderte eine Menge Lesen und Experimentieren. Ich habe gelernt, dass jede Frau ihr eigenes Versuchskaninchen ist. Denn die Wechseljahre sind so individuell wie ein Fingerabdruck.

Der Übergang von der *Prämenopause* zur *Menopause* – dem Aufhören des Menstruationszyklus – und schließlich in die ruhigeren Gewässer der *Postmenopause* dauert gewöhnlich wie alle anderen wichtigen Lebenspassagen volle sieben Jahre. Der Lohn ist die Chance, das zweite Erwachsenenleben voller Leidenschaft in Angriff zu nehmen.

Die eigentlichen Wechseljahre

Okay, nun sind Sie durch diese Frühphase hindurchgegangen und befinden sich in den eigentlichen Wechseljahren. Was bedeutet das?

Frauen, die heute in die Wechseljahre kommen, haben wahrscheinlich einen verantwortungsvollen Job und ein bis zwei Kinder, die noch zu Hause leben. Diejenigen mit einer anspruchsvollen Karriere verstärken gewöhnlich zwischen fünfundvierzig und fünfzig ihre Anstrengungen, denn in diesem Alter schafft ein Mann oder eine Frau entweder den Sprung in die Führungsetage oder hält die erreichte Position. Dieser erhöhte Einsatz am Arbeitsplatz fällt bei Frauen mit der Zeitspanne zusammen, in der ihr Körper eine Pause für die Wechseljahre braucht. Das führt natürlich zu Konflikten.

Der schwierige Teil der Übergangsphase nimmt unter Umständen nur einige Monate in Anspruch. Wenn Sie in dieser Phase stecken, werden Sie es wissen. Nun ist es an der Zeit, mit Ihrem Körper ein Bündnis für die Zukunft zu schließen. Sie werden möglicherweise mehr Schlaf brauchen, weil Ihr üblicher Schlafrhythmus durch nächtliche Schweißausbrüche gestört wird. Es kann sein, dass es Ihnen hilft, früher zu essen, weil die Verdauungsarbeit dann Ihren Schlaf nicht mehr stört.

Gönnen Sie sich eine Pause. Selbst wenn es bedeutet, Ihr Arbeitstempo eine Weile zurückzuschrauben. Besser, den Arbeitsplatz etwas früher zu verlassen und vor dem Abendessen ein Nickerchen zu machen, als zu einer geschäftlichen

Cocktailparty zu gehen und in Hitzewallungen auszubrechen, die Sie in die Bar eilen lassen, um lauthals nach Eiswasser zu verlangen.

Es kann sein, dass Sie sich ohne besonderen Grund weinerlich fühlen. Oder vielmehr aus einem Grund, der so tief in Ihrem Unbewussten verborgen liegt, dass Sie ihn nicht mit Ihrer Stimmung in Verbindung bringen. Sie trauern. Dieses ist ein Verlust, ein Enden Ihrer magischen Fähigkeit, Leben zu schenken. Aber dieser Vorgang setzt auch enorme Energie frei und erlaubt Ihnen, sich stärker auf Dinge zu konzentrieren, die Sie schon immer tun wollten.

Die Sängerin und Liedermacherin Joni Mitchell hat sich die Pause gegönnt. Mehr als ein Jahr lang lehnte sie es ab, sich auf die ermüdenden Tourneen zu begeben, die die tragende Säule ihrer Karriere gewesen waren. Sie zog sich in ihre Privatsphäre zurück und konzentrierte sich aufs Malen, ein Hobby, das sie schon immer geliebt hatte, für das sie jedoch bisher nur wenig Zeit gefunden hatte. Sie schlief, wenn sie sich müde fühlte, und stand oft mitten in der Nacht auf, wenn sie den kreativen Drang zu malen verspürte. Sie beschrieb mir ihre Übergangsphase in einer Weise, die ich nie vergessen werde:

»Auch ich habe das ›Tal der Tränen‹ in der Lebensmitte durchschritten«, meinte sie, in sich hineinlächelnd. »Man trauert eine Weile um die Dinge, die man nicht länger tun kann. Aber dann passiert etwas aus eigenem Antrieb. Wenn dieses Tal durchschritten ist, kann man eine chemische Veränderung im eigenen Körper spüren. Man ist anschließend besser in der Lage loszulassen und zu sagen: ›Ich möchte jetzt nicht darüber nachdenken‹ – etwas, das ich an Männern immer bewundert habe.« Sobald die turbulenten Zeiten hinter Joni lagen, nahm sie ihre Karriere wieder auf und erreichte schließlich den Status einer Ikone – immer noch sehr lebendig und immer noch Sängerin.

Gönnen Sie sich eine Pause

Besuchen Sie – wenn es das in Ihrer Stadt gibt – ein Frauengesundheitszentrum. Dort können Sie sich hinsichtlich medizinischer Erkenntnisse auf den neuesten Stand bringen lassen. Wenn Sie langfristig in Ihre Gesundheit und Ihr Wohlbefinden investieren möchten, verbringen Sie eine Woche pro Jahr in einem Kurbad. Das gibt Ihnen die Gelegenheit, den Lauf Ihrer Welt zu verlangsamen und sich auf Ihre innere Reise zu begeben, während Sie sich zur selben Zeit erholen und Ihren Körper in Form bringen. Sie sind zudem in Gesellschaft anderer motivierter Frauen, von denen die eine oder andere vielleicht älter ist, aber besser aussieht, und Sie zu dem Ausruf veranlasst: »Ich frage mich, wie sie das macht!«

Ich versuche, nach jeder Lesereise eine Woche auf der Rancho La Puerta zu verbringen, für meinen Geldbeutel noch immer das beste Heilbad in Nordamerika. Ich bin stets beeindruckt von den vielen unterschiedlichen, attraktiven, energiegeladenen und flexiblen älteren Frauen, die ich dort treffe. Selbst diejenigen, die als Sechzig- oder Siebzigjährige dort sind, sehen höchst vital aus. Man kann am Funkeln ihrer Augen und an dem Elan, mit dem sie jeden Morgen den Mount Kuchama hinaufgehen, erkennen, dass sie jeden Augenblick ihres Lebens zu genießen wissen.

Wir verlieren nie das Bedürfnis nach Berührung. Schließlich sind wir Tiere, und wann haben Sie je einen Hund oder eine Katze getroffen, die nicht gestreichelt werden wollten? Wenn es keinen Partner gibt, der dieses Bedürfnis erfüllt, suchen Sie einen Masseur auf. Es ist das Geld wert. Haustiere sind großartige Gefährten, wenn es darum geht, durch Berührung Gefühle zu zeigen, und die besten unter ihnen fühlen Ihren Schmerz. Wenn Sie am Samstagabend allein zu Hause sitzen, ertränken Sie ihre Hitzewallungen nicht in Alkohol – das verschlimmert sie nur. Machen Sie es sich stattdessen mit einem guten Vibrator gemütlich.

Gleichgültig, wie es um Ihr gegenwärtiges Intimleben bestellt ist, nun ist der Zeitpunkt gekommen, sich daranzumachen, enge Freundschaften mit interessanten, unterstützenden und optimistischen Menschen zu pflegen, die da sind, wenn Sie sich einsam fühlen. Deren Vitalität wirkt ansteckend. Und achten Sie darauf, dass diese Freunde nicht alle zu Ihrer Altersgruppe gehören, sondern sich auf verschiedene Lebensalter verteilen.

Beginnen Sie ein Programm zur geistigen Verjüngung. Dies ist die richtige Zeit dafür. Machen Sie eine Gewohnheit daraus. Sie können meditieren – oder trinken. Sie können meditieren – oder mit Ihrem Partner und Ihren Arbeitskollegen streiten. Das ist das wichtigste Investitionsprogramm, das Sie in mittleren Jahren anpacken können, und eines, von dem Ihnen Ihr Börsenmakler nichts erzählt. In Amerika und in den meisten westeuropäischen Gesellschaften macht man die Menschen glauben, die Seele sei vom Verstand und vom Körper getrennt. Die Seele ist ein Bereich des Wachstums, den die meisten von uns beiseiteschieben, in der heimlichen Hoffnung, der Tag werde kommen, an dem uns eine seelenerweiternde Gipfelerfahrung aus unserem alltäglichen Bewusstsein reißen und uns einen kurzen Blick auf das Heilige und Ewige erlauben wird. Aber wir müssen unser Bewusstsein auf einen solchen Pfad vorbereiten. Und das verlangt eine andere Ebene des Loslassens.

Elan nach der Menopause

Fünfzigjährige Frauen sind heute besser als jemals zuvor in der Lage, den »Elan nach der Menopause« zu nutzen. Dieser Begriff wurde von Margaret Mead geprägt, einer Pionierin auf dem Gebiet der Anthropologie, und dieses Phänomen ist von Millionen Frauen bestätigt worden, die nach dem Ende ihrer Menstruation voller Erstaunen in ein neues Gleichgewicht eingetreten sind. Dieser Zeitpunkt bietet heute häufig die Chance, das zu finden und weiterzuverfolgen, was Ihnen wichtig ist, eine Machtposition einzunehmen oder Einfluss auszuüben, mit der respektierten Stimme der Reife zu sprechen und Dinge in Gang zu setzen.

Mitte fünfzig nahm ich an einer Konferenz in Esalen teil,

die unter dem Motto »Die neue ältere Frau« stand. Ich war eine der jüngsten Teilnehmerinnen, aber sobald ich unsere Gruppe kultivierter Frauen im Alter von fünfzig bis über achtzig kennen gelernt hatte, verflogen meine Zweifel, ob ich am richtigen Ort war. Es ist eine gute Idee, sich Frauen zum Vorbild zu nehmen, die zehn Jahre älter sind als man selbst. Finden Sie ein Vorbild, von dem Sie sagen können: »Mmmmm, so möchte ich leben.« Solche Vorbilder inspirieren, und mit dieser Hoffnung werden Sie die Motivation, die Unterstützung und die Strategie finden, die Sie brauchen, um interessant zu bleiben.

Aber Sie müssen ständig in Ihren Körper hineinhorchen. Am Ende der Konferenz lernten wir eine Spezialität von Esalen kennen – eine ästhetische Massage unter freiem Himmel auf einem Lehmtisch über dem Meer. Mein Masseur war ein Adonis. Als er geendet hatte und mir meinen Umhang reichte, stammelte er. »Darf ich Ihnen etwas sagen?« Ich bejahte. »Ihr Gesäß ist sehr fest.«

Kurze Pause. Ich antwortete. »Wollen Sie mich heiraten?«

Aber er hatte mir kein Kompliment machen wollen. Wie ich einige Monate später herausfand, als ich auf einem nassen Fußboden ausrutschte, war meine Gesäßmuskulatur *allzu* fest, und sie schmerzte! Mein Körper sagte mir: »Whoa! Immer mit der Ruhe beim Laufen, achte auf die Steigungen, und wie wäre es anschließend mit ein paar ernsthaften Dehnübungen?«

Die Belege häufen sich, dass eine der effizientesten körperlichen Betätigungen unglaublich einfach, leicht verfügbar und billig ist. Alles, wessen es bedarf, sind zwei Füße und Ihre Motivation, diese zweimal pro Tag die Straße hinunter oder rund um den Park zu lenken – jedes Mal dreißig Minuten lang. Das bessert Ihre Stimmung, denn es setzt diese wunderbaren Endorphine frei. Es verleiht Ihnen einen kurzen Energiestoß, weil Ihre Stoffwechselrate steigt. Es wirkt entspannend. Es klärt Ihren Kopf. Es bringt Ihre Neurotransmitter in Schwung, sodass Sie klarer denken können; Sie werden kreativer und haben eher ein Aha-Erlebnis oder finden zumindest eine Lösung für das Problem, das Sie gerade beschäftigt. Es hilft auch, Ihr Körpergewicht zu halten, verbessert Ihre Muskelspannung und stärkt Ihre Knochen. Und wenn Sie anschließend Dehnübungen machen, hilft es, Ihre Beweglichkeit zu bewahren.

Denken Sie nicht, dass alle Veränderungen, die Sie bemerken, in den Wechseljahren oder in Hormonschwankungen wurzeln. Das zweite Erwachsenenalter ist nichts für Jammerlappen. Wir sind stärker gefordert als zu irgendeiner anderen Zeit unseres Lebens. Unsere Eltern werden gebrechlich und sterben. Unsere Freunde oder wir selbst müssen vielleicht gegen lebensbedrohliche Krankheiten ankämpfen. Das heißt nicht, dass wir den Mut verlieren müssen. Es heißt, dass wir lernen müssen, Überlebende zu sein, nicht Opfer. Der Unterschied ist einfach, aber tiefgreifend. Opfer konzentrieren sich auf das, was ihnen angetan wird, Überlebende auf das, was sie tun können.

In anderen Teilen der Welt haben ältere Frauen seit je einen hohen sozialen Status. In den USA haben sich endlich genügend Frauen von überkommenen Vorurteilen befreit; die Privilegien, die eine Frau nach der Menopause haben sollte, sind nun denen zugänglich, die sie sich nehmen.

Finden Sie Ihre Leidenschaft – Sie sind noch nicht tot

Ich fand mein Vorbild für die Zeit nach den Wechseljahren auf der Rancho la Puerto. Deborah Szekeley heiratete mit neunzehn und wurde die nächsten fünfundzwanzig Jahre von ihrem dynamischen Ehemann überschattet, einem Professor, der zusammen mit Deborah Pionierarbeit bei der Entwicklung des Kurbadkonzepts leistete. Erst mit Mitte vierzig fand Deborah heraus, dass sie gescheit war. Gebeten, in den Vorstand verschiedener Kulturinstitute von San Diego einzutreten, begann sie zu zeigen, was in ihr steckte, und sie fand bei ihren Vorstandskollegen Bestätigung. Als sich bei ihr die ersten Anklänge einer unabhängigen Identität herauszubilden begannen, erhielt sie die Quittung dafür. Ihr viel älterer Professoren-Ehemann verlangte die Scheidung.

Sie ertrug den Schlag mit gutartigem Trotz. »Wenn ich ein einfaches Leben gehabt hätte, könnte ich nicht die Person sein, die ich bin. Ich bin gut im Überleben.«

Nach sieben Jahren, als ihr zweiter Ehemann ihr die Luft abschnürte, nahm ihr Leben erneut eine Wendung. Er wollte sich zur Ruhe setzen. Ruhestand – das kam für Deborah überhaupt nicht infrage. Anfang fünfzig verspürte sie eine Welle von Elan, wie sie für die Zeit nach der Menopause typisch ist.

»Ich habe mich entschieden, nicht wieder zu heiraten«, erklärte sie mir damals. »Ich habe nämlich eine Menge in mich investiert, und ich will es einsetzen. Ich habe erkannt, dass ich keinen Ehemann brauche. Ich liebe meine Freiheit.«

Als sich Deborah jedoch den Sechzigern näherte, war sie *zu* frei. Ihr berühmtes kalifornisches Kurbad, The Golden Door, war als das beste Kurbad des Landes ausgezeichnet worden. Die dynamische Deborah Szekeley stand vor einem exquisiten Dilemma: *Was tut man, wenn man all seine Träume übertroffen hat?*

»Ich wollte etwas, das mir wieder schlaflose Nächte bereitete«, gestand sie mir.

In diesem Kommentar steckt viel von dem, was im Leben von Menschen in den Sechzigern fehlt, die erfolgreich waren, ihre Träume aber weitgehend hinter sich gelassen haben. Wenn wir jung sind, bereiten uns bevorstehende Examen, die Gründung einer Familie, das Vorwärtskommen im Beruf und eine Menge anderer Dinge schlaflose Nächte. Deborah sehnte sich danach, sich mit Haut und Haaren für eine Sache zu engagieren und gezwungen zu sein, Resultate zu erzielen.

Also kandidierte Deborah für den Posten der Präsidentin und Vorstandsvorsitzenden der Inter-American Foundation, einer Regierungsagentur, die geschaffen wurde, um den Armen in Lateinamerika und in der Karibik Hilfe zur Selbsthilfe zu leisten. Die nächsten sechs Jahre reiste sie unablässig zwischen sechsundzwanzig Ländern hin und her, um die Büros der Organisation in den einzelnen Ländern zu betreuen.

Eines Tages besuchte ich Deborah in Georgetown. Sie stand kurz vor ihrem zweiundsiebzigsten Geburtstag. Ihre Augen strahlten, und sie sprach im Stakkatostil. Wie in aller Welt hatte sie die Regierung dazu gebracht, eine Sechzigjährige einzustellen, die keinerlei politische Erfahrung hatte, wollte ich von ihr wissen.

Offen gesagt, antwortete sie mir, diese Frage habe sie sich auch gestellt. Jahre später fragte sie den jungen Mann, der sie eingestellt hatte: »Es gab andere, die für den Posten weitaus besser qualifiziert waren, selbst frühere Botschafter. Warum haben Sie mich in die engere Wahl gezogen?« Er antwortete: »Weil Sie den Posten so sehr haben wollten.«

Also ist Leidenschaft ansteckend, meinte ich.

»Ja.« Sie lächelte. »Und Leidenschaft ist das richtige Wort. Es hat dieselbe Tiefe und Besessenheit wie die erotische Leidenschaft, wenn man tief verliebt ist, wenn man jeden Augenblick an ihn denkt. Genauso wie zu der Zeit, als die eigenen Kinder klein waren und einem nicht aus dem Kopf gingen. Leidenschaft lässt einen Menschen über sich hinauswachsen; man ärgert sich nicht ständig herum, weil man so auf die Sache konzentriert ist. Darum erwarte ich, dass mich mein Körper und meine Gesundheit nicht im Stich lassen.«

Mit siebzig Jahren wurde bei Deborah Brustkrebs festgestellt. Gerade dabei, ihre eigene Stiftung zu gründen, wurde sie mitten in ihrer Arbeit unterbrochen, fassungslos und wütend. Nach fünfzig Jahren als Gesundheits- und Fitness-Guru – wie konnte ihr Körper es wagen, sie so zu hintergehen? Aber innerhalb weniger Wochen kehrte sie zu ihrem positiven, aktiven Ansatz zurück, setzte ihre Vergnügungsreise nach Japan fort und flog erst ein paar Tage vor ihrer Brustoperation zurück. Drei Tage nach dem Eingriff hatte sie ihr enormes Tempo bereits wieder aufgenommen. Als Leute sie nach ihrem Brustkrebs fragten, antwortete sie: »Ich habe keinen Krebs. Er befindet sich im Müllcontainer hinter dem Krankenhaus.« Deborah ist inzwischen in den Achtzigern und hat eine Brust weniger, aber einen brandneuen Traum. Sie ist so stark wie eh und je.

Das Gipfelstadium des zweiten Erwachsenenlebens bezeichne ich als das Alter der Integrität. Es ist vor allem ein Stadium des spirituellen Wachstums. Statt zu versuchen, unsere Umgebung möglichst vollkommen zu kontrollieren – ein Ziel, das dem früheren Alter des Meisterns durchaus angemessen war –, müssen wir nun mehr Verständnis und eine größere Akzeptanz für das entwickeln, was wir nicht ändern können.

Einige Verluste, die wir in diesem Stadium erleiden, sind unwiederbringlich. Diese Verluste ohne Bitterkeit zu akzeptieren erfordert, sich stärker zu bemühen, die universelle Intelligenz oder die spirituelle Kraft hinter den Veränderungen wahrzunehmen, die wir fast täglich verspüren. Statt uns darauf zu konzentrieren, dass unsere Zeit abläuft, sollten wir im dritten Lebensalter täglich bemüht sein, die Wichtigkeit des Augenblicks zu erleben. Jeder Augenblick ist wie eine Schneeflocke – einzigartig, unberührt, unwiederholbar – und lässt sich in seiner Frische und Überraschung genießen.

Kapitel 2

Sechzig Jahre Hormonbehandlung: Wo stehen wir heute?

Mary Tagliaferri

Dr. Mary Tagliaferri ist Expertin auf dem Gebiet der ganzheitlichen Medizin. Sie gehört zu jener Handvoll praktischer Ärzte in den Vereinigten Staaten, die sowohl eine Ausbildung in westlicher als auch in östlicher Medizin haben. Dr. Tagliaferri machte ihren Master-Abschluss in Orientalischer Medizin am American College of Traditional Chinese Medicine in San Francisco, Kalifornien, und ihren akademischen Grad in Medizin an der Universität von Kalifornien, San Francisco (UCSF). Vor zehn Jahren war sie eines der Gründungsmitglieder des Carol Franc Buck Breast Care Center Complementary and Alternative Medicine Program der Universität von Kalifornien, San Francisco, und sie hat als klinische Leiterin der ersten medizinischen Klinik für Traditionelle Chinesische Medizin an der UCSF gearbeitet. Bei der Erforschung der klinischen Wirksamkeit von pflanzlichen Arzneimitteln zur Behandlung von

Wechseljahrssymptomen und Brustkrebs hat Dr. Tagliaferri Pionierarbeit geleistet. Sie ist Hauptherausgeberin des Buches *Breast Cancer: Beyond Convention* (Atria Press, 2002).

Eine meiner engsten Freundinnen hat mich gefragt: »Warum in aller Welt nennen wir diese Übergangszeit Menopause? Sollten wir nicht von MenoSTOPP reden? Es gibt keine Pause. Es ist doch nicht so, dass deine Periode wieder zurückkehrt oder deine Haut wieder faltenfrei wird oder dein Gedächtnis und deine Konzentration jemals wieder so gut werden, wie sie es einmal waren. Und dann sind da die Hitzewallungen. Damit konnte ich umgehen. Schlimmer als die Hitzewallungen, auch wenn sie jede Viertelstunde kamen, war die Wut. Die hat mir am meisten Sorgen gemacht. Wenn meine Handflächen kribbelten, wusste ich, dass es ein schlimmer Tag werden würde; ich fürchtete, ich würde jemandem den Kopf abreißen. Also habe ich überlegt, ob ich Hormonpräparate nehmen soll. Und glaub' mir, ich habe keinen Gedanken an Brustkrebs verschwendet. Ich hatte alle Hände voll damit zu tun, den nächsten Tag zu überstehen.«

Was versteht man unter Menopause?

Medizinisch versteht man unter Menopause die letzte Regelblutung, nach der ein Jahr lang keine Menstruation mehr aufgetreten ist, ohne dass es dafür einen offensichtlichen

Grund gibt. Das bedeutet, dass man erst im Nachhinein, nach Ablauf eines Jahres sagen kann, dass die Menopause eingetreten ist. Die Phase vor der Menopause wird als Prämenopause bezeichnet, die Phase, die sich an die Menopause anschließt, als Postmenopause. Auch wenn das klar genug erscheint, ist es tatsächlich das Jahr (in manchen Fällen sind es auch Jahre), das zur Menopause führt, in dem Frauen das erleben, was wir als Wechseljahrssymptome oder klimakterische Symptome bezeichnen. In dieser Übergangsphase vor der Menopause, die manchmal sechs bis acht Jahre dauern kann, kommt es zu häufigen und unberechenbaren Hormonschwankungen. Unregelmäßigkeiten im Menstruationszyklus gehören meistens dazu, und viele Frauen fühlen sich verwirrt von dem, was mit ihrem Körper geschieht, und unfähig, ihn zu kontrollieren.

Was geht da eigentlich vor sich?

Während der Fortpflanzungsphase ist der Körper darauf bedacht, Ihre Geschlechtshormone auf einer geeigneten Höhe zu halten, je nachdem, in welchem Abschnitt des Zyklus Sie sich gerade befinden. Zu Beginn Ihres Monatszyklus ist der Östrogenspiegel beispielsweise niedrig. Das signalisiert den Eierstöcken (Ovarien), mit der Follikelreifung zu beginnen und sich darauf vorzubereiten, dass beim Eisprung (Ovulation) eine Eizelle den Follikel verlässt. In der Mitte des Zyklus erreicht der Östrogen- und Progesteronspiegel den höchsten Wert, der Follikel platzt und entlässt eine reife Eizelle. Der erhöhte Östrogenspiegel führt dazu, dass sich die Auskleidung der Gebärmutter, die Gebärmutterschleimhaut

(Endometrium) verdickt. Damit bereitet sie sich auf die Einnistung des Eies vor. Wenn die Eizelle nicht befruchtet wird, sinken Östrogen- und Progesteronspiegel allmählich wieder ab. Aufgrund der verringerten Hormonkonzentration kann sich die verdickte Gebärmutterschleimhaut nicht mehr halten. Sie löst sich ab. Das führt zur Regelblutung (Menstruation). Mit dem Beginn der Blutung startet der Zyklus erneut. Es reifen wieder Follikel heran, die wieder neue Eizellen entlassen, und ein neuer Zyklus kommt in Gang (siehe Abbildung 1 auf Seite 48). Natürlich gibt es aber auch Frauen, die aus ganz unterschiedlichen Gründen keinen regelmäßigen Zyklus haben.

Lange nahm man an, dass in den Eierstöcken eines neugeborenen Mädchens bereits sämtliche Eizellen (Ova, Einzahl Ovum) vorhanden sind, die dann das ganze Leben lang vorhalten. Aktuelle Untersuchungen an Säugetieren sprechen jedoch dafür, dass bei ihnen bis ins Erwachsenenalter ständig Eizellen produziert werden. Wahrscheinlich ist dies auch beim Menschen der Fall. Dennoch beginnt sich die Zahl der Eizellen einer Frau nach dem 35. Lebensjahr langsam zu verringern. Dadurch sinkt der Östrogenspiegel. Normalerweise würde, wie oben beschrieben, dieses Absinken dem Körper signalisieren, dass er eine neue Eizelle vorbereiten soll. Wenn aber keine weiteren Eizellen vorhanden sind, wird der Hormonzyklus unterbrochen, und die Menopause setzt ein.

Es liegt zwar nahe, anzunehmen, dass sämtliche Symptome der Wechseljahre (Hitzewallungen, unregelmäßige Menstruation, Veränderungen der Scheidenfeuchtigkeit usw.) Fol-

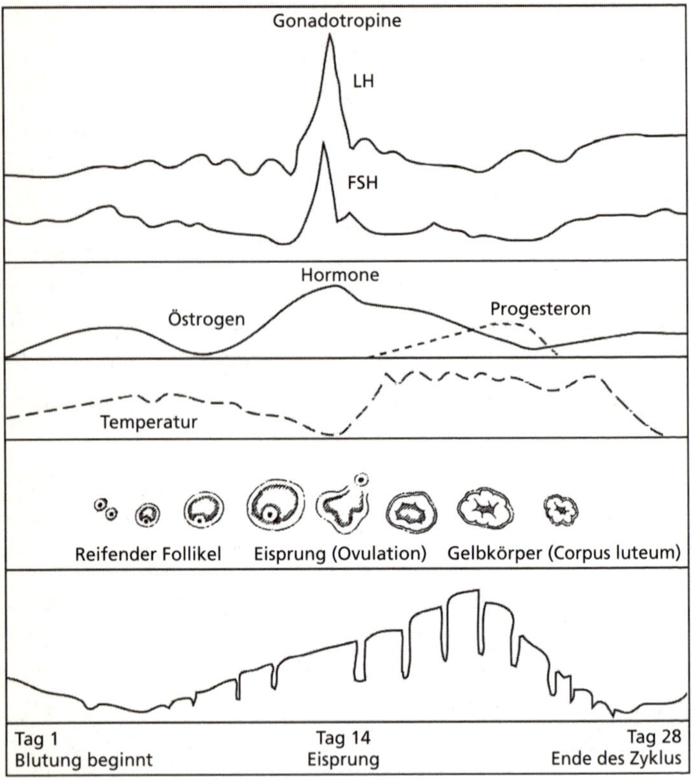

Abb. 1: Der Menstruationszyklus

gen des sinkenden Östrogenspiegels sind. Aktuelle Studien haben aber gezeigt, dass dies nicht der Fall ist. Einige Symptome, wie Berührungsempfindlichkeit der Brust, Kopfschmerzen, erhöhte Scheidenfeuchtigkeit, resultieren vielmehr aus einem hohen Östrogenspiegel, während andere, wie nächtliche Schweißausbrüche, Scheidentrockenheit und Hitzewallungen, Zeichen eines niedrigen Östrogenspiegels sind. Es hat sich nämlich herausgestellt, dass in der Prämenopause nicht einfach der Östrogenspiegel absinkt, was schließlich zum Erliegen des regulären Menstruationszyklus führt. Zu Beginn der Prämenopause verändert sich die bisher reguläre hormonelle Steuerung Ihres Körpers, und darauf reagiert Ihr Körper auf unterschiedliche Weise. Wenn man Ihre Hormonspiegel aufzeichnete, sähe die Kurve unter Umständen eher wie eine gezackte Gebirgskette denn wie eine flache Ebene aus.

Hier ein Beispiel für das, was ich meine: Nehmen wir an, Ihr Östrogenspiegel sinkt. Ihr Körper reagiert darauf nach außen mit nächtlichen Schweißausbrüchen und Erschöpfung. Nach innen signalisiert das Absinken der Östrogenkonzentration Ihrem Körper aber noch immer, dass er eine Eizelle bereitstellen soll. Auch wenn Ihre Eierstöcke vielleicht langsamer auf dieses Signal reagieren, sind sie noch immer an den Fortpflanzungszyklus gewöhnt, mit dem Sie – rund gerechnet – die letzten drei Jahrzehnte gelebt haben. Daher reagieren sie schließlich doch. In einer letzten gewaltigen Anstrengung, das zu tun, was sie immer getan haben, setzen die Eierstöcke unter Umständen sehr viel Östrogen frei, um das Follikelwachstum anzuregen und eine reife Eizelle bereitzustellen. Und wissen Sie, was? Dieser Anstieg der Östrogenkonzentration führt bei Ihnen zu einem prämenstruellen Syndrom (PMS) mit geschwollenen, empfindlichen Brüsten, Wassereinlagerung im Gewebe und Reizbarkeit. Da Sie noch immer einige Eizellen haben, setzt Ihre Periode ein – allerdings verspätet, weil Ihre Eierstöcke länger brauchen, um zu reagieren.

Aber auch das Gegenteil kann geschehen. Das heißt, Ihr Zyklus wird kürzer und sie bekommen häufiger Ihre Periode. Viele Frauen in den Wechseljahren berichten über Zyklen von weniger als 28 Tagen, manchmal mit nur schwachen Blutungen, die vermutlich dadurch bedingt sind, dass die Eierstöcke keine Eizelle freigesetzt haben. Bei einigen Frauen setzt die Periode in der Prämenopause einige Monate lang vollständig aus und kehrt anschließend zu einem regelmäßigen 28-Tage-Zyklus zurück. Die Symptome, die all diese unberechenbaren Schwankungen hervorrufen, können dazu führen, dass Sie sich wie eine Dreizehnjährige fühlen mit all der Launenhaftigkeit, die mit der Pubertät einhergeht, oder wie eine Fünfzigjährige mit Hitzewallungen – oder beides.

Einige Ärzte messen den FSH-Spiegel (FSH = follikelstimulierendes Hormon), um zu entscheiden, ob Sie in die Zeit nach der Menopause eingetreten sind. Dieser Test funktioniert gut, wenn Sie ein Jahr lang keine Periode mehr gehabt haben, denn in dieser Zeit erhöht sich die FSH-Konzentration. Wird dieser Test jedoch während der Prämenopause durchgeführt, kann es sein, dass Sie eine erhöhte, eine verringerte oder dieselbe FSH-Konzentration aufweisen wie in Ihren fruchtbaren Jahren. Einige Ärzte schlagen Ihnen vielleicht auch vor, den Östrogengehalt Ihres Speichels testen zu lassen; es gibt jedoch keine überzeugenden Belege für einen Zusammenhang zwischen Östrogenspiegel und dem Beginn der Menopause.

Das Ganze kann ziemlich verwirrend sein – selbst für uns Ärztinnen und Ärzte. Das Problem ist, dass man immer davon ausgegangen ist, dass die Eierstöcke einer Frau, die in die Wechseljahre eintritt, zu arbeiten aufhören. Punkt. Diese Annahme beruhte auf der Vorstellung, dass die Eierstöcke Eizellen produzieren und sonst nichts. Inzwischen wissen wir, dass die Eierstöcke zahlreiche Aufgaben haben. Sie sind Hormondrüsen (endokrine Organe), die das ganze Leben einer Frau hindurch Hormone produzieren. Und diese Hormonproduktion stoppt nicht mit der Menopause, sie macht allerdings eine Übergangsphase durch. Bis diese Übergangsphase abgeschlossen ist, kann es ein steiniger Weg sein, denn die Eierstöcke müssen sich erst an ihre neue, nicht reproduktive Rolle anpassen.

Auch in der Zeit um die Menopause herum kann eine Frau noch schwanger werden. Sie hat noch immer Eizellen, und diese sind meist auch lebensfähig. Die Fruchtbarkeit ist zwar eingeschränkt, denn es gibt unter Umständen Monate, in denen sie zwar eine Blutung hat, ohne dass ein Eisprung stattgefunden hat, und in manchen Monaten fällt die Menstruation vollständig aus. Aber in den Monaten, in denen ein Eisprung stattfindet, kann es zu einer Befruchtung kommen. Auch wenn Sie daher von Ihren Hormonen bombardiert werden und sicher sind, dass Sie sich in der Menopause befinden, müssen Sie, wenn Sie nicht schwanger werden wollen, immer noch zu Verhütungsmitteln greifen.

Wann beginnen die Wechseljahre?

Bei den meisten Frauen beginnen die Wechseljahre zwischen dem 40. und dem 58. Lebensjahr. Das Durchschnittsalter des Beginns der Übergangszeit beträgt 47 Jahre; mit 51 Jahren sind die Wechseljahre meist voll ausgebildet. Leider gibt es keinen definitiven Faktor, der genau bestimmt, wann Ihr Menstruationszyklus unregelmäßig wird und wann die Symptome der Wechseljahre einsetzen. Einige nehmen an, es gebe eine genetische Komponente, das heißt, eine Frau komme etwa zur gleichen Zeit wie ihre Mutter in die Wechseljahre. Es gibt jedoch keine überzeugenden Studien, die diese Theorie stützen, lediglich anekdotische Berichte.

Ein Faktor, der nachweislich den Eintritt der Menopause beeinflusst, ist die Entfernung der Gebärmutter (Hysterektomie). Nach einer Gebärmutterentfernung setzt die Menopause zwei oder drei Jahre früher ein, als es sonst der Fall wäre. Bei einer Hysterektomie wird die Gebärmutter operativ entfernt, die Eierstöcke bleiben jedoch intakt. Wenn die Gebärmutter (Uterus) fehlt, gibt es keine Menstruation mehr, denn damit fehlt ja die Gebärmutterschleimhaut, die während der Periode mit einer Blutung abgestoßen wird. Auch wenn eine Frau nach einer Gebärmutterentfernung keine Menstruation mehr hat, läuft – wenn die Eierstöcke nicht ebenfalls entfernt wurden – der übrige Menstruationszyklus weiter; es werden also Eizellen entlassen und Östrogen und Progesteron produziert. Daher ist bei Frauen, deren

Gebärmutter entfernt wurde, unter Umständen schlecht zu beurteilen, wann ihre Menopause eintritt, weil es anhand verschiedener Symptome festgestellt werden muss statt am Aufhören der Monatsblutungen.

Raucherinnen kommen etwa zwei Jahre früher in die Wechseljahre als Nichtraucherinnen. Faktoren wie die Anzahl der Schwangerschaften, Körpergewicht, koronare Herzkrankheit, Krebs in der Kindheit und das Alter bei der ersten Menstruation können ebenfalls das Alter beeinflussen, in dem bei einer Frau die Menopause eintritt, aber die genauen Zusammenhänge sind noch nicht geklärt. (Was die verschiedenen Typen von Menopause angeht, siehe die Tabelle auf Seite 54.)

Wechseljahrssymptome

Jede Frau hat ihre eigene einzigartige Fortpflanzungsphysiologie. Während Sie in der Zeit Ihrer Regelblutung vielleicht unter schweren Symptomen zu leiden haben und mit einer Wärmflasche auf dem Bauch das Bett hüten, gehört Ihre beste Freundin vielleicht zu den glücklichen Frauen, die nicht einmal die Zeit im Monat registrieren, bis sie einen Blutfleck in ihrer Unterwäsche bemerken. Genauso habe ich erlebt, wie viele meiner Freundinnen ihre Schwangerschaft ohne Beschwerden genossen, während andere jeden Morgen wegen unablässiger Übelkeit über der Toilettenschüssel hingen. Obwohl bei uns allen die gleichen Hormone durch

Typen und Ursachen der Menopause

Die Menopause kann natürlich eintreten oder plötzlich aufgrund eines operativen Eingriffs. Im Allgemeinen lassen sich die Ursachen für den Eintritt der Menopause folgendermaßen einteilen:

Natürliche Menopause

Die natürliche Menopause stellt das Ende der fortpflanzungsfähigen Jahre einer Frau dar. Die Menopause ist eingetreten, wenn ein ganzes Jahr lang keine Regelblutung mehr aufgetreten ist. Dies kann zwischen dem 40. und dem 58. Lebensjahr der Fall sein, der Durchschnitt liegt bei 51 Jahren.

Vorzeitige Menopause

Von einer vorzeitigen Menopause spricht man, wenn eine Frau unter 40 Jahren ein Jahr lang keine Regelblutung mehr hat, ohne dass es dafür offensichtliche Gründe gibt. Die Ursachen für das Eintreten der Menopause können vielfältig sein: genetische Bedingungen, Autoimmunprozesse und medizinische Eingriffe, wie eine Chemotherapie oder eine Strahlentherapie. Frauen mit einer frühen Menopause haben ein geringeres Risiko für Brust- und Eierstockkrebs als solche, die später in die Wechseljahre kommen, tragen aber ein höheres Osteoporoserisiko.

Medizinisch hervorgerufene Menopause

Die medizinisch hervorgerufene Menopause wird durch eine schwere Schädigung der Eierstöcke (z. B. durch eine Chemotherapie oder eine Strahlentherapie im Rahmen einer Krebsbehandlung) oder durch deren chirurgische Entfernung (chirurgische Menopause) verursacht. Mehr als die Hälfte der Frauen, die sich einer Chemotherapie unterziehen müssen, geraten zeitweilig, manchmal auch anhaltend in den Zustand der Wechseljahre. Bei Frauen über 45 Jahren ist die Wahrscheinlichkeit größer, nach einer Chemotherapie auf Dauer keine Regelblutungen mehr zu haben, als bei Frauen, die 35 Jahre oder jünger sind. Nach einer Entfernung der Eierstöcke (Oophorektomie) setzt die Menopause plötzlich ein, und die Frauen haben meist ziemlich belastende Wechseljahrssymptome.

den Körper kreisen, können die Art und Weise, wie sie auf uns wirken, völlig unterschiedlich sein. Aus diesem Grund sind die Symptome, die Frauen unter Umständen in den Jahren um die Menopause erleben, so vielgestaltig und variabel. (Eine Liste der häufigsten Symptome findet sich auf Seite 56.)

Das häufigste Symptom in der menopausalen Übergangsphase sind Hitzewallungen. Unter Hitzewallungen versteht man ein Wärmegefühl im ganzen Körper und eine Rötung im Gesicht, die häufig mit Schweißausbrüchen, Herzklopfen und einem allgemeinen Gefühl des Unbehagens einhergeht. Solche Hitzewallungen halten gewöhnlich eine bis fünf Minuten an; darauf folgt oft ein Frösteln. In den Vereinigten Staaten heißt es, dass mehr als 80 Prozent aller klimakterischen Frauen derartige Hitzewallungen erleben, ganz unabhängig von sozioökonomischer Stellung, Alter, Rasse, Anzahl der Schwangerschaften und ihrem Alter beim Einsetzen der Regelblutung oder der Menopause.[1] In Deutschland sagt ein Viertel bis ein Drittel der Frauen, dass

Häufige Symptome der Wechseljahre

- Unregelmäßige Regelblutung
- Starke Blutungen aus der Scheide
- Hitzewallungen
- Nächtliche Schweißausbrüche
- Wärmeintoleranz
- Frösteln
- Migränekopfschmerzen
- Schlaflosigkeit
- Verstärkte Müdigkeit
- Albträume
- Abnahme der Libido
- Schmerzen beim Geschlechtsverkehr
- Wassereinlagerung im Gewebe
- Gewichtszunahme
- Verstärkte Gesichtsbehaarung
- Grauwerden der Haare
- Ausdünnen der Kopfhaare
- Stimmungsschwankungen
- Reizbarkeit
- Emotionale Instabilität
- Angstgefühle
- Depression/Niedergeschlagenheit
- Plötzliche Wutanfälle
- Unerklärliche Panikattacken
- Harnwegentzündungen
- Häufiges Harnlassen
- Harninkontinenz
- Starkes Herzklopfen
- Verstärktes Jucken der Scheide
- Scheidentrockenheit
- Vergesslichkeit
- Verlust des Selbstbewusstseins
- Schwindendes Interesse an Beruf und Hobbys
- Benommenheit, Schwindel
- Verdauungsstörungen, Blähungen
- Allgemeines Gefühl des Kontrollverlusts
- Veränderungen beim Sehen, Riechen und Schmecken

sie nicht über nennenswerte Wechseljahrsbeschwerden klagen können. Über Hitzewallungen berichten zwischen 10 und 50 Prozent der Frauen mit Symptomen. Allerdings ist das Erleben von Wechseljahrssymptomen sehr stark kulturell geprägt. In Japan beispielsweise waren Hitzewallungen als Wechseljahrssymptom bis vor kurzem unbekannt.

Wie sich Frauen der Menopause nähern

Einige Frauen freuen sich auf die Zeit nach der Menopause, weil sie sich dann nicht mehr um Schwangerschaftsverhütung kümmern müssen und sich nicht länger über ihre Fortpflanzungsfähigkeit definieren. Viele Frauen, mit denen ich gesprochen habe, sagten, sie hätten das Gefühl, sich endlich entspannen und die Freiheit genießen zu können, die sich Frauen jenseits des gebärfähigen Alters bietet. Einige Frauen sind erleichtert, dass sich Diskussionen nicht länger um Kinder oder Kinderlosigkeit drehen und mehr Zeit bleibt für Hobbys sowie intellektuelle und berufliche Bestrebungen. Andere empfinden jedoch angesichts der Tatsache, dass nun die Zeit der Fruchtbarkeit vorbei ist, ein enormes Verlustgefühl, ob sie nun ein oder mehrere Kinder haben wollten oder nicht.

Zu verstehen, was im eigenen Körper geschieht, kann Ihnen dabei helfen, sich mehr als Herrin der Lage zu fühlen, wenn der Übergang beginnt. In enger Zusammenarbeit mit Ihrem Arzt oder Ihrer Ärztin können Sie einen Plan aufstellen, der individuell auf Ihre Bedürfnisse zugeschnitten ist und es Ihnen erleichtert, die anstehenden Veränderungen zu bewältigen. Geistig und körperlich stark zu bleiben, hilft Ihnen auch dabei, sich den Herausforderungen der Wechseljahre zu stellen.

Wechseljahre sind ein modernes »Problem«

In den Wechseljahren kommt es zu großen Umwälzungen bei der Fruchtbarkeit und im Hormonhaushalt. Diese Phase ist zudem ein Teil des Alterungsprozesses, und im Alter sehen sich die Frauen dem Risiko einer Reihe von Krankheiten gegenüber, darunter koronare Herzkrankheit, Osteoporose, Brustkrebs, Schlaganfall und Demenz.

Wenn das auf Sie mehr als nur ein wenig deprimierend wirkt, sehen Sie es einmal so: Die Wechseljahre und die mit den kommenden Jahren einhergehenden Gesundheitsrisiken sind das Nebenprodukt einer gestiegenen Lebenserwartung. Zu Beginn des 19. Jahrhunderts betrug die Lebenserwartung eines neugeborenen Mädchens in den USA 36,5 Jahre. Anfang des 20. Jahrhunderts lag die durchschnittliche Lebenserwartung einer Frau in den USA bei 45 Jahren. In Deutschland können Mädchen, die heute geboren werden, damit rechnen, im Durchschnitt 81,5 Jahre alt zu werden. Während die Lebenserwartung für Frauen weiter ansteigt, ist das durchschnittliche Alter beim Eintritt der Menopause nicht gestiegen. Das heißt, dass heutzutage die

Mehrheit aller Frauen *nach* der Menopause noch etwa ein Drittel ihres Lebens vor sich hat. 1996 war jede vierte Person in Deutschland 60 Jahre alt oder älter und eine Frau.

Hormone – die umstrittene Behandlung von Wechseljahrsbeschwerden

Das Zeitalter der Hormonbehandlung (auf diese Bezeichnung einigte man sich anlässlich eines NIH-Workshops im Jahr 2002; vorher sprach man vorzugsweise von Hormonersatztherapie oder HRT nach dem englischen Ausdruck *hormone replacement therapy*) begann 1942, als das Pharmaunternehmen Ayerst das Östrogenpräparat Premarin auf den Markt brachte. (Ein Jahr später wurde Ayerst von Wyeth Pharmaceuticals übernommen.) Ende der 1940er Jahre hatte sich Premarin als wichtigstes neues Präparat zur Behandlung von Wechseljahrsbeschwerden etabliert. Der Wirkstoff von Premarin sind so genannte konjugierte equine (vom Pferd stammende) Östrogene, die aus dem Urin trächtiger Stuten – englisch *mare* – gewonnen werden.

Im Laufe der Zeit gelangten die Ärzte aufgrund klinischer Daten zu der Überzeugung, dass die Gabe von Östrogen, dessen Konzentration im Körper im Verlauf der Wechseljahre zurückgeht, viele Erscheinungen des Alterns, wie koronare Herzkrankheit, Osteoporose sowie eine Abnahme der geistigen und sexuellen Funktionen, verhindern oder doch mindestens hinauszögern kann. Diese Überzeugung war klinisch ebenso attraktiv wie biologisch glaubwürdig. Damit begann der Siegeszug der Hormonbehandlung. Sechzig Jahre lang war diese Hormontherapie etabliert bei Wechseljahrsbeschwerden und zur Vorbeugung vieler chronischer Erkrankungen, die mit dem Alterungsprozess zusammenhängen. Erst im neuen Jahrtausend haben wir entdeckt, dass viele der Studien, auf die das medizinische Establishment seine Meinung stützte, verzerrt waren.

Im Jahr 1986 verkündete die Food and Drug Administration (FDA), die amerikanische Zulassungsbehörde für Arzneimittel, dass Premarin und andere Östrogenpräparate nicht nur klimakterische Symptome lindern können, sondern auch dem Verlust an Knochensubstanz im Rahmen einer Osteoporose entgegenwirken können. In der Folge explodierte der Markt für Premarin förmlich. Etwa um dieselbe Zeit zeigten einige Studien, dass eine Östrogentherapie auch dem Herzen nutzt. Insgesamt 40 Beobachtungsstudien, die über einen Zeitraum von mehr als 30 Jahren durchgeführt wurden, deuteten darauf hin, dass Frauen, die Östrogen anwendeten, ein um 35 bis 50 Prozent geringeres Risiko für koronare Herzerkrankungen hatten als Frauen, die kein Östrogen nahmen.[2] Damals war das ein Aufsehen erregender Befund.

Bei einer Beobachtungsstudie werden Informationen über eine Gruppe von Teilnehmern gesammelt, indem man Ereignisse beobachtet, *ohne* bestimmte Variablen zu kontrollieren. Beobachtungsstudien verfolgen den Gesundheitszustand der Teilnehmer über eine gewisse Zeitspanne, ohne dass mit Präparaten oder Therapien eingegriffen wird. Bei einer Beobachtungsstudie können die Teilnehmer ganz unterschiedliche Lebensstile haben. Diese werden bei der Auswertung der Studie aber nicht berücksichtigt, obwohl sie die Ergebnisse unter Umständen direkt beeinflussen können. Aus diesen Gründen sind Beobachtungsstudien generell weniger aussagekräftig als andere Studientypen.

So zeigte die größte Beobachtungsstudie an Frauen, die Nurses' Health Study der Universität von Harvard, 1985 beispielsweise eine um 50 Prozent geringere Häufigkeit von koronaren Herzerkrankungen bei den Krankenschwestern, die sich einer Hormonbehandlung unterzogen.[3] Erst 17 Jahre später stellte sich heraus, dass das geringere Risiko für Herzkrankheiten darauf zurückzuführen war, dass diese Frauen allgemein gesünder waren, körperlich aktiver waren, sich gesünder ernährten und seltener rauchten als der Durchschnitt der weiblichen Bevölkerung, und nicht auf eine schützende Wirkung der Hormonbehandlung.

Östrogen und Gebärmutterschleimhautkrebs

Die ersten Besorgnis erregenden Nachrichten über die Gabe von Östrogen, speziell von Premarin, erbrachten wieder Studien. Sie sprachen dafür, dass die alleinige Gabe von Östrogen das Risiko für Gebärmutterschleimhautkrebs erhöht. Tatsächlich haben mehr als 30 Beobachtungsstudien ergeben, dass ein mehr als zehnjähriger Gebrauch von Präparaten, die nur Östrogen enthalten, das Risiko für Gebärmutterschleimhautkrebs um das Acht- bis Zehnfache erhöht.[4] Um dieses erhöhte Krebsrisiko im Zusammenhang mit der Östrogentherapie zu verringern, wurde die Gabe von Östrogen mit der von Gestagen kombiniert. Gestagene sind synthetisch hergestellte Substanzen, die im Körper wie das natürliche Progesteron wirken. Wie sich herausgestellt hat, sorgt der Zusatz eines Gestagens zur Östrogentherapie dafür, dass das Krebsrisiko in etwa wieder so hoch ist wie ohne Hormonbehandlung. Dieser Gestagenzusatz ist für jene Frauen nicht notwendig, deren Gebärmutter entfernt wurde, da mit der Gebärmutter die Schleimhaut verloren gegangen ist, die sich krebsartig verändern kann.

Trotz des erhöhten Risikos für Gebärmutterschleimhautkrebs sah die Hormontherapie wie eine Wunderwaffe aus. Sie linderte Hitzewallungen um 80 bis 90 Prozent, schien das Risiko für koronare Herzkrankheit zu senken und eine Osteoporose zu verhüten. Aufgrund dieser weithin gefeierten Vorzüge schossen die Verkaufszahlen der Hormonpräparate der Firma Wyeth – ein Östrogenmonopräparat und ein Kombinationspräparat aus Östrogen und Gestagen – in Schwindel erregende Höhen. Der Jahresumsatz für das Östrogenprodukt lag 1997 bei mehr als einer Milliarde US-Dollar.[5] Seit den 1990er Jahren ist die Behandlung mit der Östrogen-Gestagen-Kombination die beliebteste Therapie für Frauen in den USA, deren Gebärmutter nicht operativ entfernt worden war.

Im Jahr 1995 wurden die Ergebnisse einer wichtigen Doppelblindstudie veröffentlicht, die von den Nationalen Gesundheitsinstituten der USA (NIH) finanziert worden war.

Sie trug den Titel *Postmenopausal Estrogen Progestin Interventions Trial*, kurz PEPI, und bestätigte, dass eine Hormontherapie bei Frauen vorbeugend gegen koronare Herzkrankheit wirkt. Die Studie zeigte jedoch auch eine signifikante Zunahme des Risikos für Gebärmutterschleimhautkrebs.

Im Gegensatz zu Beobachtungsstudien sind Placebo-kontrollierte, randomisierte Doppelblindstudien der »Goldstandard« klinischer Tests. Bei diesem Studientyp erfüllen die Teilnehmenden ganz spezielle Kriterien. Die Fragestellung, die die Studie beantworten soll, wird vor Beginn eindeutig definiert, und die Teilnehmerinnen werden nach dem Zufallsprinzip in Gruppen eingeteilt (randomisiert), von denen die eine Gruppe das wirkstoffhaltige Medikament erhält, die andere hingegen ein wirkstofffreies Medikament (Placebo). Weder die Ärzte, die die Studie durchführen, noch die Teilnehmerinnen wissen, wer zu welcher Gruppe gehört; daher bezeichnet man solche Studien als »doppelblind«. Die Randomisierung führt wie das Werfen einer Münze dazu, dass Wirkstoff- und Placebogruppe zu Beginn der Studie gut vergleichbar sind. So enthält jede Gruppe beispielsweise gleich viele Frauen, die rauchen, Sport treiben und einen hohen Cholesterinspiegel haben. Das eliminiert das Hauptproblem der ersten Beobachtungsstudien – nämlich, dass die Gesundheit der Frauen, die Östrogene nahmen, von Anfang an allgemein besser war.

Bei der PEPI-Studie ging es darum, die Wirkung eines Placebos und vier verschiedener Hormontherapien (ein Östrogenmonopräparat und drei verschiedene Östrogen-Gestagen-Kombinationspräparate) auf eine Reihe wichtiger Risikofaktoren für koronare Herzkrankheit zu bewerten.[6] An der Studie nahmen 875 gesunde Frauen nach den Wechseljahren im Alter von 45 bis 64 Jahren teil, die nach dem Zufallsprinzip auf eine der fünf Behandlungsgruppen verteilt und drei Jahre lang klinisch kontrolliert wurden. Alle vier Hormontherapien erhöhten den HDL-Spiegel (HDL ist das »gute« Cholesterin) und senkten den LDL-Spiegel (LDL ist das »schlechte« Cholesterin). Östrogen allein hob den HDL-Spiegel am stärksten, aber im Vergleich zu den Kombinationstherapien führte es zu einer deutlichen Zunahme an Gebärmutterschleimhautkrebs. Dadurch wurde es für die meisten Frauen – mit Ausnahme derer, die keine Gebärmutter mehr hatten – zu einer riskanten Therapie.

Hormonbehandlung und schwere Erkrankungen

Im selben Jahr kamen andere Hinweise ans Licht, die dafür sprachen, dass eine Hormontherapie nicht die Patentlösung für alle möglichen klimakterischen und postklimakterischen Probleme war. 1995 deckte eine kombinierte Analyse von 51 Studien, an denen insgesamt mehr als 52 000 Frauen teilgenommen hatten, auf, dass das Brustkrebsrisiko bei Frauen, die sich länger als fünf Jahre einer Hormontherapie unterzogen, um 35 Prozent erhöht war.[7]

Im Jahr 2000 stellte eine Studie mit mehr als 46 000 postklimakterischen Teilnehmerinnen, die im *Journal of the American Medical Association (JAMA)* veröffentlicht wurde, fest, dass der Zusatz von Gestagen bei der Hormonbehandlung das Risiko für Brustkrebs stärker erhöhte als die alleinige Gabe von Östrogen.[8] Überdies schwächte der Gestagenzusatz die positiven Effekte ab, die eine Therapie mit Östrogen allein auf den HDL-Spiegel hatte.

Die letzte wichtige Studie vor der Women's Health Initiative – der aktuellen bahnbrechenden Untersuchung über die Langzeitwirkungen einer Hormonbehandlung – war die Heart and Estrogen/Progestin Replacement Study (HERS). Da es bereits eine Fülle von Beobachtungsdaten gab, welche die Ansicht stützten, dass eine Östrogenbehandlung das Risiko für koronare Herzkrankheit senkt, zahlte Wyeth Millionen Dollar, um eine »Goldstandard«-Studie zu finanzieren. Ziel dieser Studie war herauszufinden, ob eine Behandlung mit dem Östrogen-Gestagen-Kombinationspräparat der Firma bei einer Gruppe von 2763 Frauen, die bereits einen Herzinfarkt gehabt hatten, einem zweiten Herzanfall vorbeugen konnte.

Dieses war eine Schlüsseluntersuchung, denn zuvor war noch kein Östrogenmonopräparat und kein Östrogen-Gestagen-Kombinationspräparat in einer lange Zeit laufenden klinischen Studie getestet worden, und keine Art von Hormontherapie hatte von der FDA die Zulassung zur Vorbeugung vor koronarer Herzkrankheit erhalten. Da koronare Herzkrankheiten die Haupttodesursache bei Frauen sind, wäre der Nutzen eines Präparats, das die Rate dieser Herzerkrankungen bei Frauen senken könnte, enorm. Doch die HERS-Studie zeigte schockierende Resultate. Im Vergleich zu einem wirkstofffreien Mittel führte die Östrogen-Gestagen-Kombination im ersten Studienjahr zu einer Zunahme von Herzinfarkten und Todesfällen. In den Folgejahren stellte sich heraus, dass das Präparat dem Herz-Kreislauf-System insgesamt keinen Nutzen brachte.

Dieses Auf und Ab bereitete die Bühne für die lang erwarteten Ergebnisse der Women's Health Initiative, die im Sommer 2002 veröffentlicht wurden.

Die Women's Health Initiative

Die Women's Health Initiative (WHI) war ein von den Nationalen Gesundheitsinstituten der USA (NIH) finanziertes Projekt, um die Auswirkungen einer Hormontherapie in den Wechseljahren auf Herz-Kreislauf-Erkrankungen, Krebs und Osteoporose zu untersuchen. Es gab zwei randomisierte klinische Studien. Die eine Studie zielte darauf ab, die Wirkung von Östrogen plus Gestagen bei Frauen mit Gebärmutter zu bewerten; in der zweiten Studie ging es um die Effekte der alleinigen Östrogengabe bei Frauen ohne Gebärmutter. Als Behandlungsmittel wurden dafür die Produkte gewählt, die in den USA am häufigsten verschrieben wurden.

An der Östrogen-Gestagen-Studie der WHI nahmen 16 608 Frauen im Alter zwischen 50 und 79 Jahren aus 40 verschiedenen medizinischen Zentren teil. Bei diesem Teil des Projekts handelte es sich um eine randomisierte, placebo-kontrollierte Doppelblindstudie mit Frauen nach den Wechseljahren, in der die Standarddosis mit einem Placebo verglichen werden sollte. Es war geplant, jede Teilnehmerin achteinhalb Jahre lang zu beobachten. Doch die Studie wurde früher gestoppt, weil sich noch vor Ablauf dieser Zeit herausstellte, dass die Risiken der Hormontherapie den Nutzen überwogen. Im Durchschnitt wurden die Frauen 5,2 Jahre lang klinisch beobachtet.

Die Anfangsresultate der Studie wurden am 17. Juli 2002 im *Journal of the American Medical Association (JAMA)* veröffentlicht und zeigten, dass die Standarddosis der Kombinationshormontherapie das Risiko für koronare Herzerkrankungen wie auch für eine ganze Reihe anderer schwerwiegender Erkrankungen erhöhte, darunter Schlaganfall, Lungenembolie (Blutgerinnsel in der Lunge), tiefe Venenthrombose (Blutgerinnsel in den Beinen), Brustkrebs und Demenz.[9] Zudem ließ sich kein wie auch immer gearteter Nutzen der Hormontherapie bei anderen für die Lebensqualität wichtigen Faktoren nachweisen, beispielsweise beim allgemeinem Gesundheitszustand, bei Vitalität, geistiger Gesundheit, depressiven Symptomen und sexueller Zufriedenheit.[10] Die beiden einzigen positiven Effekte des Medikaments in dieser Studie waren ein vermindertes Risiko für Hüftbrüche und Dickdarmkrebs. Bei den 50- bis 54-jährigen Teilnehmerinnen der Studie besserten sich durch die Hormontherapie Schlafstörungen im Zusammenhang mit den Wechseljahren, doch es kam vermehrt zu Scheidenblutungen und einer verstärkten Berührungsempfindlichkeit der Brust. Die klinischen Ergebnisse im Zusammenhang mit dem Einsatz der genannten Östrogen-Gestagen-Kombination in der WHI-Studie sind in der Tabelle auf Seite 68 aufgelistet.

Klinische Ergebnisse für 10 000 ein Jahr lang behandelte Frauen (= 10 000 Anwendungsjahre) aus der Studie der Women's Health Initiative beim Vergleich der Östrogen-Gestagen-Kombination mit einem Placebo

Klinisches Ergebnis	*Ö-G-K-Gruppe*	*Placebo-Gruppe*	*Zusätzliche Fälle pro Jahr pro 10 000 Frauen bei Ö-G-K*	*Relatives Risiko* bei Ö-G-K-Einnahme*
RISIKEN				
Herzinfarkt	37	30	7 mehr	29 % höher
Schlaganfall	29	21	8 mehr	41 % höher
Lungen-embolie	16	8	8 mehr	113 % höher
Venen-thrombose	34	16	18 mehr	11 % höher
Brustkrebs	38	30	8 mehr	26 % höher
Demenz	45	22	23 mehr	105 % höher
NUTZEN				
Dickdarm-krebs	10	16	6 weniger	37 % niedriger
Hüftbrüche	10	15	5 weniger	34 % niedriger

* Relatives Risiko in der Hormongruppe, geteilt durch das Risiko in der Placebogruppe.

Ergebnisse des Studienteils, in dem Östrogen allein eingesetzt wurde

Während der Teil der WHI-Studie, in dem das Östrogen-Gestagen-Kombinationspräparat eingesetzt wurde, wegen der Risiken frühzeitig beendet wurde, wurde die Versuchsreihe mit dem Östrogenmonopräparat unter sorgfältiger Überwachung fortgeführt. Diese Testreihe umfasste 10 739 postmenopausale Frauen zwischen 50 und 79 Jahren, denen zu einem früheren Zeitpunkt die Gebärmutter entfernt worden war. Wiederum ging es um die Häufigkeit von koronaren Erkrankungen, Krebs, Blutgerinnseln, Osteoporose und Demenz. Und wie im Östrogen-Gestagen-Teil der Untersuchung wurde auch dieser Teil der Studie vorzeitig abgebrochen. Dieses Mal nicht etwa, weil die Risiken den Nutzen überstiegen, sondern weil sich die NIH um das Schlaganfallrisiko bei den Frauen, die Östrogen einnahmen, sorgten. Nach einer durchschnittlichen Beobachtungszeit von 6,8 Jahren kam man zu dem Schluss, dass die alleinige Therapie mit Östrogen das Schlaganfallrisiko um 39 Prozent erhöht und das Risiko für einen Hüftbruch um 39 Prozent senkt.[11] (In konkreten Zahlen ausgedrückt bedeutet dies jährlich zwölf zusätzliche Schlaganfälle und sechs Hüftfrakturen weniger auf 10 000 behandelte Frauen.) Anders als bei der Studie mit der kombinierten Östrogen-Gestagen-Gabe stieg das Risiko für koronare Herzerkrankung, Brustkrebs und Blutgerinnsel nicht an. Im Gegensatz zur Kombinationstherapie zeigte die Behandlung mit einem Östrogenmonopräparat aber auch keinerlei Schutzwirkung gegen Dickdarmkrebs. Bei den Frauen, die ein Östrogenmonopräparat nahmen, war die Tendenz, eine Demenz zu entwickeln, ebenfalls erhöht.

Was bedeuten diese Befunde für Sie persönlich?

Wenn man die Ergebnisse der WHI-Studie bewerten will, muss man eine Reihe wichtiger Punkte beachten. Erstens betrug das Durchschnittsalter der Teilnehmerinnen an der Studie der *Women's Health Initiative* rund 63 Jahre. Die prämenopausale Phase, während der Frauen am meisten unter Wechseljahrssymptomen leiden, beginnt jedoch in der Regel mit 47 Jahren. Da sich das absolute Risiko für viele Krankheiten mit jedem zusätzlichen Lebensjahrzehnt verdoppelt, ist das Risiko einer 47-Jährigen, die sich für eine Hormonbehandlung entscheidet, *höchstens* halb so groß wie das in der WHI-Studie gefundene.[12] So ergab die Studie beispielsweise, dass das relative Risiko für einen Schlaganfall bei Frauen, die die Östrogen-Gestagen-Kombination einnahmen, um 41 Prozent erhöht war. Diese Zahl erscheint schockierend, doch absolut gesehen ist das Risiko nicht so dramatisch groß. Pro 10 000 Frauen, die mit der Kombinationstherapie behandelt werden, gab es nach der WHI-Studie pro Jahr acht Schlaganfälle mehr als ohne diese Therapie.

Nun übertragen Sie dieses auf eine Frau in den Wechseljahren, die zwischen 47 und 50 Jahren eine Hormontherapie mit einem Kombinationspräparat beginnt. Das relative Risiko würde sich mindestens auf die Hälfte reduzieren, und das absolute Risiko bedeutet, dass bei 10 000 Frauen pro Jahr weniger als vier zusätzliche Schlaganfälle auftreten. Bei einer einjährigen Behandlung ist dieses Risiko sehr gering. Auf der anderen Seite steigt dieses Risiko an, je länger die Frau diese Hormonbehandlung durchführt. Nach zehn Jahren steigt das geschätzte Schlaganfallrisiko beispielsweise auf 40 pro 100 000 oder 1 von 250 Frauen.

Vielleicht fragen Sie sich auch, wie groß Ihr Risiko ist, eine der potenziell tödlichen Krankheiten zu entwickeln, die mit der Hormontherapie verbunden sind. Die Forscher der WHI-Studie haben den Netto-Effekt der Behandlung mit einem Kombinationspräparat berechnet, indem sie von der Annahme ausgingen, sämtliche mit der Hormontherapie verbundenen potenziell tödlichen Erkrankungen wögen gleich viel. Sie fanden, dass die Kombinationstherapie zu zwei ernsten Erkrankungen bei 1000 Frauen, die ein Jahr lang behandelt werden, führt. Das Risiko ist kumulativ, daher nimmt es nach fünfjähriger Behandlung auf zehn potenziell tödliche Krankheiten pro 1000 behandelte Frauen zu; das sind 1 pro 100 (1 Prozent). Mit anderen Worten beträgt das Risiko für eine ernste Erkrankung, wie koronare Herzkrankheit, Schlaganfall, Lungenembolie oder Brustkrebs, für eine 47- bis 50-Jährige, die sich ein Jahr lang einer Kombinationstherapie unterziehen will, 1 zu 1000.[13]

Anhand dieser Information ist es an Ihnen, zu entscheiden, wie groß das Risiko ist, das Sie einzugehen gewillt sind. Möchten Sie darauf spekulieren, dass Sie eine der 999 von 1000 Frauen pro Jahr sind, bei denen die Therapie keine ernsten Nebenwirkungen hervorruft? Oder schreckt Sie das Risiko, die eine von 1000 zu sein, die eine ernste Erkrankung, wie koronare Herzkrankheit, Schlaganfall oder Brustkrebs entwickelt, so sehr, dass Sie lieber keine Hormonbehandlung machen möchten? Ich schlage vor, dass Sie diese Fragen mit Ihrer Ärztin oder Ihrem Arzt diskutieren. Und Ihre Entscheidung hängt vermutlich mehr oder minder stark auch davon ab, wie sehr Ihre Wechseljahrssymptome Sie belasten.

Ein Östrogenmonopräparat ist weniger riskant als ein Kombinationspräparat. Bei Ersterem besteht nur für eine ernsthafte Erkrankung – Schlaganfall – ein erhöhtes Risiko statt bei dem anderen Präparat für vier Erkrankungen: koronare Herzkrankheit, Schlaganfall, Lungenembolie und Brustkrebs. Damit erscheint die Wahl eines Monopräparats für eine kurzfristige Behandlung in niedriger Dosierung sicherer. Wegen des erheblichen Risikos für einen Gebärmutterschleimhautkrebs eignet sich diese Behandlungsform aber nur für Frauen, deren Gebärmutter entfernt wurde.

Letztlich muss also jede Frau die Risiken und Vorzüge einer Hormonbehandlung abwägen, um zu einer guten Entscheidung zu kommen. Gleichzeitig müssen Sie auch Ihre Familienkrankengeschichte und Ihre Lebensweise in Rechnung stellen, um zu entscheiden, wie hoch die Wahrscheinlichkeit ist, dass Sie zu denjenigen Frauen gehören, die eine ernsthafte Krankheit entwickeln, wenn Sie Hormone anwenden.

Eine wichtige Warnung: Wenn Sie in der Zeitung etwas über Forschungsergebnisse lesen oder von Ärztin oder Arzt hören, sollten Sie sich stets drei Fragen stellen:

1. Repräsentieren die Teilnehmer der Studie meine Altersgruppe und meinen medizinischen Hintergrund?
2. Wie lauten die Ergebnisse der Studie exakt? (Wenn Sie die Ergebnisse nicht verstehen, lassen Sie sich diese von einer qualifizierten Person erklären.)
3. Wie beeinflussen diese Ergebnisse meine Entscheidung?

Als Ärztin bin ich sehr unzufrieden damit, dass uns unser gegenwärtiges Gesundheitssystem so wenig Zeit lässt, Fragen wie diese ausführlich mit unseren Patientinnen zu besprechen. Dennoch sollten Sie als Patientin darauf vorbereitet sein, Ihrer Ärztin oder Ihrem Arzt diese und andere Fragen zu stellen und eine fundierte Antwort zu verlangen.

Auf Seite 74f. finden Sie eine Liste allgemeiner Faktoren, die Ihr Risiko für koronare Herzkrankheit, Schlaganfall, Lungenembolie und Brustkrebs erhöhen.

Neue Empfehlungen für die Hormonbehandlung

Aufgrund der Forschungsergebnisse, insbesondere der WHI-Studie, hat das deutsche Bundesinstitut für Arzneimittel und Medizinprodukte (BfArM) im August 2003 die Zulassungsbedingungen für Präparate zur Hormontherapie in den Wechseljahren geändert. Nun müssen die Hersteller im Beipackzettel Angaben zu den Risiken der Behandlung ma-

Risikofaktoren für Krankheiten, die bei einer Östrogen-Gestagen-Therapie erhöht sind

Krankheit	*Faktoren, die das Risiko erhöhen*	*Faktoren, die das Risiko senken*
Koronare Herzkrankheit	Rauchen, Bluthochdruck, hoher Cholesterinspiegel, Diabetes mellitus, Übergewicht, Bewegungsarmut, Familienanamnese mit frühen koronaren Herzerkrankungen (früher als 55 Jahre bei Männern und früher als 65 Jahre bei Frauen).	Regelmäßige Bewegung, hohes HDL- und niedriges LDL-Cholesterin, gesunde Ernährung, Body-Mass-Index* unter 25 (berechnet als Gewicht [kg] / Größe^2 [m]).
Schlaganfall	Rauchen, Bluthochdruck, hoher Cholesterinspiegel, Diabetes mellitus, Übergewicht, Bewegungsarmut, arterielle Gefäßerkrankungen, Vorhofflimmern, Familienanamnese.	Regelmäßige Bewegung, hohes HDL- und niedriges LDL-Cholesterin, gesunde Ernährung, Body-Mass-Index* unter 25 (berechnet als Gewicht [kg] / Größe^2 [m]).
Brustkrebs	Fortgeschrittenes Alter, erste Menstruation unter zwölf Jahren, Menopause mit 55 Jahren oder später,	Erstes Kind vor dem 30. Lebensjahr, stillen, regelmäßige Bewegung, Alkoholabstinenz.

* Der Body-Mass-Index ist eine Formel zur Bewertung des Gewichts (Übergewicht >25–30, Fettsucht >30). Das Normalgewicht liegt zwischen 19 und 25. Menschen mit einem höheren BMI haben ein höheres Risiko für gewisse Krankheiten.

Krankheit	*Faktoren, die das Risiko erhöhen*	*Faktoren, die das Risiko senken*
	keine eigenen Kinder oder erstes Kind nach dem 30. Lebensjahr, in der Vergangenheit Brustbiopsien mit Hyperplasie, nahe Verwandte mit Brust- oder Eierstockkrebs, genetische Risikofaktoren: BRCA1- oder BRCA2-Gene.	
Lungenembolie	Vorgeschichte von Blutgerinnseln, große Operationen, ausgeprägte Immobilität vor oder nach einer Operation, großer orthopädischer Eingriff, Bruch von Becken, Oberschenkel oder Schienbein, Malignome, erhöhte Blutgerinnungsneigung.	

chen. Die Therapie darf nur noch bei ausgeprägten Wechseljahrsbeschwerden durchgeführt werden, die Dosierung muss so gering wie möglich gehalten werden und es darf nur so kurz wie unbedingt erforderlich behandelt werden.

Eine Analyse der Verordnungszahlen von Hormonprodukten zur Behandlung in den Wechseljahren zeigt, dass die Verordnung solcher Präparate für Frauen, die in der gesetzlichen Krankenkasse versichert sind, im Jahr 2004 im Vergleich zu 2003 um etwa 20 Prozent zurückgegangen ist.

Frühere Zulassung des BfArM und revidierte Empfehlungen der Arzneimittelkommission der Deutschen Ärzteschaft für Östrogen und Östrogen-Gestagen-Kombinationen vor und nach Veröffentlichung der WHI-Ergebnisse

Indikation	*Zulassung des BfArM vor WHI*	*Revidierte Empfehlung der AKDÄ nach Publikation der WHI-Ergebnisse*
Hitzewallungen	Östrogen- und Östrogen-Gestagen-Kombinationen sind zur Behandlung von mittleren bis schweren vasomotorischen Symptomen im Zusammenhang mit den Wechseljahren zugelassen (Hitzewallungen und Nachtschweiß).	Östrogen- und Östrogen-Gestagen-Produkte nur bei ernsthaft belastenden Hitzewallungen und in der geringsten Dosierung.
Rückbildung von Scham und Scheide (Trockenheit, Jucken und Brennen)	Östrogen- und Östrogen-Gestagen-Kombinationen sind zur Behandlung von mittleren bis schweren Symptomen einer Vulva- und Vaginalatrophie im Zusammenhang mit den Wechseljahren zugelassen.	Eine lokale Östrogenbehandlung kann die Symptome einer Vaginalatrophie verbessern. Wird das Östrogen nicht ausschließlich vaginal angewandt und handelt es sich um eine Frau, deren Gebärmutter nicht entfernt wurde, muss das Östrogen mit Gestagen kombiniert werden.

Indikation	*Zulassung des BfArM vor WHI*	*Revidierte Empfehlung der AKDÄ nach Publikation der WHI-Ergebnisse*
Osteoporose	Östrogen und Östrogen-Gestagen sind zur Vorbeugung und Behandlung einer postmenopausalen Osteoporose zugelassen.	Zur Vorbeugung einer Osteoporose nur bei Frauen mit einem hohen Risiko für Brüche, die andere Arzneimittel zur Osteoporosevorbeugung nicht anwenden dürfen oder diese nicht vertragen. Keine Behandlung einer Osteoporose mehr mit Hormonen.
Koronare Herzkrankheit	Nicht zugelassen gewesen.	Östrogen und Östrogen-Gestagen sollten nicht zur Vorbeugung vor koronarer Herzkrankheit eingesetzt werden.

Grundsätzlich heißt das, dass Sie, wenn Sie unter starken Hitzewallungen leiden, die Sie anders nicht lindern können, eine geringe Dosis Hormone versuchen können. Seien Sie sich bewusst, dass bei der Anwendung kurzzeitig Nebenwirkungen auftreten können, wie unregelmäßige Scheidenblutungen und vereinzelte Blutspuren, Kopfschmerzen, Übelkeit, Wasseransammlung im Gewebe sowie geschwollene und empfindliche Brüste. Diese Symptome sind bei der Anwendung von Östrogen völlig normal und sollten mit der

Zeit zurückgehen oder ganz verschwinden – oft innerhalb von rund drei Monaten.

Wenn Sie eine Behandlung vorwiegend erwägen, um Ihr Osteoporoserisiko zu senken, sollten Sie wissen, dass es eine Reihe neuerer Medikamente ohne hormonelle Wirkungen gibt. Diese haben nicht dieselben unerwünschten Wirkungen wie Östrogene (siehe dazu Kapitel 6: Osteoporose im Alter ist vermeidbar).

Auf Seite 79 und 80 finden Sie eine Liste der in Deutschland am häufigsten verordneten Hormonprodukte (kursiv = Name des Medikaments).

Andere Medikamente zur Behandlung von Hitzewallungen

Generell wird Frauen, die an Brustkrebs erkrankt sind oder waren oder ein besonderes Brustkrebsrisiko haben, von einer Hormonbehandlung abgeraten, weil diese das Brustkrebsrisiko erhöht.[14] Viele dieser Frauen greifen zu Alternativen, um Hitzewallungen und nächtliche Schweißausbrüche zu lindern.

Es gibt einige wenige verschreibungspflichtige nichthormonelle Medikamente (wie Antidepressiva), die als Therapeutika zur Linderung von Hitzewallungen klinisch getestet worden sind, und zwar vorwiegend bei Frauen mit einer Brustkrebsvorgeschichte. Diese Antidepressiva verringern zwar deutlich Zahl und Stärke der täglichen Hitzewallun-

Orale Östrogen- und Östrogen-Gestagen-Produkte

Östrogentabletten	*Gestagentabletten*	*Östrogen-Gestagen-Tabletten*
Estrifam: **Estradiol**	*Chlormadinon Jenapharm:* **Chlormadinon**	*Femoston:* **Estradiol + Dydrogesteron**
Estradiol Jenapharm, Gynokadin, Merimono, Progynova: **Estradiolvalerat**	*Duphastron:* **Dydrogesteron**	*Klimonorm, Östronara:* **Estradiol + Levonorgesterel**
Oekolp, Ovestin: **Estriol**	*Clinofem:* **Medroxyprogesteron**	*Estrafemol, Gianda, Osmil, Sisare:* **Estradiol + Medroxyprogesteron**
Presomen: **konjugierte Östrogene**	*Gestakadin, Norethisteron Jenapharm, Primolut-Nor, Sovel:* **Norethisteron**	*Activelle, Gynamon, Kliogest N, Mericomb, Merigest, Trisequens:* **Estradiol + Norethisteron**
	Utrogest: **Progesteron**	*Cyclo-Progynova:* **Estradiol + Norgesterel**
		Presomen comp: **konjugierte Östrogene + Medrogeston**

Östrogentabletten	*Gestagentabletten*	*Östrogen-Gestagen-Tabletten*
		Climopax: **konjugierte Östrogene + Medroxyprogesteron**
		Cyclo-Menorette: **Estradiol + Estriol + Levonorgesterel**

Gels, Cremes, Pflaster und andere Produkte

Produkt	*Östrogenprodukte*	*Östrogen-Gestagen-Kombination*
Vaginalcreme, -salbe, -tabletten, -zäpfchen	*Linoladiol N:* **Estradiol** *Estriol Jenapharm, Estriolsalbe, Oekolp, Oestro-Gynaedron M, Ortho-Gynest, Ovestin, Xapro:* **Estriol**	
Hautpflaster	*Cutanum, Dermestril, Estraderm TTS, Estramon, Fem7, Tradelia:* **Estradiol**	*Estalis sequi, Estragest TTS:* **Estradiol + Norethisteron**

gen, doch sie können eine Reihe von Nebenwirkungen haben. Die häufigsten unerwünschten Wirkungen sind Übelkeit, Schläfrigkeit, Benommenheit, Angstgefühle, Mundtrockenheit, Verstopfung und Sexualprobleme.

Antidepressiva sind in Deutschland für eine Anwendung bei wechseljahrsbedingten Hitzewallungen nicht zugelassen.

Tipps zur Selbstbehandlung von Wechseljahrssymptomen

In den folgenden Kapiteln des Buches werden Sie vieles über nichthormonelle Methoden erfahren, um Ihre Wechseljahrssymptome anzugehen. Klimakterische Beschwerden sprechen gut auf eine Ernährungsumstellung und eine Veränderung des Lebensstils an. Vielen Frauen gelingt dies mit Erfolg. Ich möchte dieses Kapitel mit einigen Tipps beschließen, die ich im Laufe der Jahre, in denen ich Wechseljahrssymptome behandele, von meinen Patientinnen erhalten habe. Hier ein paar einfache Vorschläge, die Sie ausprobieren können, bevor Sie sich für eine Hormonbehandlung entscheiden:

- Wählen Sie Ihre Kleidung nach dem Zwiebelprinzip, sodass Sie leicht etwas ablegen können, wenn Sie eine Hitzewallung nahen fühlen.
- Merken Sie sich, welche Umstände bei Ihnen Hitzewallungen auslösen, und versuchen Sie, solche Ereignisse zu

meiden. Zu derartigen Auslösern können Koffein, heiße Getränke, Alkohol, Zucker, Stress, warmes Wetter, stark gewürzte Speisen, Tabak, Whirlpools und Saunen gehören, ebenso emotionale Belastung und hitzige Diskussionen.

- Bewegen Sie sich mindestens 30 Minuten lang an fünf Tagen der Woche.
- Wenn Sie rauchen, geben Sie es auf.
- Überlegen Sie, ob Sie es nicht einmal mit Entspannungstechniken, wie Atemübungen, Meditation, Yoga und geleiteter Imagination versuchen wollen.
- Trinken Sie ein Glas kaltes Wasser oder kalten Saft, wenn sich eine Hitzewallung ankündigt.
- Benutzen Sie leichte Baumwolllaken und sorgen Sie dafür, dass Ihr Schlafzimmer nachts kühl ist.
- Suchen Sie sich einen Platz, an dem Sie sich entspannen und Ihre Hitzewallungen ohne Störungen »aussitzen« können.
- Versuchen Sie, Ihren Sinn für Humor nicht zu verlieren.

Wir wissen, dass jede Frau ihre Wechseljahre anders erlebt. Ich erkläre den Frauen, dass die Wechseljahre ein Zustand sind, den man auf mindestens 50 Millionen Weisen erleben kann. Und gerade aus diesem Grund sollten Sie Ihren Umgang mit dieser Übergangsphase individuell gestalten. In diesem Buch finden Sie die nötigen Informationen, um genau das zu tun. Nehmen Sie die folgenden Kapitel als Leitfaden und gestatten Sie führenden Expertinnen und Experten, Sie mit leichter Hand durch diese Lebensphase zu navigieren.

Kapitel 3

Behandlung mit Pflanzen: Ost trifft West

Amanda McQuade Crawford

Amanda McQuade Crawford ist eine international anerkannte Expertin für ganzheitliche Behandlung und Pflanzenheilkunde. Amanda unterrichtet Mediziner und Pharmazeuten in Pflanzenheilkunde. Nach vier Jahren am College of Herbal Medicine in England schloss sie ihre Ausbildung mit einem Diplom in Phytotherapie ab. Amanda ist Mitglied des National Institute of Medical Herbalists (NIMH). Zudem ist sie Gründungsmitglied der American Herbalists Guild und hat in mehreren Review-Komitees mitgearbeitet, darunter auch solchen der American Herbal Pharmacopoeia. Amanda, die Dozentin am International College of Herbal Medicine für Fernstudien ist, hat zwei Sachbücher über Frauengesundheit geschrieben: *The Herbal Menopause Book* und *Herbal Remedies for Women*. Nach vielen Jahren in einer Privatpraxis in Beverly Hills und Ojai, Kalifornien, hat sie eine Stellung am Canterbury College of Natural Medicine in Neuseeland angenommen.

Die Nachrichten über die Risiken der Hormontherapie haben das Interesse an anderen Behandlungsmethoden von Wechseljahrsbeschwerden – wie Hitzewallungen, Scheidentrockenheit, Reizbarkeit, Depressionen – und Erkrankungen im Zusammenhang mit den Wechseljahren, wie Osteoporose, befördert.

Die Vorstellung, dass gewisse Pflanzen Hitzewallungen mildern und zur Behandlung anderer Wechseljahrssymptome und -beschwerden geeignet sein können, sollte nicht überraschen, da ein Großteil unserer modernen Pharmakotherapie auf pflanzlichen Wirkstoffen basiert. So diente die Wilde Yamswurzel beispielsweise als Quelle, um das Gestagen für »die Pille« zu gewinnen. Da die konventionelle Medizin kaum Alternativen zur Hormonbehandlung kennt, wenden sich viele Frauen vermehrt Pflanzenpräparaten und Nahrungsergänzungsmitteln zu, um ihre Wechseljahrsbeschwerden zu lindern und gewisse Erkrankungen zu bekämpfen.

Bestimmte Pflanzenbestandteile wirken beim Menschen ähnlich wie Östrogen und Progesteron. Manche Mittel auf pflanzlicher Basis, die zur Behandlung von Wechseljahrssymptomen auf dem Markt sind, sind jedoch nach dem Gießkannenprinzip zusammengestellt: viele verschiedene Pflanzen, aber nicht genug von jeder Einzelnen, um tatsächlich Nennenswertes zu bewirken. Einige Hersteller mischen einfach die bekanntesten »weiblichen« Arzneipflanzen zusammen. In diesem Kapitel biete ich Ihnen aus erster Hand einen Überblick über den Einsatz von Pflanzenmedizin zur Behandlung von Wechseljahrsbeschwerden. Ich erkläre, um welche Pflanzen es sich handelt und wie man sie einnimmt; anschließend lernen Sie bestimmte Pflanzen und ihre empfohlene Dosierung sowie aus verschiedenen Pflanzen zusammengestellte Rezepturen kennen, die ich in meiner Praxis einsetze, um Frauen zu behandeln. Zu den Pflanzen, die ich hier empfehle, gehören solche, die Stress und Stresssymptome, beispielsweise Angstgefühle und Depressionen, verringern, wie auch solche, die Hitzewallungen, Schlaflosigkeit und Scheidentrockenheit lindern.

Was ist eine Arzneipflanze?

In der Pflanzenmedizin oder Phytotherapie werden vollständige Pflanzen oder Pflanzenteile genutzt, zum Beispiel aufgrund ihrer therapeutischen Eigenschaften zu den in diesem Buch beschriebenen Zwecken. Dabei können alle Teile der Pflanze verwendet werden: Blüten, Blätter, Rinde, Beeren, Früchte, Samen, Wurzeln. Auch Algen, Pilze und Moose werden eingesetzt. Die Pflanzen werden entweder mit ihrem Trivialnamen bezeichnet oder mit ihrem wissenschaftlichen, lateinischen Namen, der aus dem Gattungs- und Artnamen besteht. So heißt das getüpfelte Johanniskraut wissenschaftlich beispielsweise *Hypericum perforatum*.

Viele Pflanzen werden seit alters her medizinisch genutzt, und vieles, was über ihre Heilwirkungen behauptet wird, beruht auf anekdotischen Berichten; das bedeutet jedoch nicht, sie seien wirkungslos. Es ist jedoch wichtig zu wissen, dass die Wirkungen vieler Heilpflanzen noch nicht genau untersucht sind; das gilt besonders für die Vereinigten Staaten. Im Allgemeinen sind die auf dem Markt befindlichen Phytopharmaka (pflanzliche Heilmittel) nicht von der amerikanischen Gesundheitsbehörde FDA für bestimmte Zwecke zugelassen und nicht dermaßen standardisiert wie Medikamente. Die Folge ist, dass Qualität und Quantität der aktiven Bestandteile stark schwanken können. Achten Sie daher darauf, ein Produkt mit einer standardisierten Menge aktiver Substanzen zu kaufen.

Und vergessen Sie nicht: Dass Arzneipflanzen »natürlich« gewachsen sind, bedeutet nicht, dass sie harmlos sind. Eine Phytotherapie kann sehr wirksam sein; manche Pflanzen wirken ebenso stark wie chemische Medikamente. Wenn Pflanzen nicht in der richtigen Weise oder im Übermaß eingenommen werden, können sie zu medizinischen Problemen führen. Einige Arzneipflanzen können mit anderen Medikamenten in Wechselwirkungen treten und dann erhebliche Probleme verursachen. Daher ist es ratsam, sich von einem Arzt für Naturheilkunde oder in der Apotheke beraten zu lassen, um die beste Zubereitungsart und Dosierung für die jeweilige Pflanze zu finden, evtl. auch ein Fertigprodukt.

In den letzten Jahren sind zunehmend wissenschaftliche Untersuchungen veröffentlicht worden, die sich mit der Wirkung pflanzlicher Mittel auf eine Reihe von Beschwerden und Erkrankungen befassen – darunter Wechseljahrssymptome, wie Hitzewallungen, Schlaflosigkeit, Scheidentrockenheit, Depressionen und Angstzustände. Einige dieser Untersuchungen haben sehr ermutigende Resultate erbracht.

Dieses Kapitel konzentriert sich vornehmlich auf Pflanzen, die in der westlichen Hemisphäre wachsen, auch wenn einige Pflanzen aus anderen Traditionen, wie der chinesischen Medizin, Eingang gefunden haben, weil sie auch von westlichen Phytotherapeuten häufig verordnet werden. In diesem Kapitel möchte ich eine Reihe von gebräuchlichen und weniger gebräuchlichen Arzneipflanzen diskutieren, die ich häufig in meiner Praxis verwende, um Frauen mit Wechseljahrsbeschwerden zu behandeln. Ich möchte erklären, wie und für welche Beschwerden diese Pflanzen angewandt werden. Zudem nenne ich einige Beispiele für Tinkturen und Tees, mit denen Sie Ihre Symptome eigenständig behandeln können.

Die Situation in Deutschland

Phytopharmaka haben in Deutschland einen gänzlich anderen Status als in den Vereinigten Staaten. Es sind zugelassene Arzneimittel aus Pflanzen und ihren Extrakten. Sie können entweder den Extrakt nur einer einzelnen Pflanze enthalten oder aus der Mischung mehrerer Pflanzenextrakte bestehen. Diese Mittel sind vom Bundesamt für Arzneimittel und Medizinprodukte zur Anwendung bei genau definierten Anwendungsgebieten zugelassen worden. Das bedeutet, dass sie auch einen Wirksamkeitsnachweis erbringen mussten. Allerdings darf bei pflanzlichen Arzneimitteln dafür auch auf die Erfahrung zurückgegriffen werden, die man mit diesen Mitteln im Laufe von Jahrzehnten gemacht hat. Bei Pflanzen, deren wirksamer Bestandteil definiert ist, können die Hersteller ihre Produkte auf diesen Bestandteil normieren. Das bedeutet, sie sichern zu, dass von diesem Inhaltsstoff in jeder Packung die angegebene Menge enthalten ist.

Darüber hinaus erhalten Sie in der Apotheke getrocknete Pflanzen, ihre Bestandteile, Tees, Tinkturen und Extrakte in geprüfter Qualität. Was Sie in Drogerie- und Supermärkten kaufen können, erfüllt weniger strenge Anforderungen. Diese Produkte sind als Lebensmittel im Handel.

Andreas Geschichte

Im Alter von 52 Jahren ging Andrea buchstäblich vor die Hunde. Sie vergaß Dinge, schlief nachts nur ein paar Stunden und kam morgens nicht aus dem Bett. Sie hatte kein Interesse an körperlicher Aktivität und nahm in einem Jahr fast zehn Kilo zu. Sie fühlte sich depressiv, schwitzte nachts so heftig, dass ihre Laken morgens feucht waren, und war ständig wütend – auf sich selbst und alle Menschen in ihrem Umfeld. Zuvor eine Künstlerin mit einem bunten, abwechslungsreichen Leben, war Andrea nicht länger in der Lage, sich auf ihre Malerei zu konzentrieren und zog sich aus ihrem vormals großen Freundeskreis zurück.

Andreas Depressionen und die Veränderungen im Immun- und Hormonsystem, die sie erlebte, waren Wechseljahrssymptome, wie sie im Lehrbuch stehen. Ich schlug ihr eine Rezeptur vor, die Johanniskraut *(Hypericum perforatum)* enthielt, eine Pflanze, die zur Behandlung leichter bis mittlerer Depressionen geeignet ist. Johanniskraut wird in der Pflanzenheilkunde seit langem angewandt, denn es verbessert die Funktion des Nervengewebes bei chronischem Stress. Außerdem erhöht es die Wirksamkeit anderer Mittel gegen Hitzewallungen und andere Wechseljahrsbeschwerden. Andreas Rezeptur enthielt auch Wasserysop *(Bacopa monniera)*, eine ayurvedische Arzneipflanze, die die geistige Leistungsfähigkeit und das Gedächtnis verbessert, zudem Wu Wei Zi (Chinesischer Limonenbaum, *Schisandra chinensis*), eine chinesische Arzneipflanze, die gewöhnlich zur Leberentgiftung eingesetzt wird, hier aber zur Linderung von Hitzewallungen und nächtlichen Schweißausbrüchen dient, und Sibirischen Ginseng, um die Funktion ihrer Nebennieren zu unterstützen und die Symptome zu mildern, die aus Stress resultieren. Die Nebennieren helfen bei der Stressbewältigung, und Pflanzen, die die Funktion der Nebennieren unterstützen, können viele Symptome lindern, bei denen man sonst vielleicht eine größere Pflanzenmenge benötigen würde, um jedes einzelne Symptom – wie Schlaflosigkeit, schlechtes Gedächtnis, Stimmungsschwankungen und Hitzewallungen – zu beeinflussen. Und schließlich empfahl ich Rosmarinöl, das als Antioxidans wirkt und dem Körper hilft, die Pflanzenwirkstoffe aufzunehmen.

Andreas Rezeptur

1 Gramm Johanniskraut
650 Milligramm Wasserysop
650 Milligramm Wu Wei Zi
500 Milligramm Sibirischer Ginseng
10 Milligramm Rosmarinöl

Zusätzlich zur Einnahme dieser fünf Pflanzenmittel riet ich Andrea, ihre Ernährung umzustellen. Ich empfahl ihr eiweißhaltige Lebensmittel, gesunde Öle und komplexe Kohlenhydrate, wie sie in Getreide, Obst und Gemüse enthalten sind.

Innerhalb von drei Wochen gelang es Andrea zum ersten Mal seit einem Jahr, fünf von sieben Nächten durchzuschlafen. Ihr Gedächtnis besserte sich, sodass sie sich daran erinnerte, täglich ihre Pflanzenmittel zu nehmen, und der selbst erklärte »Junkfood-Junkie« begann, sich bewusst zu ernähren: Ihre Mahlzeiten waren nun reich an Eiweiß, ergänzt durch viel Gemüse und komplexe Kohlenhydrate. Schon bald gestand Andrea, dass sie sich regelrecht nach ballaststoffreichem Obst und Gemüse sehnte. Sie mochte es, wie sie sich fühlte, und sie verlor innerhalb von drei Wochen fast anderthalb Kilogramm an Gewicht. Andreas Ziel war, ein bis zwei Pfund pro Woche zu verlieren, bis sie ihr Wunschgewicht erreicht hatte.

Nach drei weiteren Wochen hatten sich Andreas Depressionen stark gebessert, waren aber noch nicht völlig verschwunden. Dann kam eine Familienkrise, und sie verfiel wieder in ihre alten Depressionen. Ich empfahl ihr Baldrian in Kapselform – zwei Nächte lang jeweils fünf Tabletten zu jeweils 250 Milligramm –, um besser schlafen zu können und nächtliche Schweißausbrüche zu lindern. Andrea fühlte sich morgens nicht zerschlagen und war erstaunt, wie rasch sie sich erholte.

Nach vier Monaten mit Johanniskraut und Wasserysop reduzierte ich ihre Dosis in den nächsten drei Monaten auf eine Tablette pro Pflanze zweimal am Tag. Andrea konnte wieder arbeiten; sie begann ein neues Kunstprojekt, das ebenso anspruchsvoll wie lohnend war. Und trotz eines hektischen zehnwöchigen Arbeitsplans kehrten ihre klimakterischen Depressionen und Gedächtnisaussetzer nicht zurück. Andrea erzählte mir, sie fühle sich wie neugeboren und als Herrin der Lage.

Nach drei Monaten senkte ich Andreas Dosis auf eine Tablette Wasserysop montags, mittwochs und freitags und eine Tablette Johanniskraut dienstags, donnerstags und samstags. Baldrian nimmt sie nur in heißen Sommernächten.

Zubereitungsarten von Arzneipflanzen

Arzneipflanzen gibt es in vielen Formen: frisch und getrocknet, als flüssiger und fester Extrakt, als Tinktur, Tabletten, Kapseln, Pulver und in Teebeuteln. Aber wie nimmt man sie zu sich? Trinkt man sie aufgebrüht in einer Kanne Tee? Isst man die Blätter bei Neumond? Oder schluckt man sie als Tablette aus einer kleinen Flasche mit einem Strichcode?

Welche Form Sie wählen, kann von Ihrer persönlichen Vorliebe und dem abhängen, was für Sie problemlos erhältlich ist. Traditionelle Heilkundige von Indien bis zum Amazonasbecken benutzen häufig getrocknete und pulverisierte Arzneipflanzen, weil sie sich leicht mischen und verdauen lassen; zudem lassen sie sich bis zum Gebrauch einfach lagern. Getrocknete Arzneipflanzen bezeichnet man als *Drogen*.

Flüssige Zubereitungen von Pflanzen sind weit verbreitet. Sie werden vom Körper besser aufgenommen als viele handelsübliche Tabletten oder Kapseln. Flüssigextrakte einzelner Arzneipflanzen erlauben dem Phytotherapeuten oder dem Konsumenten zudem mehr Flexibilität, was Dosis und Zusammenstellung angeht.

Arzneipflanzen in Form von Tee

Der einfachste Flüssigextrakt ist eine Tasse Kräutertee. Im Allgemeinen verwendet man Tee in zwei Formen: als Aufguss *(Infus)* und als Abkochung *(Dekokt)*. Ein Aufguss entsteht, indem man die getrockneten Blätter, Blüten oder das Kraut der Pflanze mit kochendem Wasser aufgießt und etwa fünf Minuten ziehen lässt. Die durchschnittliche Dosierung für einen Teeaufguss sind ein bis zwei gehäufte Teelöffel getrocknete Pflanze auf eine Tasse Wasser. Davon trinken Erwachsene eine halbe Tasse viermal pro Tag oder eine Tasse zweimal pro Tag.

Eine Abkochung macht man üblicherweise bei härteren Pflanzenteilen, wie Rinden, Wurzeln, Beeren und Samen.

Sie werden ebenfalls mit kochendem Wasser aufgegossen, ziehen aber etwa 30 Minuten oder werden sogar eine Weile gekocht. Die eingesetzte Teemenge entspricht derjenigen beim Aufguss; auch die Dosierung ist die Gleiche. Abkochungen schmecken häufig kräftiger als ein Aufguss.

Wenn eine Rezeptur sowohl Kraut oder Blüten als auch Wurzeln enthält, erzielt man mit einem Ein-Topf-zwei-Stufen-Prozess die besten Resultate: Geben Sie vier Tassen kaltes Wasser in einen Kochtopf, fügen Sie die gewünschte Menge an Wurzeln, Rinden oder Beeren dazu und kochen Sie das Ganze abgedeckt 15 Minuten lang auf. Stellen Sie die Hitze ab. Geben Sie in denselben Topf die gewünschte Menge an Kraut, Blättern oder Blüten und lassen Sie alles abgedeckt weitere 15 Minuten ziehen. Seihen Sie den Tee ab und trinken Sie drei- bis viermal am Tag eine Tasse.

Tinkturen und Extrakte

Nicht alle medizinisch wirksamen Inhaltsstoffe von Pflanzen lassen sich mit Wasser gut extrahieren, sodass sie als Tee getrunken werden können. Beispielsweise gilt das für Harze, wie z. B. Myrrhe *(Commiphora myrrha)*. Dann muss man für den Auszug andere Flüssigkeiten als Wasser verwenden, z. B. Alkohol. So entstehen Tinkturen oder Extrakte. Diese sind für gewöhnlich konzentrierter als Teezubereitungen.

Eine *Tinktur* ist ein Auszug aus einer bestimmten Pflanze mithilfe einer Mischung von Alkohol und Wasser. In pharmazeutischen Unternehmen und in der Apotheke verwendet man dafür Ethylalkohol (Äthanol). Die Pflanze bleibt eine vorgeschriebene Zeit in dieser Wasser-Alkohol-Mischung, von der anzunehmen ist, dass sich bis dahin alle wirksamen Bestandteile in der Flüssigkeit gelöst haben – gewöhnlich dauert das rund 14 Tage. Das Pflanzenmaterial wird von der Flüssigkeit getrennt und das klare Filtrat verwendet. (Für bestimmte Rezepturen kann man auch mehrere Pflanzentinkturen kombinieren.)

Durch diesen Prozess werden die Pflanzenbestandteile vollständiger extrahiert als beim Teezubereiten, und es werden auch andere Bestandteile herausgelöst. Schließlich lösen sich in Wasser nicht die gleichen Bestandteile wie in Alkohol. Ein Beispiel für eine Arzneipflanze, deren medizinische Wirkung man erst als Extrakt richtig nutzen kann, ist die Traubensilberkerze (*Cimicifuga racemosa*, auch Amerikanisches Wanzenkraut genannt), die als Mittel gegen Hitzewallungen und andere Wechseljahrsbeschwerden eingesetzt wird. Viele Phytotherapeuten bevorzugen alkoholische Auszüge, weil die Lösung bei der Wasser-Alkohol-Extraktion nicht erhitzt werden muss; das schont hitzeempfindliche Öle und andere Bestandteile. Außerdem lassen sich Tinkturen und Extrakte länger aufbewahren als aufgebrühte Tees. Richtig gelagert (beispielsweise in einer dunklen Glasflasche) können Pflanzentinkturen ein bis mehrere Jahre lang haltbar sein. Bei gekauften Produkten findet sich ein Verfallsdatum auf dem Etikett. Das Etikett informiert auch über die Stärke, das heißt die Konzentration der Tinktur. So entspricht ein Teelöffel einer 1 : 5-Tinktur in der Stärke in etwa einem Gramm einer Pflanze, ob direkt eingenommen oder in einer Viertelliter-Tasse Wasser getrunken. Pflanzenauszüge, die stärker sind als 1 : 2, werden als Extrakte bezeichnet.

Ein *Extrakt* lässt sich am besten und einfachsten als Pflanzenauszug beschreiben, der stärker konzentriert ist als eine Tinktur. Er wird im Allgemeinen auf dieselbe Weise hergestellt wie eine Tinktur. Extrakte lassen sich zudem durch Filtration von Pflanzenmaterial oder mithilfe kalter Lösungsmittel (Wasser, Alkohol oder andere) herstellen; in manchen Fällen wird der Ansatz auch erhitzt.

Extrakte sind in flüssiger, halbfester und trockener Form im Handel. Man kann sie getrocknet in Kapseln oder pulverisiert in Tablettenform und als Flüssigkeit einnehmen.

Tabletten mit Pflanzenextrakten

Tabletten sind eine bequeme Möglichkeit, Arzneipflanzen einzunehmen, weil sich auf diese Weise der bittere Geschmack von Tees und Tinkturen vermeiden lässt. Bei Präparaten, die vom deutschen Bundesinstitut für Arzneimittel und Medizinprodukte zugelassen sind, können Sie darauf vertrauen, dass Zusammensetzung und Qualität dem hiesigen Standard entsprechen. Bei ausländischen Produkten, die Sie sich vielleicht sogar per Internet besorgen, ist diese Sicherheit nicht immer gegeben. So kritisiert die amerikanische Originalausgabe dieses Buches beispielsweise für die Tabletten aus pflanzlichen Materialien, mit denen in den USA behandelt wird, dass die Pflanzenqualität nicht immer garantiert ist, dass nicht gewährleistet ist, dass sie die richtige Stärke haben und dass die Tabletten aufgrund von Qualitäts- oder Resorptionsproblemen weniger wirksam sein können. Diese Unterschiede in der Produktqualität und -zuverlässigkeit zwischen Deutschland und den USA sind vor allem darin begründet, dass solche pflanzlichen Produkte in den USA als Nahrungsergänzungsmittel gelten und nicht der Kontrolle der staatlichen amerikanischen Arzneimittelbehörde unterliegen.

Kapseln mit gepulverten Pflanzen

Kapseln mit getrockneten, pulverisierten Pflanzen lassen sich möglicherweise bequemer einnehmen als Tinkturen und Extrakte. Allerdings ist das Fassungsvermögen solcher Kapseln sehr begrenzt. Selbst große Kapseln enthalten höchstens 300 bis 650 Milligramm pulverisiertes Pflanzenmaterial. Da die übliche Einnahmedosis für Erwachsene aber meist zwischen zwei und vier Gramm liegt, müssen Sie eine große Zahl von Kapseln einnehmen, um den erwünschten medizinischen Effekt zu erzielen. Das heißt, um die richtige Dosis zu sich zu nehmen, müssen Sie bis zu dreizehn Kapseln schlucken. Das ist anders, wenn die Kapseln einen Pflanzenextrakt enthalten. Da dieser konzentrierter ist, lässt sich die Zahl der Kapseln, die man für ein optimales Ergebnis einnehmen muss, beträchtlich verringern.

Im Folgenden möchte ich Ihnen die Geschichte einer meiner Patientinnen erzählen, die Anfang vierzig die ersten Wechseljahrssymptome verspürte.

Connies Geschichte

Connie, eine 43-jährige Verfasserin von medizinischen Artikeln, stand am Beginn ihrer Wechseljahre. Sie beklagte sich über Depressionen sowie Angstzustände und litt zwei Wochen vor ihrer Periode unter einem stark ausgeprägten prämenstruellen Syndrom (PMS); auf die Periode folgten eine Woche lang Angstzustände. Zu ihren PMS-Symptomen gehörten Stimmungsschwankungen, Hautausschlag, Haarausfall, Probleme mit dem Blutzuckerspiegel, Gewichtszunahme, Schlafstörungen und gestörtes Denkvermögen. Ihre Periode war mit 28 Tagen noch immer regelmäßig. Connie unterhielt sich und ihren arbeitslosen Mann; beide haben bewusst auf Kinder verzichtet. Connie fürchtete sich vor den Wechseljahren, weil ihre Mutter einen nervösen Zusammenbruch erlitt, als sie mit 45 Jahren in die Wechseljahre kam.

Ihr Arzt empfahl ihr eine Hormonbehandlung, doch Connie entschied sich nach Durchsicht der Literatur gegen diesen Rat. Sie versuchte es drei Monate lang mit einer Creme aus Wilder Yamswurzel, was aber bei ihr zu schwerem Hautausschlag führte, ohne dass sich ihre Depressionen, ihre Angstgefühle und die damit zusammenhängenden Probleme gebessert hätten. Zwei Jahre zuvor war ihr das Antidepressivum Zoloft verschrieben worden, das ihre Angstgefühle linderte, doch seit Einnahmebeginn fühlte sie sich müde und geistig weniger klar als früher.

Connie entschloss sich, Zoloft abzusetzen, und begann eine Selbstbehandlung mit Pflanzen (Johanniskraut, Kava-

Kava und anderen), aber die Angstgefühle kehrten zurück. Da sie so viele verschiedene pflanzliche Mittel nahm, jedes Einzelne aber nur in relativ geringer Dosierung, zeigten die Pflanzen nicht die erhoffte Wirkung. Als Connie zu mir kam und mir ihre medizinische Vorgeschichte erzählte, verschrieb ich ihr zwei Rezepturen auf pflanzlicher Basis (Stärke der Pflanzenextrakte 1 : 5, wenn nicht anders angegeben):

1. Pflanzenrezeptur

180 Gramm Dong quai (1 : 2)
90 Gramm Ginkgo
90 Gramm Kava-Kava-Wurzel*
90 Gramm Johanniskraut (1 : 2)
480 Gramm Fenchel (1 : 2)

Ich empfahl Connie, zweimal am Tag vor den Mahlzeiten einen Teelöffel (fünf Milliliter) davon auf eine Tasse Wasser (ein Viertelliter) zu trinken.

2. Pflanzenrezeptur

100 Gramm Löwenzahnwurzel
60 Gramm Passionsblume
60 Gramm Anemone (1 : 2)
240 Gramm Virginia-Helmkraut (1 : 2)

* Kava-Kava-Wurzel ist in Deutschland nicht mehr erhältlich. Ihr Verkauf wurde wegen schwerer unerwünschter Wirkungen, vor allem Funktionsstörungen der Leber, untersagt.

Ich empfahl Connie, je nach Bedarf vorm Zubettgehen ein bis zwei Teelöffel einzunehmen.

Nach fünf Wochen berichtete Connie, sie fühle sich großartig. Ihre Verdauung hatte sich gebessert, ihr Immunsystem war gestärkt – keine Grippe oder Erkältungen mehr, und sie hatte regelmäßigen Stuhlgang und normalen Harnfluss. Wir ersetzten die Rezeptur vorm Zubettgehen durch Kamillentee; nur bei Bedarf nahm Connie zusätzlich einen halben bis ganzen Teelöffel Tinktur ein.

Nach fünf Monaten mit den beiden Pflanzenrezepturen war ihr PMS verschwunden, sie hatte eine Grippeattacke, aber die Angstgefühle blieben aus; sie erlebte höchstens noch leichte Stimmungsschwankungen, und ihre Haut hatte sich stark gebessert. Connies Haar wurde wieder dichter, sie hatte fast zehn Kilo an Gewicht verloren, Blutzuckerspiegel, Energieniveau, Konzentrationsvermögen und Schlafrhythmus waren wieder normal. Sie nahm noch immer eine halbe Tablette Zoloft (25 Milligramm) pro Tag, die sie auf eine Vierteldosis reduzieren wollte. Unser Plan war, dieses Niveau bis nach der nächsten Periode beizubehalten und dann zu beginnen, das Medikament langsam ganz abzusetzen.

Nach einem Jahr Phytotherapie konnte Connie, nun 44 Jahre alt, völlig auf Zoloft verzichten, fühlte sich »klarer« und freute sich auf die Wechseljahre als positive Veränderung. Als wir das letzte Mal miteinander sprachen, erzählte mir Connie, dass sie sich entschieden hatte, ihren Beruf zu wechseln: Sie hatte sich an einem örtlichen College eingeschrieben, um ganzheitliche Medizin zu studieren.

Arzneipflanzen zum Stressabbau

Die Nebennieren produzieren Hormone, die uns helfen, auf gesunde Weise mit dem Alltagsstress umzugehen. Stress und die Art, ihn zu bewältigen, wie auch umwelt- und ernährungsbedingte Faktoren können die Effizienz der Nebennieren beeinflussen. Wenn Ihre Nebennieren erschöpft sind, leiden Sie viel eher unter Erschöpfungszuständen und Wechseljahrsbeschwerden. Eine Frau, die mit gestörter Nebennierenfunktion in die Wechseljahre eintritt, leidet mit größerer Wahrscheinlichkeit unter stärkeren Symptomen. Zeichen für eine Überlastung Ihrer Nebennieren sind folgende:

- Sie fühlen sich beim Aufwachen zerschlagen, und das Aufstehen fällt Ihnen schwer.
- Sie brauchen ein oder zwei Tassen Kaffee oder Tee, um morgens überhaupt in Gang zu kommen.
- Sie sehnen sich tagsüber, besonders am späten Morgen oder am Spätnachmittag, nach Zucker und Koffein, und fühlen sich ohne diese müde und erschöpft.
- Sie sind erschöpft, wenn Sie zu Bett gehen, dennoch fällt Ihnen das Einschlafen schwer, und Sie leiden unter Angstgefühlen.
- Sie haben jedes Interesse an Sex verloren.

Eine schwere Nebenniereninsuffizienz erfordert eine sorgfältige medizinische Abklärung und unter Umständen eine

Behandlung mit Hormonen. Bei einer weniger schweren Unterfunktion gibt es jedoch weniger drastische Methoden, um Ihre Nebennieren wieder »aufzuladen«. Der erste Schritt zur Verbesserung der Gesundheit Ihrer Nebennieren besteht natürlich darin, Stressfaktoren in Ihrem Alltag zu erkennen und abzubauen. Auch gesunde Ernährung und Multivitaminpräparate können helfen, die Nebennierenfunktion zu verbessern. Zudem gibt es eine Reihe von Arzneipflanzen, mit denen sich die Nebennierenfunktion verbessern lässt. Im Folgenden sind einige Pflanzen aufgeführt, die ich in meiner Praxis zum Stressabbau und zur Förderung der Nebennierengesundheit empfehle.

Schlafbeere

Die Schlafbeere *(Withania somnifera)* gehört zur Familie der Pfeffergewächse. Diese Pflanze, die in Hindi als Ashwaghanda bezeichnet wird, spielt in der Ayurveda-Medizin (einem uralten ganzheitlichen indischen Ansatz zur Gesundheitsförderung und Heilung) eine wichtige Rolle. Therapeuten, die Naturheilkunde und Phytomedizin praktizieren und Frauen wegen Hitzewallungen, Angstzuständen, Depressionen und dem Verlust kognitiver Funktionen behandeln – all dies können Wechseljahrssymptome sein, die vermutlich mit dem Sinken des Östrogenspiegels in Zusammenhang stehen –, bringen diese Symptome häufig mit einer verringerten Fähigkeit zur Stressbewältigung in Verbindung. Daher empfehlen viele Phytotherapeuten Schlafbeere, um die Widerstandsfähigkeit des Körpers gegen Stress zu erhöhen und die körperliche Energie wie auch das Allgemeinbefinden zu verbessern. Möglicherweise wird auch das Immunsystem gestärkt.

Schlafbeere kann als Tee oder Tinktur eingenommen werden. (Es sind inzwischen auch gut schmeckende Kaffee-Ersatzprodukte auf dem Markt, die Schlafbeere enthalten. Folgen Sie den Anweisungen auf dem Etikett.)

- *Tee:* eine Tasse Tee ein- bis dreimal pro Tag.
- *Tinktur:* ein bis drei Teelöffel in Wasser pro Tag, oder in Kombination mit anderen Arzneipflanzen.

Ginseng

Ginseng, den es sowohl als Asiatischen Ginseng *(Panax ginseng)* als auch als Amerikanischen Ginseng *(Panax quinquefolium)* gibt, kommt in China, Russland, Nordkorea, Japan und in einigen Regionen Nordamerikas vor. In Nordamerika wurde diese Pflanze erstmals gegen Ende des 19. Jahrhunderts kultiviert. Ginseng ist zu einer Lieblingspflanze der Phytotherapie geworden und wird dementsprechend von der Werbung mit vielen falschen Behauptungen vermarktet. Einige klinische Studien belegen jedoch, dass sich Ginseng positiv auf das Leistungsvermögen bei Stressbelastung, auf die Gesundheit des Herz-Kreislauf-Systems (besonders bei Menschen mittleren und höheren Alters), den Blutzuckerspiegel und geistige Funktionen auswirken kann.

Die wichtigsten aktiven Bestandteile des Ginsengs sind mehr als 25 Triterpensaponine, die gemeinsam als »Ginsenoside« bezeichnet werden. Diese steroidartigen Inhaltsstoffe sollen Stresseffekte ausgleichen bzw. ihnen entgegenwirken. Da Ginseng jedoch stärker als Schlafbeere wirkt, wenn es darum geht, die Auswirkungen von Stress auf den Körper zu reduzieren, ist diese Pflanze nicht für alle Frauen in den Wechseljahren geeignet. Ginseng wirkt am besten bei Frauen, die erschöpft sind und unter starken Hitzewallungen sowie Herz-Kreislauf-Schwäche leiden, beispielsweise niedrigem Blutdruck aufgrund von Herzinsuffizienz, Arteriosklerose und schlechter Durchblutung.

Bei Frauen, die unter Stresssymptomen im Zusammenhang mit den Wechseljahren leiden, kann Ginseng kurzfristig Ausdauer und Belastbarkeit erhöhen. Langfristig bessert Ginseng altersbedingte degenerative Erkrankungen, beispielsweise senkt er das Risiko für koronare Herzkrankheit. Ginseng kann auch die Auswirkungen einer Vielzahl von physikalischen, chemischen und biologischen Stressoren auf den Körper abschwächen, darunter Strahlung.

Die besten Ergebnisse erzielt man, wenn die Pflanze sechs Wochen oder länger eingenommen wird.[1] In den Vereinigten Staaten wird Ginseng häufig eingesetzt, um Energie und Vitalität im Allgemeinen zu fördern, insbesondere in Zeiten der Erschöpfung und des Stresses, um das Energieniveau zu heben, das Gedächtnis zu verbessern und das Immunsystem anzuregen. Mehrere Studien bestätigen seinen Ruf, die geistige und körperliche Leistungsfähigkeit zu steigern; das reicht von einem effizienteren Kohlenhydratstoffwechsel bis zu einem besseren Gedächtnis.[2]

Offenbar wirkt Ginseng individuell verschieden; so weist er zum Beispiel bei Frauen mit geringem Östrogenspiegel einen östrogenen Effekt auf, während er bei Männern, die nicht viel Östrogen benötigen, den Testosteronspiegel erhöht und die Spermienvitalität fördert.

Wenn Sie Ginseng versuchen und er Ihnen nicht bekommt, merken Sie dies innerhalb von ein bis zwei Tagen. Bei manchen Menschen führt Ginseng zu Kopfschmerzen, Herzklopfen, Schlaflosigkeit und Hautjucken. Wenn Sie derartige Symptome entwickeln, sollten Sie mit der Ginsengeinnahme aufhören. Ihre Symptome sollten dann sofort verschwinden. Menschen, die unter Asthma, hohem Blutdruck und – in manchen Fällen – Schlaflosigkeit leiden, sollten keinen Ginseng einnehmen. Gleiches gilt für Frauen, die sich einer Hormontherapie unterziehen und Personen, die Stimulanzien (Koffein, Amphetamine), gerinnungshemmende Medikamente (Marcumar) und Monoaminoxidasehemmer (MAO-Hemmer, eine Klasse antidepressiv wirkender Medikamente) einnehmen.

Ginseng hat nur eine geringe Toxizität, aber wie bei allen anderen Arzneipflanzen auch sollten Sie bei der Einnahme vorsichtig sein. Die empfohlene Dosis beträgt ein halbes bis drei Gramm pro Tag. Kleine Frauen und Frauen, die empfindlich auf Arzneipflanzen und Medikamente reagieren, sollten die Minimaldosis nehmen; andere können die Dosis über mehrere Wochen, in denen sich ihr Körper an die stimulierende Wirkung des Ginsengs gewöhnt, langsam bis zur Maximaldosis steigern. Tinkturen werden in einer Dosierung von einem bis sechs Milliliter pro Tag eingenommen. Ginseng wird am besten morgens genommen, um Schlafprobleme zu vermeiden, sei es allein in dem oben angegebenen Dosierungsbereich oder in Kombination mit anderen Arzneipflanzen. Die folgende Tinkturrezeptur ist geeignet, Wechseljahrsbeschwerden im Zusammenhang mit Stress zu behandeln. (Diese Mixtur reicht für etwa zwei Wochen.)

30 Gramm Ginseng *(Panax ginseng)*
60 Gramm Weißdorn *(Crataegus monogyna)*
30 Gramm Löwenzahnblätter *(Taraxaci folia)*
90 Gramm Löwenzahnwurzel *(Taraxaci radix)*
60 Gramm Salbei *(Salvia officinalis)*

Nehmen Sie dreimal am Tag nach den Mahlzeiten einen Teelöffel in einer Tasse Wasser oder Kräutertee. Die letzte Dosis sollte nach dem Abendessen oder drei Stunden vor dem Zubettgehen genommen werden, um Schlafstörungen zu vermeiden.

Für sich allein kann Ginseng je nach Qualität des verfügbaren Produkts und persönlicher Vorliebe auf verschiedene Weise eingenommen werden, beispielsweise:

- *Getrocknete Wurzel:* 500 bis 2000 Milligramm täglich.
- *Tee/Aufguss (Infus):* Gießen Sie eine Tasse kochendes Wasser über einen Teelöffel fein gehackte Ginsengwurzel und lassen Sie den Ansatz fünf bis zehn Minuten ziehen.

Gießen Sie dann ab und trinken Sie eine bis drei Tassen pro Tag; die Behandlung dauert drei bis vier Wochen.

- *Tinktur (1 : 5):* ein bis zwei Teelöffel.
- *Flüssigextrakt (1 : 1):* einen viertel bis halben Teelöffel.

Sibirischer Ginseng

Auch wenn der Sibirische Ginseng (*Eleutherococcus senticosus*, auch Taigawurzel genannt) zur selben Pflanzenfamilie wie *Panax ginseng* gehört, handelt es sich um eine völlig andere Pflanze, die keine Ginsenoside, die aktiven Bestandteile des Asiatischen und Amerikanischen Ginsengs, enthält. Im Gegensatz zu *Panax* hat *Eleutherococcus* keine stimulierende und sexuell anregende Wirkung, aber wie *Panax* wird er regelmäßig über Wochen und Monate eingenommen. Sibirischer Ginseng kann Menschen helfen, die sich ausgebrannt und schwach fühlen, denen es an Energie und Widerstandskraft mangelt und die chronisch krank sind. Besonders empfehlenswert ist er für Frauen, deren Wechseljahrsbeschwerden im Zusammenhang mit Stress stehen. Sibirischer Ginseng kann sich positiv auf Schlaf, geistige Leistungsfähigkeit, Ausdauer und Immunsystem auswirken und die Blutzuckerregulierung stabilisieren.

Ich empfehle Sibirischen Ginseng, weil es eine sichere Alternative für Frauen ist, die wegen Bluthochdruck, geistiger Erkrankungen oder Empfindlichkeit gegenüber Stimulanzien und gewissen Arzneimitteln keinen echten Ginseng nehmen können. Wie immer sollten Sie sich mit Ihrem

Hausarzt, dem Apotheker oder einem erfahrenen Phytotherapeuten beraten, bevor Sie sich für eine Selbstmedikation entscheiden. Sibirischer Ginseng kann allein oder wie oben (anstelle von *Panax*-Ginseng) kombiniert mit anderen Arzneipflanzen eingenommen werden.

Die Dosis an Sibirischem Ginseng, die ich empfehle, beträgt zwei bis vier Gramm Wurzel, die mit einer Tasse Wasser abgekocht, nach den Standardanweisungen zubereitet und ein- bis dreimal pro Tag eingenommen wird. Der Tee kann für unbegrenzte Zeit je nach Bedarf getrunken werden. Für die Tinktur beträgt die Dosis einen Teelöffel in einer Tasse Wasser ein- bis viermal pro Tag.

Johanniskraut

Johanniskraut *(Hypericum perforatum)* wird seit vielen Jahren zur Behandlung von Verdauungsstörungen eingesetzt, zudem als Beruhigungs- (Sedativum) und Schmerzmittel (Analgetikum). Lange bevor der Begriff *Depression* geprägt wurde, wurden in der Volksmedizin Mittel mit Johanniskraut gegen häufige Depressionssymptome, wie Schlaflosigkeit, Angstgefühle und nervöse Unrast, eingesetzt.

Die Pflanze verbindet entzündungshemmende, antivirale und wundheilende Eigenschaften mit einer stärkenden Wirkung auf das Nervensystem. Johanniskraut kann unter Umständen auch die Abhängigkeit von Schmerzmitteln und Antidepressiva verringern. Klimakterische Frauen, die bereits ein Antidepressivum einnehmen, sollten jedoch ihren Hausarzt oder Apotheker konsultieren, wenn sie Johanniskraut zusätzlich oder anstelle ihres verordneten Medikaments nehmen wollen.

In den Medien hat es viel Aufregung um mögliche gefährliche Wechselwirkungen zwischen Johanniskraut und anderen Medikationen gegeben. Besonders für jüngere Frauen, die mit der Pille verhüten, ist es wichtig zu wissen, dass Johanniskraut die Sicherheit der empfängnisverhütenden Wirkung beeinträchtigen kann.

Die Standarddosis beträgt 900 Milligramm pro Tag (dreimal täglich 300 Milligramm) oder dreimal täglich fünf Milliliter von der Tinktur.

Kamille und Passionsblume

Zwei andere Arzneipflanzen, die zum Stressabbau eingesetzt werden, sind Kamille und Passionsblume.

Kamille ist eine bitter schmeckende Verdauungshilfe und wirkt entspannend auf das Nervensystem. Die medizinisch wirksame Dosis liegt für Kamillentee bei 30 Gramm; die Droge mit kochendem Wasser aufgießen, abgedeckt 15 Minuten lang ziehen lassen und zwei- bis viermal pro Tag eine Tasse vor den Mahlzeiten trinken; entsprechend bei einer Tinktur einen Teelöffel (fünf Milliliter), in Wasser oder Tee gelöst, zwei- bis viermal pro Tag einnehmen.

Passionsblume wird oft zur Behandlung von Ruhelosigkeit, Angstzuständen und Schlaflosigkeit verordnet. Sie wird auch bei Gefühlsschwankungen eingesetzt, die manchmal mit körperlichen Schmerzen einhergehen. Die Arzneipflanze wirkt offenbar zumindest teilweise dadurch, dass sie das Zentralnervensystem dämpft und Muskelkrämpfen vorbeugt.

Die Dosierung für die Tinktur, welche die wirksamste Darreichungsform ist, beträgt einen halben bis einen Teelöffel täglich oder 15 bis 45 Milliliter Tinktur pro Woche.

Arzneipflanzen bei Hitzewallungen und nächtlichen Schweißausbrüchen

Hitzewallungen lassen sich oft gut mit Pflanzenmitteln behandeln. Wenn Ihre Blutgefäße empfindlich auf die starken Hormonschwankungen während der Wechseljahre reagieren, können gewisse Arzneipflanzen helfen, den Blutdruck zu stabilisieren und Hitzewallungen und nächtliche Schweißausbrüche zu lindern. Da Menschen jedoch auf eine Arzneipflanze höchst individuell reagieren, müssen Sie unter Umständen mehrere verschiedene Pflanzenrezepturen ausprobieren, bevor Sie diejenige finden, die bei Ihnen wirkt. Im Folgenden möchte ich Ihnen einige der wirksamsten Arzneipflanzen vorstellen, die ich zur Behandlung von Wechseljahrssymptomen verwende.

Traubensilberkerze

Die Wurzel der in Amerika heimischen Traubensilberkerze (*Cimicifuga racemosa*, auch Amerikanisches Wanzenkraut genannt) wirkt offenbar, indem sie die Konzentration gewisser weiblicher Hormone aufrechterhält, was die Stärke von

Hitzewallungen verringern kann. (Traubensilberkerze sollte nicht von Frauen eingenommen werden, die starke Blutungen haben.)

Extrakte aus der ganzen Wurzel von Traubensilberkerzen sind komplex zusammengesetzt; sie enthalten Isoflavone (Phytoöstrogene), pflanzliche Säuren, Harze, Kalzium, Magnesium, Mangan, Kalium und Zink. Als Tinktur oder Tee eingenommen, hat Traubensilberkerze eine mildere, aber breitere Wirkung als der Extrakt. Die Einnahme von Traubensilberkerze kann unter Umständen einer Scheidenatrophie vorbeugen oder diese rückgängig machen. Isoferulasäure und Salizylsäure in der Traubensilberkerze haben auf das Nervensystem eine leichte, vorübergehende, beruhigende Wirkung. Und wie klinische Studien zeigen, wirkt der Extrakt der ganzen Wurzel als Antidepressivum.[3]

In den 1980er Jahren verglichen drei kontrollierte Studien synthetische und konjugierte Östrogene mit einer standardisierten Zubereitung von Traubensilberkerze, dem Produkt Remifemin, und einem Placebo. Alle drei Studien ergaben, dass das pflanzliche Produkt oft ebenso wirksam ist wie die Hormontherapie.[4] Eine aktuelle Studie zeigt, dass Phytoöstrogene, wie sie in der Traubensilberkerze vorliegen, Gebärmutterschleimhautkrebs nicht verschlimmern[5] und in einigen Fällen möglicherweise sogar davor schützen können.[6] In den bis heute veröffentlichten Studien sind verschiedene Dosierungen von Remifemin, dem standardisierten Extrakt, eingesetzt worden. Die vollständige Pflanze Traubensilberkerze ist bisher nicht untersucht worden.

In neuerer Zeit haben Medienberichte Aufsehen erregt, in denen ein Zusammenhang zwischen Krebsmetastasen sowie Leberschäden und der Einnahme von Traubensilberkerze vermutet wurde. Das Center for Science in the Public Interest fand Belege dafür, dass sich bei Mäusen mit Brustkrebs, die Traubensilberkerze erhielten, Metastasen in die Lunge ausgebreitet hatten. Wenn Sie unter Brustkrebs oder Leberproblemen leiden bzw. gelitten haben, ist es ratsam, Ihren Hausarzt oder Apotheker zu konsultieren, bevor Sie mit der Einnahme von Traubensilberkerze beginnen.

Die Tinkturdosis beträgt einen halben bis einen Teelöffel (zwei bis vier Milliliter) eines 1 : 2- oder 1 : 3-Extrakts in Wasser zwei- bis dreimal pro Tag. Gewöhnlich beträgt die Stärke der handelsüblichen Tinkturen 1 : 5; in diesem Fall empfehle ich eine höhere Dosis, nämlich 7 bis 7,5 Milliliter pro Tag. Die standardisierte Extraktdosis beträgt zwei Remifemintabletten zweimal pro Tag (20 Milligramm mit 1 Milligramm Deoxyactein pro Tablette oder das flüssige Äquivalent). Die Tee- oder Kapseldosis beträgt ein halbes bis ein Gramm getrocknete Wurzel dreimal am Tag. Es dauert oft zwei bis sechs Wochen, bis Symptome wie nächtliche Schweißausbrüche so weit abklingen, dass Sie damit zurechtkommen. Phytotherapeuten verordnen Traubensilberkerze gewöhnlich in Kombination mit anderen Arzneipflanzen über mehrere Monate, bevor Erstere langsam wieder abgesetzt wird.

Die nachfolgende Musterrezeptur kombiniert drei Tinkturen, die Sie sich in einer Apotheke zusammenstellen lassen können:

Beispiel einer Tinktur zur Behandlung von Hitzewallungen

60 Gramm Traubensilberkerze *(Cimicifuga racemosa)*
30 Gramm Löwenzahnblätter *(Taraxaci herba)*
30 Gramm Amerikanischer Schneeball *(Viburnum prunifolium)*

Schütten Sie die Tinktur in eine verschließbare, 120 Milliliter fassende dunkle Glasflasche und schreiben Sie Datum, Inhaltsstoffe und folgende Anweisung sofort auf das Etikett: *Zwei- bis dreimal am Tag 1/2 Teelöffel, verdünnt mit 90 Milliliter Wasser einnehmen.*

Am besten nimmt man diese Rezeptur nach den Mahlzeiten ein; stärker verdünnt kann man sie auch auf nüchternen Magen nehmen. Jede Dosis liefert 2,5 Milliliter Traubensilberkerzentinktur; die tägliche Maximaldosis beträgt 7,5 Milliliter. Mehr als 20 Milliliter Tinktur in 24 Stunden können zu Kopfschmerzen im Stirnbereich führen. Empfindliche Frauen können mit der halben Dosis beginnen: zwei- bis dreimal pro Tag einen viertel Teelöffel; bei Bedarf kann die Dosis im Verlauf von zwei Wochen langsam gesteigert werden.

Herzgespann und Lindenblüten

Herzgespann *(Leonurus cardiaca)* wird in Europa zur Behandlung von heftigem Herzklopfen verwendet, besonders dann, wenn es zusammen mit Hitzewallungen auftritt. Man nimmt an, dass die Pflanze die Funktion von Leber und Herz unterstützt, und sie wirkt leicht entspannend auf das Nervensystem.

Herzgespann kann Hitzewallungen lindern, die Verdauung verbessern – dadurch werden Nährstoffe, Vitamine und Pflanzenwirkstoffe besser aufgenommen – sowie hormonell oder von Angstzuständen ausgelöstes Herzklopfen verringern. Von konzentrierten Flüssigpräparaten kann alle zehn Minuten etwa ein Milliliter eingenommen werden, doch meist reicht die zweimalige Einnahme am Tag. Die Tee- oder Tinkturdosis entspricht zwei Gramm, nach Bedarf ein- bis dreimal pro Tag eingenommen.

Lindenblüten (*Tilia platyphyllos* und *T. cordata*) senken leicht erhöhten Blutdruck, offenbar ohne mit Blutdruckmedikamenten in Wechselwirkung zu treten, und sie können einen nervösen Magen beruhigen. Lindenblüten sind weitaus weniger bitter als Herzgespann; sie schmecken mild und süß und sie beruhigen den Magen. Bei Aufregung, die auf den Magen schlägt und Hitzewallungen auslöst, beträgt die empfohlene Dosis Lindenblüten in Form von Tee oder Tinktur zwei bis vier Gramm zwei- bis viermal pro Tag.

Arzneipflanzen bei Schlaflosigkeit

Schlafprobleme, wie häufig unterbrochener oder gestörter Schlaf, Einschlafschwierigkeiten und Probleme beim nächtlichen Wiedereinschlafen sind verbreitete Symptome im Zusammenhang mit Wechseljahren und Älterwerden. Für eine ganze Reihe von Schlafproblemen empfehle ich die folgenden Arzneipflanzen.

Baldrian

Als Schlafhilfe wird Baldrianwurzel häufig mit einer der folgenden entspannungsfördernden Arzneipflanzen kombiniert: mit dem bitteren, sedierenden Hopfen *(Humulus lupulus)*, Virginia-Helmkraut *(Scutellaria galericulata)*, Passionsblume *(Passiflora incarnata)* oder dem schmerzstillenden Piscidiabaum *(Piscidia erythrina)*.

Wie gezeigt werden konnte, verbessert Baldrian die Schlafqualität, was sich bis zu einem gewissen Grad auch im Elektroenzephalogramm (mit der EEG-Technik lassen sich Hirnströme sichtbar machen) niederschlägt. Baldrian wirkt durch Bindung an die GABA-Rezeptoren (GABA = Gammaaminobuttersäure, ein Neurotransmitter, der Schlaf und Entspannung bewirkt). Baldrian verkürzt die Einschlafzeit; das gilt besonders für ältere Menschen, die gewöhnlich schlecht schlafen. Die Einnahme führt nicht zu Benommenheit am nächsten Morgen. Unten finden Sie eine Rezeptur, die Baldrianwurzel und Passionsblume enthält. Wie Untersuchungen zeigen, wirkt Baldrian dann am besten, wenn er mindestens vier oder fünf Nächte hintereinander genommen wird; gleiches gilt für Kombinationen mit Baldrian.

Rezeptur gegen Schlaflosigkeit

60 Gramm Baldrian *(Valeriana officinalis)*
60 Gramm Passionsblume *(Passiflora incarnata)*

Weichen Sie einen Teelöffel einer jeden Arzneipflanze zwei Stunden lang in einer Tasse kaltem Wasser ein, um alle entspannenden Wirkstoffe der Pflanzen ohne Hitzeeinwirkung zu extrahieren, dann seihen Sie die Flüssigkeit ab. Trinken Sie eine Stunde vorm Zubettgehen und direkt vorm Zubettgehen oder bei Bedarf alle 20 Minuten jeweils eine Drittel Tasse. Natürlich wirkt auch ein Standardaufguss von Baldrianwurzel schlaffördernd, aber er riecht viel schlechter. Eine Alternative besteht darin, 30 Milliliter Baldrian- bzw. Passionsblumentinktur zu kaufen; man gießt sie zusammen und nimmt vorm Zubettgehen ein bis drei Teelöffel, bis zu sechs Teelöffel pro Nacht (sechs Teelöffel entsprechen etwa 30 Milliliter). Sie können zur Nacht auch 500 Milligramm Baldrianextrakt als Tabletten oder Kapseln einnehmen.

Arzneipflanzen bei Osteoporose

Mit den folgenden Pflanzenmitteln allein kann man einer Osteoporose weder nachweislich vorbeugen noch kann man die Krankheit damit behandeln. Zusammen mit einer gesunden Ernährung und regelmäßiger körperlicher Bewegung können sie aber dazu beitragen, die Entstehung von Osteoporose zu verzögern oder die Schwere einer klimakterischen Osteoporose bei manchen Frauen zu mildern. Viele Phytotherapeuten halten die folgenden ernährungsphysiologisch günstigen Pflanzen für besonders wirksam, wenn sie als Tee statt als Tinktur eingenommen werden, weil die ganzen Pflanzen eine besonders positive Wirkung haben und das Wasser im Tee die Resorption unterstützt.

Kräutertee

45 Gramm Große Brennnessel *(Urtica dioica)*
30 Gramm Hafer *(Avena sativa)*
30 Gramm Himbeere *(Rubus idaeus)*
15 Gramm Rotklee *(Trifolium pratense)*
60 Gramm Zitronenmelisse *(Melissa officinalis)*

Andere Pflanzen, die Sie je nach Geschmack hinzufügen können:

30 Gramm Hagebutten *(Rosa canina)* – Geschmack, einige Bioflavonoide
15 Gramm Luzerne *(Medicago sativa)* – Phytoöstrogene und Mineralstoffe
15 Gramm Ackerschachtelhalm *(Equisetum arvense)* – kann die Mineralisation verbessern

Mischen Sie die ausgewählten Pflanzen. Gießen Sie zwei Tassen kochendes Wasser über 30 Gramm des Pflanzengemischs (etwa eine drittel Tasse) und lassen Sie alles 15 Minuten lang in einer verschlossenen Teekanne ziehen. Gießen Sie das Gemisch durch ein Teesieb; trinken Sie pro Tag zwei Tassen, heiß oder kalt. Diese Pflanzen können auch als Tropfen, Tabletten oder Kapseln eingenommen werden.

Arzneipflanzen bei anderen Wechseljahrssymptomen

Pflanzenmittel können auch dazu beitragen, andere Wechseljahrssymptome zu lindern, beispielsweise Scheidenatrophie und unregelmäßige Blutungen, wie sie häufig auftreten. Interessanterweise finden viele Frauen, die ich behandele, diese Symptome belastender als Hitzewallungen und die Angst vor Osteoporose.

Keuschlamm

Keuschlamm (*Vitex agnus-castus*, auch Mönchspfeffer genannt) spielt seit 3000 Jahren für die hormonelle Gesundheit von Frauen der westlichen Welt eine wichtige Rolle. Inzwischen hat sich herausgestellt, dass Keuschlamm die Konzentration der Sexualhormone beeinflusst, wenn auch die Art und Weise, wie dies geschieht, noch weitgehend unklar ist. Im Mittelalter benutzten europäische Mönche die Pflanze, um ihre Libido zu verringern, daher der Name *Keusch*lamm oder *Mönchs*pfeffer. Keuschlammsamen oder -beeren schmecken scharf, sind aber kaum bis nicht giftig. Sie enthalten Glykoside, Flavonoide und ätherische Öle.

Traditionellerweise wird Keuschlamm zur Behandlung von Wechseljahrsbeschwerden nicht allein eingesetzt. Die Pflanze wirkt am besten in Kombination mit anderen Pflanzen, die das hepatische und hormonelle Gleichgewicht des Körpers unterstützen, wie Löwenzahn, und dann die Muskulatur entspannen, wie Amerikanischer Schneeball.

Keuschlamm wird zwar häufig als ein Mittel verordnet, das die Progesteronbildung fördern soll, doch einige Phytotherapeuten betrachten die Pflanze als Heilmittel für die Eierstock-Uhr: Sie reguliert unregelmäßige Menstruationszyklen und senkt möglicherweise einen zu hohen Östrogenspiegel, wie er im Zusammenhang mit Gebärmuttermyomen, gutartigen Bindegewebeknoten in der Brust und PMS-Symptomen auftritt.

Klinische Studien haben gezeigt, dass Keuschlamm zur Behandlung von klimakterischen Symptomen geeignet ist, insbesondere bei unregelmäßigen Menstruationszyklen, ob mit oder ohne PMS. Phytotherapeuten verwenden die Pflanze auch bei Frauen in den Wechseljahren, die unter PMS, starken Blutungen und unregelmäßigen Regelblutungen leiden.

In Deutschland werden niedrige Dosen eingesetzt: 40 Milligramm Pflanzenmaterial, extrahiert als Infus oder Tinktur. Andernorts liegt die Tagesdosis bei 500 Milligramm (eine Tablette) oder man verabreicht eine Tinktur, deren Stärke von zwei Milliliter einer 1 : 2-Tinktur bis fünf Milliliter einer 1 : 5-Tinktur (handelsübliche Stärke) reicht. Üblich ist es, den ganzen Monatszyklus hindurch beim Aufstehen eine Tagesdosis zu nehmen. In umfangreichen Studien sind nur minimale Nebenwirkungen – hauptsächlich Übelkeit (rund ein Prozent von mehr als 1500 Frauen) – aufgetreten, die zudem bald vorübergingen.

Die folgende Rezeptur enthält optimale Mengen an sicheren, wirksamen Arzneipflanzen, die das hormonelle Gleichgewicht ausbalancieren sollen, für Frauen, die noch immer ihre Regel haben. Sie ist dann besonders wirksam, wenn ihre Menstruationszyklen kürzer werden.

Pflanzenrezeptur (Extrakte)

60 Gramm Keuschlamm *(Vitex agnus-castus)*
60 Gramm Amerikanischer Schneeball *(Viburnum prunifolium)*
90 Gramm Löwenzahnwurzel *(Taraxaci radix)*

Mischen Sie diese Extrakte und nehmen Sie dreimal am Tag einen Teelöffel, plus ein viertel Teelöffel zur Symptomlinderung alle zehn Minuten oder nach Bedarf. Tees nach dieser Rezeptur sind ebenfalls wirksam. Mischen Sie alles im selben Verhältnis wie oben, lassen Sie es 20 Minuten köcheln, seihen Sie ab und trinken Sie zweimal am Tag eine Tasse. (Der Geschmack ist leicht bitter.) Tees und Extrakte dieser Arzneipflanzen können ein bis drei Monate eingenommen werden.

In der traditionellen Pflanzenheilkunde werden Rezepturen zur Förderung der Fortpflanzungsgesundheit stets durch Pflanzen abgerundet, welche die ganze Frau nähren. In dieser ausgewogenen Rezeptur unterstützt Löwenzahn die Leber- und Nierenfunktion. Löwenzahnblätter und -wurzel sind ernährungsphysiologisch wertvoll, denn sie enthalten kleine Mengen an leicht resorbierbaren Vitaminen (Beta-Carotin, D-, B-Komplex) und Mineralstoffen, wie Eisen, Magnesium und Zink. Die Blätter verringern den Wasserrückhalt im Körper und damit Aufgedunsenheit. Die Bitterstoffe des

Löwenzahns unterstützen die natürliche Funktion von Leber und Galle beim Fettstoffwechsel. Während dies zur Vorbeugung vor koronarer Herzkrankheit nach der Menopause beiträgt, verbessern Löwenzahnblätter und -wurzeln die Verdauung, ohne jedoch stark abzuführen. Das schützt Frauen vor Verstopfung und den langfristig fatalen Folgen einer Darmträgheit, während die sanfte Anregung der Leberfunktion, die Löwenzahn bewirkt, zu einem ausgeglichenen Hormonhaushalt, Energieniveau und Immunsystem beiträgt.

Amerikanischer Schneeball

Amerikanischer Schneeball *(Viburnum prunifolium)* ist ein Beispiel für eine Arzneipflanze, die als Tee besser wirkt denn als Tinktur oder in Tablettenform. In allen Darreichungsformen kann er schmerzhafte Krämpfe der Gebärmutter und Beckenregion lindern. Botanisch ist diese Pflanze mit dem Gemeinen Schneeball *(Viburnum opulus)* verwandt, der im ganzen Körper zu einer Entspannung der glatten Muskulatur führt, die Atmung erleichtert (Brochienerweiterung) und die Durchblutung unterstützt. Eine verbesserte Durchblutung erhöht den Blutfluss zum Gehirn und verbessert damit dessen Sauerstoffversorgung, wodurch sich das Gedächtnis verbessern kann. Die beiden Pflanzen werden gelegentlich gegeneinander ausgetauscht, auch wenn der Amerikanische Schneeball besser zur Krampflinderung geeignet ist.

Die entspannende Wirkung des Amerikanischen Schneeballs geht teilweise auf das Flavonoid Amentoflavon zurück.

Darüber hinaus enthält die Pflanze Glykoside, Triterpene, Pflanzensäuren, Cumarine und andere Verbindungen. Der wohlschmeckende Rindentee oder der entsprechende Extrakt kann dazu beitragen, einen leicht erhöhten Blutdruck zu senken und Frauen damit vor einer Reihe von Herz-Kreislauf-Komplikationen im Zusammenhang mit der Postmenopause schützen.[7]

Die empfohlene Dosis beträgt zwei bis fünf Gramm in Kapseln; beim Tee folgen Sie der Standardprozedur (Infus, oder 15 bis 20 Minuten lang einweichen), oder nehmen ein bis zwei Teelöffel Tinktur, alles dreimal täglich.

Wilde Yamswurzel

Ein Extrakt aus Wilder Yamswurzel (*Dioscorea villosa*, auch Zottige Yamswurzel genannt) ist die Basis für zahlreiche natürliche Cremes zur Behandlung gewisser Wechseljahrsbeschwerden – insbesondere dienen diese Cremes dazu, die Scheidenfeuchtigkeit zu verstärken. Dabei handelt es sich um mehr als eine nur zeitweilige Befeuchtung (Lubrikation); echte Pflanzencremes verbessern die Spannung (Tonus) und Beschaffenheit der Scheidenhaut. Sex und/oder regelmäßiges Beckenbodentraining regen die Scheidenbefeuchtung ebenfalls auf natürliche Weise an (zum Beckenbodentraining siehe Kapitel 8: Harninkontinenz).

Diosgenin, eine Phytoöstrogenkomponente aus Wilder Yamswurzel, die im Labor in natürliches Progesteron umgewandelt werden kann, wurde früher zur Herstellung von oralen Verhütungsmitteln (der »Pille«) und zur Produktion anderer Sexualhormone verwendet. Noch heute dient Wilde Yamswurzel bei der Herstellung von »natürlichem Progesteron« als Vorläufer. Produkte mit natürlichem Progesteron, darunter *Utrogest*, können in der Tat dazu beitragen, Hitzewallungen zu lindern und die Scheidengesundheit zu verbessern. Während sich Dioscin und Diosgenin im Labor in Progesteron und andere Steroide umwandeln lassen, findet diese Umwandlung im menschlichen Körper nicht statt. Über diesen Prozess ist noch zu wenig bekannt, als dass man sich für den Schutz der Gebärmutterschleimhaut bei Frauen, die Östrogen anwenden, auf Yamswurzelextrakt verlassen könnte. (Eine Diskussion über natürliche Hormone und Wilde Yamswurzel findet sich in Kapitel 5: Phytoöstrogene und natürliche Hormone.)

Dong quai

Dong quai (*Angelica sinensis*, Chinesische Engelwurz; auch Dang gui geschrieben) gehört in dieselbe Familie wie Fenchel und Möhren. Zu medizinischen Zwecken wird in der Regel die Wurzel der Pflanze verwendet. Die Wurzel enthält Phytosterole, ätherische Öle, Cumarine und andere Substanzen, welche die Bildung von Blutgerinnseln hemmen und die Durchblutung fördern können. Dong quai ist in Ost und West bekannt dafür, die natürliche Balance weiblicher Hormone aufrechtzuerhalten und zu unterstützen. Traditionell wird es zur Behandlung schmerzhafter Regelblutungen, Verstopfung und anderen Problemen im Zusammenhang mit einer Beckenblockade eingesetzt.

Dong quai wird auf dem amerikanischen Markt allgemein zur Behandlung von Frauenleiden beworben. Die aktuelle Debatte dreht sich jedoch darum, ob es eine östrogenartige Wirkung hat: Chinesische Studien, die bereits 1957 und dann wieder 1987 durchgeführt wurden, haben gezeigt, dass dies nicht der Fall ist. Im Experiment isoliert verabreicht, ist Dong quai möglicherweise unwirksam, um Hitzewallungen zu lindern. In der phytotherapeutischen Praxis wird es jedoch zusammen mit anderen Arzneipflanzen kombiniert, um einen trägen Blutfluss, den einige klimakterische Frauen aufweisen, anzuregen. Zusammen mit anderen Arzneipflanzen kann es zudem Hitzewallungen und nächtliche Schweißausbrüche bei Frauen mildern, die am Anfang ihrer Wechseljahre stehen und noch immer schwierige Monatsblutungen haben.

Dong quai wird nur selten allein verordnet. Ich möchte Ihnen empfehlen, einen Arzt aufzusuchen, der Traditionelle Chinesische Medizin oder Phytomedizin praktiziert und Ihnen eine Rezeptur zusammenstellt, die auf Ihre individuellen Symptome zugeschnitten ist. Da Dong quai blutverdünnend wirkt, sollten Frauen, die *Marcumar* einnehmen, auf Dong quai verzichten.[8] Es ist auch kontraindiziert bei akuten Erkrankungen und bei Frauen mit starken Blutungen oder häufigen Hitzewallungen mit starker Gesichtsrötung.

Rotklee

Rotklee *(Trifolium pratense)* wird von Pflanzenheilkundigen traditionell verwendet, weil er als sanfte Pflanze gilt, die lang anhaltende Beschwerden, wie Hautprobleme, Arthritis und degenerative Erkrankungen, positiv beeinflussen kann. Er unterstützt die natürlichen Heilungsprozesse des Körpers durch Entgiftung. Zudem ist er ernährungsphysiologisch wertvoll. Kürzlich hat Rotklee als Quelle für Isoflavone Aufmerksamkeit erregt, und er wird zur Linderung von Wechseljahrsbeschwerden vermarktet. Rotklee enthält tatsächlich Isoflavone – Substanzen mit östrogenartiger Wirkung, ähnlich wie Soja und Traubensilberkerze. Einigen Studien zufolge haben Isoflavone positive Auswirkungen auf die Blutgefäße und erhöhen bei klimakterischen Frauen die Elastizität der Blutgefäße, wodurch Hitzewallungen und nächtliche Schweißausbrüche zurückgehen.[9] (Isoflavone siehe Kapitel 5: Phytoöstrogene und natürliche Hormone.)

Klinische Studien in den Vereinigten Staaten und Australien, in denen Promensil – ein australisches Produkt, das Rotklee enthält – getestet wurde, sind jedoch zu anderen Ergebnissen gekommen. Die Studien, die vom Hersteller von Promensil finanziert wurden, ergaben, dass das Isoflavonprodukt zwei Studien zufolge nicht zur Linderung von Hitzewallungen geeignet war, einer dritten Studie zufolge hingegen schon. In der Studie erhielten Frauen, die durchschnittlich 35 Hitzewallungen pro Woche erlebten (manche von ihnen sogar acht am Tag), Promensil oder ein ähnliches Rotkleeprodukt oder aber ein Placebo. Vegetarierinnen und Frauen, die Sojaprodukte aßen oder bestimmte Medikamente einnahmen, wurden von der Studie ausgeschlossen, weil dies die Testresultate verfälschen konnte.

Die Frauen nahmen die Produkte drei Monate lang – lange genug, um eine gewisse Wirkung zu erzielen, aber wahrscheinlich nicht lange genug, um über die Sicherheit eines Präparats zu entscheiden. Die Forscher kamen zu dem Schluss, dass die Unterschiede zwischen Promensil, dem anderen Rotkleeprodukt Rimostil und dem Placebo nicht groß genug waren, um zu belegen, dass diese Isoflavonprodukte Hitzewallungen reduzierten. Sie sahen jedoch eine vernünftige biologische Basis für die Art und Weise, wie Isoflavone bei Frauen in den Wechseljahren wirken könnten.[10]

Die traditionelle Pflanzenheilkunde verwendet beim Rotklee nicht die gesamte Pflanze zur Behandlung von Hitzewallungen (dann müssten Frauen ganze Ballen davon verzehren). Stattdessen wird die Pflanze in Form einer Tinktur, eines Extrakts oder als Tee konsumiert. Die Hauptwirkung von Rotklee besteht in einer Verbesserung des Lymphflusses; dadurch können Akne und Gelenkschmerzen gelindert werden und die Regelblutungen weniger schmerzhaft verlaufen.

Rotklee ist zudem lange zur Behandlung von Brustkrebs eingesetzt worden. Eine der Phytoöstrogenkomponenten des Rotklees, Biochanin-A, hemmt die karzinogene Aktivierung von Zellen. Das Präparat Tamoxifen, das zur Brustkrebsbehandlung eingesetzt wird, ist strukturell mit den Phytoöstrogenen verwandt. Die Auswirkungen einer regelmäßigen Einnahme von auf Isoflavonen basierenden Rotkleeprodukten auf Frauen, die unter einem östrogenabhängigen Brustkrebs leiden oder gelitten haben, erfordern weitere Langzeitstudien.

Hormonbehandlung, kombiniert mit Arzneipflanzen

Die meisten der in diesem Kapitel erwähnten Arzneipflanzen können von Frauen, die sich einer konventionellen Hormontherapie unterziehen, ohne Bedenken genommen werden. Wenn Sie gerne Arzneipflanzen probieren möchten, Ihr Arzt Ihre Fragen aber nicht beantworten kann, suchen Sie einen mit der Zusatzbezeichnung Naturheilverfahren auf, der sich auf vorbeugende Maßnahmen im Rahmen der Frauengesundheit versteht.

Wenn Sie sich einer Östrogen- oder einer Östrogen-Gestagen-Therapie unterziehen und sich entschlossen haben, damit aufzuhören, ist es (streng genommen) nicht nötig, die Dosierung langsam zu verringern. Einige Fachleute sind jedoch der Meinung, dies helfe, dem Wiederauftreten von Symptomen, insbesondere Hitzewallugen und Stimmungsschwankungen, vorzubeugen. Viele Frauen beginnen, wenn sie die Dosierung der konventionellen Hormone zurückschrauben, ihre Hormontherapie mit pflanzlichen Therapien zu kombinieren. In dieser Phase ist eine regelmäßige medizinische Überwachung ratsam.

Hier meine Empfehlung, um sich langsam aus der Hormontherapie auszuschleichen:

1. Nehmen Sie von Tag 1 bis Tag 25 die niedrigste Dosierung, die Ihre Symptome kontrolliert, dann die nächsten sieben bis zehn Tage lang Ihre reguläre Dosis.

2. Verwenden Sie im ersten Monat die Arzneipflanzen, die Ihnen von Ihrem Arzt empfohlen werden, oder versuchen Sie die Tinkturrezeptur oder die zuvor diskutierte Teerezeptur für Traubensilberkerze, ohne Ihre Hormondosis zu verändern.
3. Senken Sie ihre Hormondosis im zweiten Monat um ein Viertel.
4. Während sich Ihr Körper an den Entzug der eingenommenen Hormone anpasst, kann es zu einigen wenigen Symptomen kommen. Passen Sie Ihren Kräutertee entsprechend an – trinken Sie ihn etwas stärker oder häufiger, um den Symptomen entgegenzuwirken. Wenn Sie unter schweren Symptomen leiden, kehren Sie einen weiteren Monat oder länger zu der vollen Hormondosis plus Arzneipflanzen zurück, bis Sie und Ihr Arzt bereit sind, es nochmals zu versuchen. Wenn jedoch alles gut läuft, reduzieren Sie Ihre Hormondosis im dritten Monat von der Dreivierteldosis auf die halbe Dosis. Fahren Sie damit fort, Ihre Ernährung zu verbessern, Arzneipflanzen einzunehmen und sich körperlich ausreichend zu bewegen, während Sie Ihre Hormondosis langsam um jeweils ein Viertel verringern.
5. Überspringen Sie bei einer zyklischen Medikamenteneinnahme einen Tag pro Woche. Dann lassen Sie jeden Monat eine weitere Vierteldosis weg, während Sie gleichzeitig die Ihnen von Ihrem Arzt empfohlenen Zubereitungen auf Pflanzenbasis einnehmen.

6. Wenn Sie in Kombination mit den Arzneipflanzen nur noch ein Viertel Ihrer ursprünglichen Hormondosis anwenden, nehmen Sie die Pillen nur noch jeden zweiten, dann jeden dritten Tag.
7. Wenn Sie sich bereit fühlen (die gesundheitlichen Signale bleiben stabil, während die Medikamente langsam abgesetzt werden), lassen Sie einen Tag pro Woche zusätzlich ausfallen, bis Sie die Hormone nur noch einmal pro Woche nehmen.
8. Setzen Sie die Hormone nach drei bis sechs Monaten vollständig ab und bewerten Sie die Situation von neuem. Selbst wenn anfangs zeitweilig einige Symptome oder Zeichen (wie die Rückkehr von Hitzewallungen) zurückkehren, sollten sie minimal sein.
9. Verwenden Sie bei Bedarf drei bis sechs weitere Monate Arzneipflanzen.

Tipps zum Absetzen

- Wenn Sie Probleme haben, überdenken Sie Ihre Ernährung, Techniken zum Stressabbau und andere Faktoren im Zusammenhang mit Ihrer Lebensweise.
- Sie können die Dosierung beliebig schnell senken, versuchen Sie jedoch, dies konsequent und stetig zu tun.
- Wenn Sie sich irgendwann nicht wohl fühlen, erhöhen Sie Ihre Dosis wieder auf die letzte Menge, bei der Sie sich wohl gefühlt haben.

Loreens Geschichte

Loreen war 54 Jahre, verheiratet und hatte zwei erwachsene Kinder. Sie war Unternehmerin und hat immer Spaß am Leben gehabt. Vor acht Jahren hatte sie eine Östrogen-Gestagen-Behandlung begonnen, und ihre Perioden waren, wie sie sagte, stets »eine einzige Katastrophe«. Sie schlief schlecht und wachte häufig mit Hitzewallungen auf. Ihre Energie nahm im Lauf des Tages stark ab, und sie fühlte sich häufig niedergeschlagen.

Loreen entschloss sich zu einer »natürlicheren« Hormontherapie. Leider setzte sie ihr Medikament schlagartig ab, was nicht ratsam ist. Nach dem Absetzen besserten sich ihre Symptome – insbesondere die Depressionen – zunächst, aber innerhalb eines Monats kehrten die Hitzewallungen und andere Symptome verstärkt zurück. Daher begann Loreen wieder mit der Einnahme ihrer Hormonkombination. Aber diesmal kam sie zu dem Schluss, sie brauche Hilfe, und suchte mich auf.

Loreens Ernährung war recht ausgewogen, und sie betrieb Sport zur Stärkung ihres Herz-Kreislauf-Systems, wenn auch nicht genug. Sie brauchte nur ein paar Anpassungen vorzunehmen. Ich empfahl ihr,

- ihr Gymnastikprogramm von drei auf vier Tage pro Woche zu erweitern.
- als Eiweißquelle anstelle von rotem Fleisch mehr Bohnen zu essen (in Suppen, Pürees, Gemüsedips) und Snacks mit

Weißzucker durch kleine Portionen Nüsse und getrocknete Früchte zu ersetzen.

- zusätzlich eine spezielle Behandlung mit Arzneipflanzen.

Was die Pflanzenmittel anging, empfahl ich ihr eine Tinktur aus jeweils 30 Gramm Passionsblume *(Passiflora incarnata)*, Traubensilberkerze *(Cimicifuga)*, Griechischem Bockshornklee *(Trigonella foenum-graecum)* und Salbeiblättern *(Salvia officinalis)*. Ich stellte sicher, dass es sich in allen Fällen um 1 : 2-Extrakte handelte. (Dieses Verhältnis 1 : 2 ist wichtig. Diese Extrakte werden nur von einem professionellen Pflanzenkundler angeboten; sie sind zweieinhalbmal stärker als die im Handel befindlichen Tinkturen.) Loreen nahm viermal am Tag zwei Milliliter (etwa einen halben Teelöffel) in Wasser; bei Bedarf auch mehr.

Zunächst beklagte sich Loreen über den bitteren Geschmack der Pflanzen, aber nach den ersten drei Tagen begann sie den Geschmack mit dem Gefühl gesteigerten Wohlbefindens zu verbinden. Bei ihrem zweiten Besuch drei Wochen später berichtete Loreen über einen Rückgang ihrer Hitzewallungen und nächtlichen Schweißausbrüche. Sie fühlte sich geistig und emotional ausgeglichen, obwohl ihre Arbeitsbelastung groß war. Wir beließen es bei der obigen Rezeptur und verabredeten ein erneutes Treffen vier Wochen später.

Nach insgesamt sieben Wochen Einnahme klagte Loreen noch immer über Symptome, wenn deren Stärke auch abgenommen hatte. Sie schlief besser, und sie fühlte, dass sie das

Richtige tat. Als Nächstes stellte ich für Loreen eine Rezeptur zusammen, die aus *Cimicifuga* 1 : 2 (90 Gramm), *Salvia* 1 : 2 (90 Gramm) und *Leonurus* 1 : 2 (120 Gramm) bestand. Sie konnte je nach Bedarf drei- bis sechsmal täglich 75 bis 150 Milliliter einnehmen. Ihr jährlicher medizinischer Check stand bevor, und wir kamen überein, dass sie ein vollständiges Blutbild, eine Bestimmung der Knochendichte sowie die üblichen Tests für ihre Altersgruppe durchführen lassen und ihren Arzt über ihre Einnahme pflanzlicher Mittel informieren würde. Alle Testergebnisse spiegelten die Gesundheit einer Dreißigjährigen wider. Loreen war stolz darauf, etwas erreicht zu haben, das ihr Arzt im Jahr zuvor als »zu riskant« bezeichnet hatte.

Danach ließ sich Loreen weiterhin telefonisch von mir beraten. Nach den ersten drei Monaten passten wir ihre Rezeptur an, reduzierten die Einnahme anschließend über zwei Monate um wöchentlich eine Dosis am Tag und ließen sie dann ganz ohne Probleme auslaufen. Innerhalb von fünf Monaten fühlte sich Loreen besser, hatte keine Symptome mehr und war nicht länger auf die Hormontherapie oder auf Phytopharmaka angewiesen.

Schlussfolgerung

Jede Frau in den Wechseljahren ist geheilt, wenn sie ihren eigenen Weg wählt, um ihre Lebensqualität zu verbessern, ob es nun Unterstützung durch Pflanzenmittel oder die Einnahme von Hormonen ist. Die Einnahme von Hormonen in den Wechseljahren, sei es als Präparat aus dem Harn trächtiger Stuten (Presomen), pharmazeutisch veränderte Wilde Yamswurzel (»natürliches« Progesteron) oder selbst das importierte DHEA (Dehydroepiandrosteron) – all dies sind Optionen, die den Frauen von heute offenstehen. Eine weitere Möglichkeit besteht darin, Nahrungsmittel und Arzneipflanzen zu wählen, die traditionellerweise eine natürliche Phase der Veränderung erleichtern. Souverän zu sein heißt, dass jede Frau für sich selbst entscheidet, was für sie das Beste ist. Sämtliche Behandlungsformen, seien sie nun pflanzlicher oder anderer Natur, sind wertvoll, wenn sie einer Frau Gesundheit und Wohlbefinden schenken und ihr ermöglichen, ihr Potenzial voll auszuschöpfen.

Kapitel 4

Die Wechseljahre mit Traditioneller Chinesischer Medizin bewältigen

Isaac Cohen

Isaac Cohen, ausgebildet in orientalischer Medizin und lizenzierter Akupunkteur, praktiziert seit 17 Jahren. Er ist eine der führenden Autoritäten auf dem Gebiet der Frauengesundheit und der Traditionellen Chinesischen Medizin. Als Pionier hat er es sich zur Aufgabe gemacht, die traditionellen Konzepte und Therapien der chinesischen Medizin in die Sprache der Wissenschaft zu übersetzen; er hält international Vorträge über die Einbeziehung Traditioneller Chinesischer Medizin (TCM) in die Behandlung von Frauenleiden. Er war einer der Gründer des Programms für komplementäre und alternative Medizin am Carol Franc Buck Breast Care Center der Universität von Kalifornien, San Francisco, und er steht in ständigem Kontakt mit der Chinesischen Gesellschaft für die Integration von TMC und westlicher Medizin zur Vorbeugung und Behandlung von Krebs in Peking, China. Er besitzt einen Doktortitel in orientalischer Medizin des Postgraduate Institute of Oriental Medicine in Hongkong und ist von den renommiertesten Krebsspezialisten in China ausgebildet worden. Unter seiner Leitung wurden an der Universität von Kalifornien, San Francisco, klinische Studien sowie Laboruntersuchungen durchgeführt, bei denen es darum ging, die Wirksamkeit von Pflanzentherapien bei der Behandlung von Wechseljahrsbeschwerden und Krebs zu prüfen und moderne Erklärungen für die klinischen Anwendung von Naturprodukten zu finden. Zur Zeit ist er Chief Executive Officer von Bionovo, Inc., Emeryville, Kalifornien, einem Unternehmen zur Entdeckung und Entwicklung von Medikamenten, das sich auf Fragen der Frauengesundheit konzentriert.

Als ich zu praktizieren begann, besaß ich umfassende theoretische Kenntnisse über Krankheiten und ihre Symptome. Ich war jedoch sehr jung und gesund, und meine eigenen Erfahrungen hinsichtlich Krankheit und Leiden beliefen sich lediglich auf Erkältungen und leichtes Fieber. Als junger, gewissenhafter praktischer Arzt bemühte ich mich sehr, Symptome zu verstehen und mir vorzustellen, wie es sich wohl anfühlen würde, sie selbst zu erleben. Die meisten Patientinnen, die mich wegen Wechseljahrsbeschwerden aufsuchten, unterzogen sich einer Hormonbehandlung und überlegten, ob sie die Hormone absetzen sollten, oder es handelte sich um Frauen, bei denen gerade unerträgliche Symptome einzusetzen begannen, die aber Angst vor einer Hormonanwendung hatten.

Ich erinnere mich, dass es mir bei den meisten der Symptome, über die meine Patientinnen klagten, zunächst schwer fiel, sie nachzuempfinden. An Schlafmangel erinnerte ich mich aus meiner Militärzeit. Aber was das Übrige anging – Hitzewallungen, nächtliche Schweißausbrüche, Gedächtnisschwäche –, wusste ich einfach nicht, was diese Frauen empfanden. Dann geschah eines Tages etwas, das die Art und Weise veränderte, in der ich mich mit meinen Patientinnen identifizierte und sie behandelte – ich verstand mit einem Mal, was eine Hitzewallung ist.

Ich saß mit einer meiner Patientinnen, die unter starken Wechseljahrsbeschwerden, vor allem Hitzewallungen, litt, in meinem Sprechzimmer. Wir sprachen über ihre Beschwerden; sie schilderte ihre Symptome, und ich hörte zu und stellte Fragen. Dann stellte ich fest, dass sie etwas nervös und reizbar wurde. Auf ihrer Oberlippe bildeten sich Schweißperlen. Ihr Hals und ihr Ausschnitt röteten sich, und sie sah aus, als säße sie in einem Backofen. Als junger, naiver Arzt fragte ich das Offensichtliche: »Haben Sie jetzt gerade eine Hitzewallung?« Ihre Antwort klang wie »Mmh«.

Wechseljahre aus der Sicht der Traditionellen Chinesischen Medizin

Die chinesische Medizintradition sieht die Wechseljahre als wichtige Übergangszeit im Leben einer Frau an – eine Zeit großer Möglichkeiten, aber auch eine Zeit, in der ihre Energie und die normalen körperlich-geistigen Funktionen im Fluss sind, was zu Symptomen wie Hitzewallungen, Schlafstörungen und Depressionen führen kann.

Der Traditionellen Chinesischen Medizin zufolge steht die Fortpflanzungsfunktion unter der Kontrolle der Nieren. Wenn in den Nieren einer Frau nicht genügend Energie vorhanden ist, kommt es zu Problemen mit Fruchtbarkeit, Libido, Regeneration des ganzen Körpers, Gewebeelastizität und Kraft. In der Pubertät nimmt die Nierenenergie einer Frau zu und die Organe schicken zusätzliches Blut in die Gebärmutter. Während ihrer fruchtbaren Jahre liefern die Nieren genügend Blut für die Fortpflanzung, doch wenn eine Frau älter wird, verringert sich der Blutfluss von den Nieren, was zu den Wechseljahren führt. Zu Wechseljahrsbeschwerden kommt es, wenn die Nierenenergie abnimmt und nicht alle Vitalfunktionen des Körpers aufrechterhalten kann.

In dieser Zeit ist die Vitalenergie des Körpers oder Qi (insbesondere die Nierenenergie) gering und macht eine Reorganisation und Ressourcenumlagerung durch, um für ein sicheres Altern zu sorgen. Diese an sich positive Veränderung kostet jedoch Zeit und Mühe. Das Ergebnis ist, dass Frauen wegen dieses Ressourcenmanagements im Allgemeinen länger leben als Männer, obwohl sie doch einen weitaus höheren Preis für die Fortpflanzung zahlen.

Durch ihre monatliche Regel und ihre Geburten verlieren Frauen im Lauf ihres Lebens einiges an Blut. Aus der Sicht der chinesischen Medizin wird dieses Blut niemals vollständig ersetzt – weder seiner Menge noch seiner Qualität nach. In China gilt der Verlust von Menstruationsblut als eine der Hauptursachen für chronische Krankheiten und Altern. Da Altern als physischer und funktioneller Verfall des Körpers angesehen wird, nimmt man an, dass dieser chronische Blutverlust zum Verfallsprozess beiträgt. Einige der Funktionsstörungen, die in den Wechseljahren auftreten, wie Schlafprobleme, Stimmungsschwankungen und Haut- und Scheidentrockenheit, werden als direkte Folge einer verringerten Blutversorgung dieser Gewebe angesehen. Und in der Zeit direkt vor den Wechseljahren erleben Frauen diese Veränderungen am dramatischsten.

Während der Wechseljahre klagen Frauen oft über Erschöpfung und Verwirrung. In der chinesischen Medizin wird dies einer Schwächung des Shen (Geist) zugeschrieben, der mentale Vorgänge regiert – beispielsweise die Fähigkeit zu denken, Ideen zu entwickeln und sich zu konzentrieren. Genauer gesagt, ist Shen ein Maß für Vitalität, und die Qualität dieser Lebenskraft erkennt man am besten an den Augen eines Menschen. Der Verlust an Shen, zu dem es in den Wechseljahren kommt, kann zu Gedächtnisschwäche, Denkstörungen, Stimmungsschwankungen und Schlaflosigkeit führen. Einige dieser kognitiven Veränderungen gehen nach dem Ende der Wechseljahre zurück, andere sind von Dauer. So haben viele Frauen zu Beginn der Wechseljahre akute Konzentrationsprobleme, die sich nach einer Weile bessern. Die Verschlechterung des Kurzzeitgedächtnisses, die mit den Wechseljahren einhergeht, bleibt aber offenbar bestehen. In der chinesischen Medizin werden Arzneipflanzen und Akupunktur eingesetzt, um das Herz zu beruhigen und den Geist zu nähren und um diese Symptome zu behandeln oder ihnen vorzubeugen.

Die chinesische Medizin schreibt bestimmte Veränderungen, die Frauen in den Wechseljahren erleben, der Funktion eines bestimmten Organs zu. Wenn der Körper einer Frau beispielsweise Nahrung nicht in die notwendigen Nährstoffe umwandelt, kommt ein chinesischer praktischer Arzt zu dem Schluss, dass die Milz nicht richtig funktioniert. (Das ist eine ganz andere Sicht der Milzfunktion als in der westlichen Medizin.) Nach meiner Erfahrung hat eine Frau, deren Milz nicht richtig funktioniert, meist schwächere Hitzewallungen, leidet dafür aber stärker unter Schweißausbrüchen und Klammheit.

Eine weitere wichtige Funktion der Nieren sieht die chinesische Medizin in der Kontrolle des Wassers, des Substrats für alle Lebensaktivitäten und der gesamten Körperfeuchtigkeit. Die Nieren regulieren die Flüssigkeitsbalance in den Kanälen, Blutgefäßen und Geweben. Die Wasserregulation wird in der chinesischen Medizin vom Nierenfeuer übernommen (Aufgabe der Nieren beim Aufrechterhalten der Körperwärme). Die Nieren stehen in enger Beziehung zur Thermoregulation des Körpers. Eine zu starke, ungenügende oder ungeeignete Regulation führt zu Kältegefühl und Frösteln, Wärmegefühl und Fiebrigkeit und in den Wechseljahren zu Hitzewallungen und nächtlichen Schweißausbrüchen.

In der chinesischen Medizin gelten die Schwankungen, die in den Wechseljahren im Menstruationszyklus auftreten, als direkte Folge von Ausmaß und Art der Nierenschwäche. Die Nierenenergie nimmt synchron zum Fortschreiten der Wechseljahre allmählich ab.

Traditionelle Chinesische Medizin versus westliche Medizin

Erst vor kurzem haben westliche Gesellschaften begonnen, das höhere Alter als wertvolle Zeit im Leben zu begreifen. Das liegt zum Teil daran, dass unsere Lebenserwartung gestiegen ist; viele von uns verbringen heute mehr als ein Drittel ihres Lebens in höherem Alter. Ebenso ist es für Westler eine neue Erkenntnis, dass sich die Art und Weise, wie wir unseren Körper heute behandeln, darauf auswirkt, wie wir uns morgen fühlen und wie gesund wir morgen (und übermorgen) sein werden. Das ist für die chinesische Medizin jedoch nichts Neues. Diese Konzentration auf Gesundheitserhalt und Krankheitsvorbeugung während des ganzen Lebens bildet die Basis der chinesischen Medizin.

Vom Ansatz her gibt es zwischen chinesischer und westlicher Medizin viele Unterschiede. Einer der Hauptunterschiede ist, dass die chinesische Medizin Krankheiten behandelt, indem sie den Körper als Funktionseinheit und Symptome als Spiegelbild der körperlichen Gesundheit insgesamt ansieht. Die westliche Medizin neigt hingegen dazu, sich primär auf die speziellen Beschwerden (beispielsweise Hitzewallungen) zu konzentrieren und dann die vermutete »Ursache« (in diesem Fall den Rückgang der Konzentration der Geschlechtshormone) zu behandeln, beachtet dabei aber oft kaum den allgemeinen Gesundheitszustand.

So besteht zum Beispiel eines der Ziele der chinesischen Medizin bei der Behandlung von Hitzewallungen darin, ernste Komplikationen, wie das Auftreten von Krebs, Herzerkrankungen und Osteoporose zu verhindern, die aus der Behandlung selbst erwachsen können. Die Sicherheit der Behandlung von Wechseljahrsbeschwerden mit Östrogen und Progesteron, den beiden wichtigsten Sexualhormonen, die von westlichen Ärzten verschrieben werden, ist in neuerer Zeit in Zweifel gezogen worden. Heute gilt eine Hormonbehandlung für viele Frauen als ungeeignet, darunter Frauen mit bestimmten Prädispositionen, wie Brustkrebs, Schlaganfall, frischem Herzinfarkt, Neigung zu Blutgerinnseln, Diabetes, Gallenblasenerkrankungen, Bluthochdruck, Gebärmuttermyomen und anderem mehr.[1–3] Nach wie vor hat die westliche Medizin diesen Frauen kaum Behandlungsoptionen anzubieten. Es gibt jedoch zahlreiche Alternativen, mit denen sich Wechseljahrssymptome wirksam behandeln lassen. Leider erfährt eine Frau von ihrem Arzt nur selten etwas darüber.

Als Spezialist für chinesische Medizin und lizenzierter Akupunkteur behandele ich seit Jahren Frauen mit Wechseljahrsbeschwerden. Im Laufe dieser Jahre war auch eine beträchtliche Zahl von Frauen mit einer Vorgeschichte von

Brustkrebs dabei. Ein sehr hoher Prozentsatz dieser Frauen mit Brustkrebserfahrung leidet unter starken klimakterischen Beschwerden, denn eine Frau, die zum Zeitpunkt der Brustkrebsdiagnose die Menopause noch vor sich hat, wird, wenn sie sich einer Chemotherapie unterzieht und/oder Tamoxifen (eine hormonelle Brustkrebstherapie) einnimmt, höchstwahrscheinlich eine frühe Menopause erleben. Bei diesen Frauen geht es mir vor allem darum, einen Weg zu finden, die Symptome zu behandeln, ohne das Risiko zu erhöhen, dass der Krebs wieder auftritt.

In der chinesischen Medizin gibt es keine spezielle Behandlung für Wechseljahrsbeschwerden. Die Behandlungsmethode ändert sich bei jeder Frau im Verlauf ihrer Therapie und richtet sich danach, ob sich ihre Symptome bessern oder verschlimmern. Auch jahreszeitliche Wechsel können den Behandlungsverlauf beeinflussen. So finden die meisten Frauen, die aufgrund ihrer Wechseljahre unter Hitzewallungen leiden, dass sich diese in den Sommermonaten verstärken. Chinesische Ärzte verstehen dies und passen ihre Medikation gegen Ende des Frühjahrs entsprechend an. Die Behandlung muss auch auf die sich verändernde Lebenssituation reagieren: Mit zunehmendem Alter der Frau muss die Behandlung unter Umständen angepasst werden. Diese ständige Anpassung bringt mit sich, dass sich das Risiko langfristiger Komplikationen durch die Behandlung selbst stark verringert, weil das erhöhte Risiko in den meisten Fällen die Folge einer Überdosierung oder einer zu langen Einnahmezeit ist.

Statt automatisch ein Rezept für Wechseljahrsbeschwerden auszustellen, stellen wir in der chinesischen Medizin eine maßgeschneiderte Therapie zusammen, um die Symptome zu lindern und sämtliche bereits bestehenden Gesundheitsprobleme zu behandeln. Mit anderen Worten sorgen wir dafür, dass die Behandlung an die einzelne Frau angepasst ist und nicht umgekehrt. Beispielsweise hat die eine Frau unter Umständen Hitzewallungen, die mit Sehproblemen, Schwindelgefühl, nächtlichen Schweißausbrüchen und Schlafstörungen einhergehen. Eine andere Patientin leidet vielleicht unter Kreuzschmerzen, Gedächtnisproblemen und Scheidentrockenheit, begleitet von Hitzewallungen. Eine dieser beiden Frauen stellt vielleicht fest, dass sie sich traurig fühlt und leicht zu weinen beginnt, während die andere schnell ärgerlich wird und frustriert reagiert. Die beiden Patientinnen werden anders behandelt und beraten, sei es bei der Akupunktur, bei der Ernährungsberatung oder bei der Zusammenstellung der Arzneipflanzenrezeptur.

In diesem Kapitel möchte ich die Ursachen der Wechseljahre so darstellen, wie sie in der chinesischen Medizin beschrieben werden, ebenso die vielen Behandlungsmöglichkeiten für Frauen, wie Akupunktur und pflanzliche Heilmittel. Die Informationen und vorgeschlagenen Behandlungen basieren auf der traditionellen Literatur, aktuellen wissenschaftlichen Untersuchungen und meiner Erfahrung als Kliniker.

Dieses Kapitel soll nicht den Besuch bei einem Arzt ersetzen, der sich mit Traditioneller Chinesischer Medizin auskennt. Es soll als allgemeiner Führer zu dem Schatz an Ressourcen dienen, den die chinesische Medizin zu bieten hat. Die Behandlung variiert je nach Art der individuellen Symptome. Da die Symptome zweier Menschen niemals völlig identisch sind, sind auch zwei Behandlungspläne niemals exakt gleich. Aus diesem und anderen Gründen sollte man nicht zur Selbstmedikation greifen, wenn es um pflanzliche Heilmittel geht. Mein Ziel in diesem Kapitel ist es, Ihnen die Information zu liefern und das Vertrauen zu vermitteln, dass Sie Ihre Wechseljahrsbeschwerden mit Hilfe eines Arztes sicher und effizient in den Griff bekommen können.

Hitzewallungen

Eine Hitzewallung ist eine plötzliche Hitzewelle, die sich über Gesicht, Hals, Schultern und Brust ausbreitet und mehrere Minuten oder länger anhält. Ihr können beschleunigter Herzschlag und Schwitzen, Übelkeit, Schwindel, Angstgefühle, Kopfschmerzen, Schwäche- und Erstickungsgefühle vorausgehen oder sie kann von diesen Symptomen begleitet sein. Manche Frauen erleben kurz vor Einsetzen der Hitzewallung ein unbehagliches Gefühl, das ihnen deren Auftreten ankündigt; bei anderen kommt sie ohne Warnung. (Hitzewallungen, die nachts auftreten, werden als nächtliche Schweißausbrüche oder Nachtschweiß bezeichnet.) Rund 80 Prozent aller Frauen in den Vereinigten Staaten erleben zu Beginn der Wechseljahre starke Hitzewallungen. In Deutschland sind es etwa 50 Prozent. Von all den klimakterischen Symptomen sind Hitzewallungen für die Frauen, die sie erleben, die bei weitem unangenehmsten und störendsten.

Der menschliche Körper hält seine Kerntemperatur in einem sehr engen Bereich konstant: Werte zwischen 35,5 und 37 Grad Celsius werden als Normaltemperatur angesehen; darüber spricht man von Fieber, darunter von Untertemperatur. Die Temperatur wird in diesem engen Bereich konstant gehalten, damit der Körper optimal funktionieren kann. Der Körper wendet viel Energie auf, um die richtige Temperatur zu halten. Einige der Mechanismen, die der Körper einsetzt, um seine Kerntemperatur zu halten, sind Schwitzen, Veränderung von Herz- und Atemfrequenz, Veränderung von Druck und Verteilung der Körperflüssigkeit im Gewebe sowie Aktivierung hormoneller Bahnen. Das Zentralnervensystem kontrolliert diese koordinierten Bemühungen.

Es ist nicht genau bekannt, was Hitzewallungen auslöst; sie gelten jedoch als Folge einer gestörten Thermoregulation. Es scheint, als ob der Thermostat im Gehirn nicht richtig funktioniert, vielleicht aufgrund des natürlichen Absinkens des Östrogenspiegels in den Wechseljahren. Dieses Absinken wirkt sich auf das Temperaturkontrollzentrum im Gehirn aus. Der Körper reagiert und gibt, um sich abzukühlen, Wärme ab, indem er die Hautdurchblutung steigert. Diese erhöhte Hautdurchblutung wird als Rötung der Haut sichtbar. Damit einher gehen Wärmegefühl, Schwitzen und oft beschleunigter Herzschlag, gefolgt von einem Absinken der Körpertemperatur. Aufgrund dessen kommt es anschließend häufig zu Frösteln. Höhere Umgebungstemperaturen, Stress, stark gewürzte Speisen wie auch Koffein und Alkohol können Hitzewallungen auslösen. Besonders schlimm können Hitzewallungen in den Sommermonaten sein.

Zahl, Dauer, Tageszeit und Stärke der Hitzewallungen schwanken bei den Frauen individuell. Am häufigsten erleben die Frauen ihre Hitzewallungen abends kurz vorm Zubettgehen und gegen Morgen. Einige Frauen schwitzen, andere nicht. Bei manchen Frauen dauern die Hitzewallungen nur ein paar Sekunden, bei anderen eine halbe Stunde. Einigen Frauen »kocht« dabei der Kopf, andere fühlen ein Kribbeln in der Brust. Eine plötzliche schwere Attacke kann Angst machen; man kann sie sogar mit einem Herzanfall verwechseln. Die meisten Frauen erleben Hitzewallungen über einen Zeitraum von zwei bis fünf Jahren, es gibt aber auch Frauen, die nie damit zu tun haben. Andere haben Hitzewallungen vom Beginn der Wechseljahre bis jenseits der Achtzig.

Wie Untersuchungen gezeigt haben, können die Traditionelle Chinesische Medizin, Akupunktur und pflanzliche Mittel Hitzewallungen lindern und häufig sogar völlig beseitigen und auch bei anderen Wechseljahrsbeschwerden deutliche Erleichterung bringen. Da Hitzewallungen mit Veränderungen der Fruchtbarkeit und Alterungsprozessen einhergehen und da sie nach einiger Zeit meist von selbst aufhören, konzentriert sich die chinesische Medizin darauf, die Nieren oder das Nieren-Qi zu stärken.

Hitzewallungen mit Akupunktur behandeln

Akupunktur und chinesische Medizin im Allgemeinen basieren auf der Vorstellung, es gebe eine Lebensenergie namens Qi, die durch den Körper strömt. Diese Energie fließt in Kanälen durch den Körper, die als Meridiane bezeichnet werden und alle wichtigen Organe verbinden (Abbildung 2). Nach der chinesischen Medizintheorie kommt es zu Krankheiten, wenn der zyklische Fluss des Qi in den Meridianen gestört ist oder blockiert wird.

Daher ist es Ziel der Akupunktur, diese Energieblockade zu beseitigen. Im Verlauf der Akupunkturbehandlung werden längs der Meridiane in Ihren Beinen, Armen, Schultern

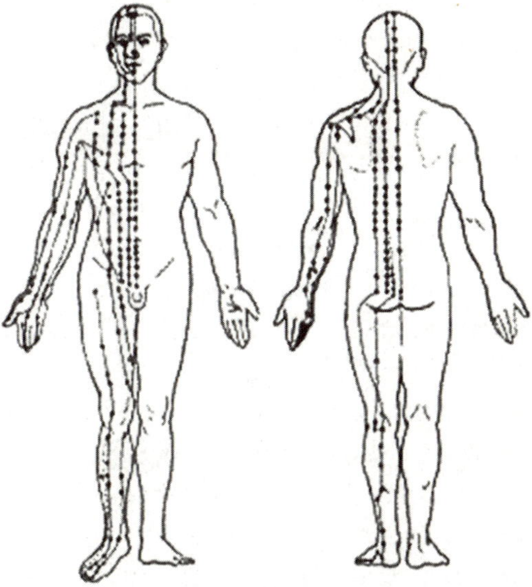

Abb. 2: Akupunkturmeridiane in der Traditionellen Chinesischen Medizin

oder an anderer Stelle kleine Nadeln gesetzt. Die Nadeln sind so dünn, dass die meisten Menschen gar nicht spüren, wenn sie in die Haut gestochen werden. Akupunkturpunkte zur Behandlung psychischer und physischer Effekte der Wechseljahre verteilen sich über den ganzen Körper. Der Mechanismus, durch den Akupunktur Hitzewallungen verringert, ist ungeklärt. Es ist allgemein bekannt, dass Akupunktur verschiedene Botenstoffe im Gehirn wie auch den Blutspiegel von Hormonen regulieren kann, was sich höchstwahrscheinlich auf die Thermoregulation auswirkt.

Länge, Zahl und Häufigkeit der Behandlungen variieren. Eine typische Behandlung dauert zwischen fünf und dreißig Minuten und wird in der Regel ein- bis zweimal wöchentlich durchgeführt. Einige Symptome bessern sich unter Umständen schon nach der ersten Behandlung, während schwerere und chronische Beschwerden häufig zahlreiche Behandlungen erfordern. Viele Studien belegen die Wirksamkeit von Akupunktur bei der Behandlung von Wechseljahrsbeschwerden. Bei wöchentlicher Behandlung lindert Akupunktur Hitzewallungen um durchschnittlich 60 Prozent. Um diese dramatische Wirkung zu haben, muss die Akupunkturbehandlung jedoch länger durchgeführt werden.

Ich habe viele Patientinnen, die mir sagen, dass jede Akupunkturbehandlung ihre Symptome lindert, die Symptome aber allmählich wiederkehren. Wie lange es dauert, bis das geschieht, ist von Frau zu Frau verschieden. Daher versuche ich mit jeder Frau gemeinsam herauszufinden, wie lange es gewöhnlich dauert, bis ihre Symptome wieder lästig werden, und wir planen die Folgebehandlungen entsprechend. Anfangs empfehle ich häufigere Akupunkturbehandlungen – vielleicht eine Behandlung pro Woche über einen Zeitraum von vier bis acht Wochen. Danach setzt ein kumulativer Effekt ein, und ich empfehle einer Patientin vielleicht, einige Monate lang nur noch jede zweite Woche zu kommen und dann nur noch einmal im Monat, bis die Symptome unter Kontrolle sind.

Im Laufe der Jahre, in denen ich mit Patientinnen arbeite, habe ich gelernt vorauszuahnen, wann und warum die Wechseljahrsbeschwerden meiner Patientinnen schlimmer werden. Häufig wird die Stärke der Symptome von physischen und psychischen Faktoren beeinflusst, wie Stress in der Familie und im Beruf oder Veränderungen im Ernährungs- und Bewegungsprogramm.

Hitzewallungen mit chinesischen Arzneipflanzen behandeln

In der Traditionellen Chinesischen Medizin können viele Rezepturen aus Arzneipflanzen Hitzewallungen und andere Wechseljahrsbeschwerden wie Schlaflosigkeit, Stimmungsschwankungen, Erschöpfung, Kopfschmerzen und Menstruationsunregelmäßigkeiten einschließlich Zwischenblutungen und starken Gebärmutterblutungen lindern.

Die Methode, nach der in der chinesischen Medizin Arzneipflanzen verschrieben werden, ist höchst komplex. Nur sehr selten wird eine einzige Pflanze allein verschrieben; Arzneipflanzenrezepturen sollen dem Gesundheitszustand eines Menschen in seiner ganzen Komplexität Rechnung tragen. Nur in Ausnahmefällen verwenden wir die Rezeptur genau so, wie sie in einer klinischen Studie untersucht wurde oder in unserem medizinischen Lehrbuch beschrieben ist. In der Praxis werden Rezepturen auf die individuellen Symptome und die Vorgeschichte einer jeden Frau abgestimmt; dabei verlässt sich der Arzt auf sein Wissen über Arzneipflanzen, seine klinische Erfahrung und seine Intuition.

Der Arzt wählt eine traditionell überlieferte Rezeptur aus, die am besten zum Gesundheitszustand der Frau passt, und modifiziert sie dann so, dass sie exakt auf deren Symptome zugeschnitten ist. Eine traditionelle Rezeptur kann beliebig viele Bestandteile enthalten – zwischen vier und 18 verschiedenen Arzneipflanzen. In der Regel enthält sie ein bis drei Pflanzen, die das spezielle Symptom behandeln, ein bis drei Pflanzen, die diese Wirkung verstärken oder sie auf das spezifische Gewebe lenken, sowie zusätzliche Pflanzen, die bekannte Nebenwirkungen oder Toxizitäten der Hauptpflanzen mildern.

In der Traditionellen Chinesischen Medizin dienen Arzneipflanzenmischungen zur Behandlung von Hitzewallungen – wie das Dekokt der zwei Unsterblichkeiten, die Sechs-Bestandteile-Pille mit Rehmannia und die Wechseljahrsrezeptur, die im folgenden Abschnitt dieses Kapitels vorgestellt werden – dazu, den ganzen Menschen zu behandeln und nicht nur ein einzelnes Symptom zu lindern.

In der chinesischen Medizin gibt es vier Diagnoseprinzipien: Befragen, Beobachten, Zuhören und Tasten. Ich stütze mich zudem auf eine 3000-jährige Tradition. Meine Diagnose hängt davon ab, was mir eine Frau sagt, wie sie sich benimmt (beispielsweise, ob sie aufgeregt oder erschöpft wirkt), wie sie sich anfühlt, wenn ich ihren Puls fühle und ihren Bauch abtaste, und sogar, wie ihre Zunge aussieht.

Wenn ich Rezepturen zur Behandlung von Wechseljahrsbeschwerden verschreibe, richte ich mich nach Zeichen und Symptomen, die ich beobachte. Wenn eine Frau beispielsweise über Hitzewallungen klagt, würde ich eine Rezeptur empfehlen, die auf dem individuellen Erleben der Hitzewallungen basiert, je nachdem, ob die Hitzewallungen lange anhalten oder eher kurz sind, mit Schweißausbrüchen einhergehen oder nicht, von Stimmungsschwankungen begleitet sind oder von Frösteln gefolgt werden. Ich suche auch nach anderen Gesundheitsproblemen, wie Harninkontinenz, Verstopfung oder einer verminderten Libido.

Im Westen gibt es zwei chinesische Arzneipflanzen, die Frauen als Mittel gegen fast alle nur denkbaren Beschwerden empfohlen werden. Dabei handelt es sich um Dong quai (auch: Dang gui, Engelwurz, *Angelica sinensis*) und Ginseng *(Panax ginseng)*. Diese beiden Arzneipflanzen werden häufig von Frauen zur Linderung von Wechseljahrsbeschwerden wie Hitzewallungen und Erschöpfung eingenommen, wenn sie in der chinesischen Medizin auch nur selten zu diesem Zweck verwendet werden.

Eine begrenzte Anzahl von Studien liefert widersprüchliche Resultate hinsichtlich Sicherheit und Wirksamkeit von Produkten aus Arzneipflanzen – wie Ginseng, Traubensilberkerze und Engelwurz –, die als Mittel gegen Wechseljahrsbeschwerden verkauft werden. Pflanzliche Produkte, die Phytoöstrogene enthalten oder wie Östrogene wirken, könnten jedoch einige der Vorteile aufweisen, die Östrogen bei der Linderung von klimakterischen Beschwerden hat. Gegenwärtig finanziert das National Center for Complementary and Alternative Medicine (NCCAM) der National Institutes of Health Studien über die Wirksamkeit verschiedener Pflanzen zur Linderung von Wechseljahrsbeschwerden, darunter Traubensilberkerze, Rotklee, Hopfen, Engelwurz, Leinsamen und Sojaprodukte.

Rezepturen zur Linderung von Hitzewallungen

Im Folgenden möchte ich Ihnen zwanzig verschiedene Pflanzenmischungen oder Rezepturen vorstellen, die in der chinesischen Medizin verwendet werden. Sie sind nach der Art von Hitzewallung angeordnet, unter der eine Frau leiden kann. Ich nenne auch die formale chinesische Diagnose und gebe an, wie sich jede Rezeptur abwandeln lässt, um sie individuellen Bedürfnissen anzupassen.

Die Rezepturen sind so angegeben, wie in Apotheken üblich: An erster Stelle steht der chinesische Name in der Pin-Yin-Transkription, dann folgt der pharmakognostische Name (anstelle des botanischen Namens) der Arzneipflanze. Die Rezepturen sollten höchstens ein bis drei Monate lang eingenommen werden. Sobald Ihre Symptome unter Kontrolle sind, wird Ihnen Ihr Arzt möglicherweise eine andere Rezeptur vorschlagen, um die Ursache der Wechseljahrsbeschwerden anzugehen und ein gesundes, würdiges Altern zu fördern. Die Dosierungen sind in Gramm angegeben, und jede Rezeptur ist gedacht für zwei Tage Verwendung, mit einer Tasse des wässrigen Extrakts der Rezeptur pro Tag. Die meisten Rezepturen werden, wenn nicht anders angegeben, als Tee verwendet. Bevor Sie irgendeine dieser Rezepturen ausprobieren, empfehle ich Ihnen, einen Experten für chinesische Pflanzenheilkunde zu konsultieren.

Es folgt eine Liste der am häufigsten verwendeten Pflanzenteile und ihrer Abkürzungen, wie sie in den Rezepturen verwendet werden.

Pflanzenteil	*Abkürzung*
Wurzel	Rx
Rhizom	Rm
Blüten	Fl
Frucht	Fr
Samen	Sn
Kraut	Hb
Rinde	Cx
Schale/Panzer	Os
Zweig	Rm
Schale (Frucht)	Per

1. Hitzewallungen, die sich bei Stress verschlimmern

Andere Symptome: Beckenschmerzen, Schmerzen unterm Zwerchfell, Mund- und Halstrockenheit, Erschöpfung, trockene, spröde Haut, schmerzhaft geschwollene Brüste

Chinesische Diagnose: Eingezwängtes Leber-Qi mit Blutmangel

Empfohlene Rezeptur: Abgewandeltes Gelassenes-Wandern-Pulver – *Jia Wei Xiao Yao San*

Yin chai hu	Rx Stellariae dichotomae	15 Gramm
Dong quai	Rx Angelicae sinensis	15 Gramm
Bai shao	Rx Paeoniae lactiflorae	15 Gramm
Bai zhu	Rx Atractylodes macrocephalae	15 Gramm
Fu ling	Sclerotium poria cocos (Pilz)	15 Gramm
Zhi gan cao	Rx Glycyrrhizae uralensis (in Honig frittiert)	8 Gramm
Gou qi zi	Fr Lycii	15 Gramm
Ju hua	Fl Chrysanthemi	15 Gramm
Huai niu xi	Rx Achyranthis	15 Gramm
Bo he	Hb Menthae	6 Gramm

Abwandlungen

Bei Ausfluss aus der Scheide und Scheidentrockenheit:

Jin yin hua	Fl Lonicerae japonicae	20 Gramm zufügen
Ku shen	Rx Sophorae flavecentis	15 Gramm zufügen
Zhi gan cao	Rx Glycyrrhizae uralensis (in Honig frittiert)	8 Gramm weglassen

Schmerzende fibrozystische Brust mit Knoten:

Zhi gan cao	Rx Glycyrrhizae uralensis (in Honig frittiert)	8 Gramm weglassen
Wang bu liu xing	Sn Vaccariae	10 Gramm zufügen
Ji xue teng	Rx Caulis millettiae seu spatholobi	20 Gramm zufügen

Sodbrennen und saures Aufstoßen:

Hai piao xiao	Os Sepia seu sepiellae	12 Gramm zufügen
Bie jia	Os Carapax amydae sinensis	15 Gramm zufügen
Bai zhu	Rx Atractylodes macrocephala	15 Gramm zufügen, Menge auf 8 Gramm reduzieren

2. Hitzewallungen mit starkem Schwitzen, gefolgt vom einem Kältegefühl

Andere Symptome: Nervosität, Erschöpfung, Mattigkeit, Depression, Reizbarkeit, Schlaflosigkeit, Herzrasen, häufiger Drang zum Wasserlassen, Bluthochdruck

Chinesische Diagnose: Mangelndes Nieren-Yin und mangelndes Nieren-Yang mit gelegentlich aufflammendem Nierenfeuer

Empfohlene Rezeptur: Dekokt der zwei Unsterblichkeiten – *Er Xian Tang*

Xian mao	Rz Curculiginis orchioidis	6 bis 15 Gramm
Yin yang huo	Hb Epimedi	10 bis 15 Gramm
Ba ji tian	Rx Morindae officinalis	10 Gramm
Huang bai	Cx Phellodendri	5 bis 10 Gramm
Zhi mu	Rx Anamarrhenae	5 bis 10 Gramm
Dong quai	Rx Angelicae sinensis	10 Gramm

Abwandlungen

Bei stärkerer Nervosität:

Fu xiao mai	Fr Tritici levis	15 bis 20 Gramm zugeben
Shi chang pu	Rz Acori graminei	8 Gramm zugeben

Bei vermehrter Schlaflosigkeit:

Yin yang huo	Hb Epimedi	8 bis 15 Gramm
Ban Xia	Rz Pinelliae ternatae	8 Gramm zugeben
Hu po	Succinum (Kiefernharz)	1 bis 2 Gramm zugeben

Brustschmerzen und harte Knoten sowie ein Kältegefühl in den Brustwarzen:

Mo yao	Myrrhe (Harz eines Balsambaumgewächses)	10 Gramm zugeben
Gou qi zi	Fr Lycii	10 bis 15 Gramm zugeben

Schmerzen beim Geschlechtsverkehr:

Ai ye	Hb Agrimoniae	10 bis 12 Gramm zugeben
Rou cong rong	Hb Cistanches deserticolae	10 Gramm zugeben
She chuang zi	Sn Cnidii monnieri	6 bis 10 Gramm zugeben

3. Hitzewallungen (vorwiegend an Kopf und Brust), die sich verschlimmern, wenn Sie müde sind und nichts essen

Andere Symptome: Brustschmerzen und hypochondrische Schmerzen, chronische Migränekopfschmerzen, Depressionen, unruhiger Schlaf, Reizbarkeit, extreme Stimmungsschwankungen, Erstickungsgefühle

Chinesische Diagnose: Blutstau in der Brust mit gestörtem Blutfluss im Bereich über dem Zwerchfell

Empfohlene Rezeptur: Antistasisches Blutraumdekokt – *Xue Fu ZhuYuTang*

Tao ren	Sn Persicae	12 Gramm
Hong hua	Fl Carthami tinctoriae	10 Gramm
Dong quai	Rx Angelicae sinensis	10 Gramm
Chuan xiong	Rx Ligustichi walichii	5 Gramm
Chi shao	Rx Paeoniae rubrae	6 Gramm
Chuan niu xi	Rx Cyathulae officinalis	10 Gramm

Chai hu	Rx Bupleuri	3 Gramm
Jie geng	Rx Platycodi grandiflorii	5 Gramm
Zhi ke	Fr Citri seu ponciri	6 Gramm
Sheng di huang	Rx Rehmanniae glutinosae	10 Gramm
Gan cao	Rx Glycyrrhizae uralensis	3 Gramm

Abwandlungen

Kopfschmerzen:

Man jing zi	Fr Viticis	10 Gramm zufügen
Bai ji li	Fr Tribuli terrestris	10 Gramm zufügen

Spannungsgefühl in Magen und Rippen:

Yu jin	Rz Curcumae	10 Gramm zugeben
Wu yao	Rx Linderae	10 Gramm zugeben

Stärkere Brustschmerzen:

Dan shen	Rx Salviae miltiorrhizae	10 bis 15 Gramm zugeben

Hüftschmerzen:

Sang ji sheng	Rz Loranthi seu viscii	10 bis 20 Gramm zugeben
Du zhong	Cx Eucommiae	10 Gramm zugeben

4. Hitzewallungen, die nach Anbruch der Dunkelheit und/oder wenn Sie zu Bett gehen stärker werden

Andere Symptome: warme Handflächen, trockener Mund/Lippen, kein Durstgefühl, Blähungen, Depressionen

Chinesische Diagnose: Leere und Kälte im Diener- oder Konzeptionsgefäß (ren mai) sowie im Gefäß des kräftigen Aufsteigens (chong mai), außerdem Blutstau

Empfohlene Rezeptur: Dekokt zum Wärmen der Leitbahnen – *Wen Jing Tang*

Wu zhu yu	Fr Evodiae	10 Gramm
Gui zhi	Rz Cinnamomi cassiae	6 Gramm
Dong quai	Rx Angelicae sinensis	10 Gramm
Chuan xiong	Rx Ligustichi walichii	6 Gramm
Bai shao	Rx Paeoniae lactiflorae	6 Gramm
E jiao	Gelatinum corii asini (Eselshautgelatine)	6 Gramm
Mai men dong	Rx Ophiopogonisi	10 Gramm
Mu dan pi	Cx Moutanae radicis	6 Gramm
Ren shen	Rx Ginseng	6 Gramm
Gan cao	Rx Glycyrrhizae uralensis	6 Gramm
Sheng jiang	Rz Zingiberis officinalis	6 Gramm
Ban xia	Rz Pinelliae ternatae	6 Gramm

Abwandlungen

Starke Gasbildung und Blähungen:

Wu yao	Rx Linderae strychnifoliae	10 Gramm zugeben
Xiang fu	Rz Cyperii rotundi	10 Gramm zugeben

Erschöpfung:

Huang qi	Rx Astragali membranacei	10 Gramm

Verstopfung:

Rou cong rong	Hb Cistanches deserticola	10 Gramm zugeben

Geringe Libido:

Yin yang huo	Hb Epimedi	10 bis 15 Gramm zugeben
Bu gu zhi	Fr Psoraleae	8 Gramm zugeben

5. Hitzewallungen und nächtliche Schweißausbrüche, die nachts schlimmer sind als tagsüber

Andere Symptome: Reizbarkeit, ständiges Sich-Sorgen, verbunden mit Konzentrationsschwierigkeiten, Vergesslichkeit, Schlaflosigkeit und unruhigem Schlaf

Chinesische Diagnose: Yin-Mangel von Herz und Nieren

Empfohlene Rezeptur: Herzstärkende Pille des Himmelkönigs – *Tian Wang Bu Xin Dan*

Sheng di huang	Rx Rehmanniae glutinosae	120 Gramm
Ren shen	Rx Ginseng	15 Gramm
Tian men dong	Rx Asparagi	30 Gramm
Mai men dong	Rx Ophiopogonis	30 Gramm
Xuan shen	Rx Scrophulariae	15 Gramm
Dan shen	Rx Salviae miltiorrhizae	15 Gramm
Fu ling	Sclerotium poria cocos (Pilz)	15 Gramm
Yuan zhi	Rx Polygalae	15 Gramm
Dong quai	Rx Angelicae sinensis	30 Gramm
Wu wei zi	Fr Schizandrae	30 Gramm
Bai zi ren	Sn Biotae	30 Gramm
Suan zao ren	Sn Zyziphi spinosa	30 Gramm
Jie geng	Rx Platycodi grandiflori	15 Gramm

Abwandlungen

Schwere Schlaflosigkeit:

Long yan rou	Fr Arillus longanae	10 Gramm zugeben
Ye jiao teng	Caulis polygoni multiflori	10 Gramm zugeben
Ren shen	Rx Ginseng	15 Gramm weglassen

Wunder Mund/Zunge:

Lian zi xin	Fl Plumulae nelumbinisi	15 Gramm zugeben

Sehr trockener Mund/Hals:

Shi hu	Hb Dendrobii	12 Gramm zugeben
Jie geng	Rx Platycodi grandiflori	15 Gramm weglassen

Starke Stimmungsschwankungen:

Long gu	Os Draconis	12 Gramm zugeben
Mu li	Concha ostrea (Austernschale)	12 Gramm zugeben

6. Hitzewallungen vorwiegend in der Brust, begleitet von starker Reizbarkeit und einem Gefühl der Erschöpfung; zudem Herzrasen und Angstgefühle

Andere Symptome: Unfähigkeit, sich zu entspannen oder ruhig niederzulegen, Schlaflosigkeit, wunder Mund und wunde Zunge

Chinesische Diagnose: Feuer aufgrund von Yin-Mangel mit Schädigung der Säfte, wodurch die Kommunikation zwischen Herz und Nieren gestört wird

Empfohlene Rezeptur: Dekokt aus Coptis und Eselshautgelatine – *Huang Lian E Jiao Tang*

Huang lian	Rz Coptidis	12 Gramm
Huang qin	Rx Scutellariae	6 Gramm
E jiao	Gelatinum corii asini (Eselshautgelatine)	10 Gramm
Bai shao	Rx Paeoniae lactiflorae	6 Gramm
Ji zi huang	Eigelb (in die Mischung rühren)	2 Eigelb

Abwandlungen

Schwerer Yin-Mangel mit Schädigung der Säfte und trockenem Hals:

Xuan shen	Rx Scrophulariae	12 Gramm zugeben
Mai men dong	Rx Ophiopogonisi	12 Gramm zugeben
Shi hu	Hb Dendrobi	12 Gramm zugeben

Wärmegefühl an Handflächen und Fußsohlen:

Zhi zi	Fr Gardeniae	8 Gramm zugeben
Dan zhu ye	Hb Lophatheri	12 Gramm zugeben

7. Hitzewallungen, die sich anfühlen, als seien sie ständig da, den ganzen Tag und die ganze Nacht (mehr als 15 Hitzewallungen am Tag)

Andere Symptome: Desorientiertheit, häufige Anfälle von Niedergeschlagenheit, Weinkrämpfe, unruhiger Schlaf, häufige Gähnattacken, Depressionen und Scheidentrockenheit

Chinesische Diagnose: Ruhelose Organstörung (zhang zao). Extreme Angst, Sorge, Grübeln schwächen das Herz-Yin, was wiederum das Leber-Qi und das Milz-Qi beeinträchtigt.

Empfohlene Rezeptur: Dekokt aus Lakritz, Weizen und Jujube – *Gan Mai Da Zao Lang*

Gan cao	Rx Glycyrrhizae uralensis	10 Gramm
Fu xiao mai	Sn Tritici levis	10 bis 20 Gramm
Da zao	Fr Jujube	10 Stück

Abwandlungen

Bei starken nächtlichen Schweißausbrüchen:

Zhi mu	Rx Anermarrhenae	15 Gramm zugeben

Bei starker Erschöpfung, Wärmegefühl in der Brust und Reizbarkeit:

Bai he	Lilienwurzel	12 Gramm zugeben
Bai zi ren	Sn Biota	12 Gramm zugeben

Bei nächtlicher Reizbarkeit:

Suan zao ren	Sn Zyziphi spinosae	12 Gramm zugeben

Bei Verstopfung:

Hei zhi ma	Sn Sesami	15 Gramm zugeben
He shou wu	Rx Polygonii multiflorii	12 Gramm zugeben

Bei starken Schweißausbrüchen in der Kopfregion aufgrund von Nahrungsstagnation:

Jiang zhi chao huang lian	Rz Coptidis in Ingwer frittiert	8 Gramm zugeben
Shan zha	Fr Crataegi	10 bis 15 Gramm zugeben

Bei Übelkeit aufgrund von Nahrungsstagnation:

Lian qiao	Fr Forsythia	3 bis 8 Gramm zugeben
Fu ling	Sclerotium poria cocos (Pilz)	10 bis 12 Gramm zugeben

8. Hitzewallungen, die von Angst hervorgerufen und/oder von Angstgefühlen und einer Veränderung der Körperhaltung begleitet werden

Andere Symptome: Herzjagen, Gefühl der Fülle in der Brust, extremes Schweregefühl im ganzen Körper, Verstopfung, steife Hüfte, Probleme beim Wasserlassen

Chinesische Diagnose: Schleim in Leber und Gallenblase, da die Säfte geschädigt sind und das Leber-Qi eingezwängt ist

Empfohlene Rezeptur: Dekokt aus Hasenohr, Drachenknochen und Austernschale – *Chai Hu Jia Long Gu Mu Li Tang*

Chai hu	Rx Bupleuri	12 Gramm
Huang qin	Rx Scutellariae	5 Gramm
Ban xia	Rz Pinelliae ternatae	6 bis 10 Gramm
Ren shen	Rx Ginseng	5 Gramm
Sheng jiang	Rz Zingiberis recens	5 Gramm
Gui zhi	Rz Cinnamomi cassia	5 Gramm
Fu ling	Sclerotium poria cocos (Pilz)	5 Gramm
Long gu	Os Draconis	5 Gramm
Mu li	Concha ostrea (Austernschale)	5 Gramm
Da huang	Rz Rhei	6 Gramm
Da zao	Fr Jujube	6 Stück
Dai zhe shi	Hematitum (Mineral)	5 Gramm

Abwandlungen

Bei Alpträumen:

Long dan cao	Rx Gentianae	10 Gramm zugeben
Xia ku cao	Fl Spicae prunellae	10 Gramm zugeben

Wenn keine Verstopfung vorliegt:

Da huang	Rz Rhei	6 Gramm weglassen

Phlegma-Symptome wie unklares Denken, Benommenheit und Wunsch nach Anregungsmitteln:

Shi chang pu	Rz Acori graminei	8 Gramm zugeben
Yuan zhi	Rx Polygalae	10 Gramm zugeben
Ren shen	Rx Ginseng	5 Gramm weglassen

Starke Reizbarkeit und Schlaflosigkeit:

Suan zao ren	Sn Zyziphi spinosae	15 Gramm zugeben
Ye jiao teng	Rx Caulis polygonii multiflorii	10 Gramm zugeben

Muskelkrämpfe in Händen und Füßen (manchmal auch in den Rückenmuskeln):

Dan shen	Rx Salviae miltiorrhizae	60 Gramm zugeben
Tai zi shen	Rx Pseudostellariae	10 Gramm zugeben
Ren shen	Rx Ginseng	5 Gramm weglassen

9. Nur nächtliche Schweißausbrüche

Andere Symptome: gerötetes Gesicht, trockene Lippen, harter Stuhl, dunkler Urin

Chinesische Diagnose: Feuer, weil das Nieren-Yin das Herz-Feuer nicht mehr unter Kontrolle hat, und Schwäche des Abwehr-Qi

Empfohlene Rezeptur: Tang Kui und Sechs-Gelbes-Dekokt – *Dong Quai Liu Huang Tang*

Dong quai	Rx Angelicae sinensis	10 bis 15 Gramm
Sheng di huang	Rx Rehmanniae glutinosae	10 bis 15 Gramm
Huang lian	Rz Coptidis	3 bis 6 Gramm
Huang qin	Rx Scutellariae	6 bis 12 Gramm
Huang bai	Cx Phellodendri	6 bis 15 Gramm
Huang qi	Rx Astragali membranacei	30 Gramm

Abwandlungen

Starke Schweißausbrüche:

Zhi mu	Rx Anemarrhenae	10 Gramm zugeben
Fu xiao mai	Sn Tritici levis	10 bis 20 Gramm zugeben

10. Leichte Hitzewallungen und nächtliche Schweißausbrüche

Andere Symptome: Erschöpfung, steifes oder schwaches Kreuz, Hörschwäche, Benommenheit, Vergesslichkeit, Konzentrationsschwierigkeiten, trockene Augen und verminderte Sehschärfe, Anfälligkeit für Gelenkverletzungen

Chinesische Diagnose: Nieren- und Leber-Yin-Mangel

Empfohlene Rezeptur: Sechs-Bestandteile-Pille mit Rehmannia – *Liu Wei Di Huang Wan*

Shu di huang	Rx Rehmanniae glutinosae	20 Gramm
Shan zhu yu	Fr Corni	10 Gramm
Shan yao	Rx Dioscoreae	10 Gramm
Fu ling	Sclerotium poria cocos (Pilz)	8 Gramm
Mu dan pi	Cx Moutan radicis	8 Gramm
Ze xie	Rz Alismatis	8 Gramm

Abwandlungen

Starke Erschöpfung der Säfte:

Shu di huang	Rx Rehmanniae glutinosae	20 Gramm zugeben

Rascher Gewichtsverlust nach Einsetzen der Wechseljahre:

Tian hua fen	Rx Trichosanthis	12 Gramm zugeben
Ze xie	Rz Alismatis	8 Gramm weglassen

Trockene Augen, geschwächte Sehschärfe, bei Wind tränende Augen:

Gou qi zi	Fr Lycii	10 bis 15 Gramm zugeben
Ju hua	Fl Chrysanthemi	10 Gramm zugeben

Stärkere nächtliche Schweißausbrüche und Hitzewallungen:

Zhi mu	Rx Anamarrhenae	10 bis 15 Gramm zugeben
Huang bai	Cx Phellodendri	10 Gramm zugeben

Auszehrender trockener Husten (bei der Einnahme von ACE-Hemmern gegen Bluthochdruck):

Mai men dong	Rx Ophiopogonis	10 Gramm zugeben
Wu wei zi	Fr Schizandrae	10 Gramm zugeben

11. Hitzewallungen, die sich am frühen Nachmittag verschlimmern, begleitet von einem Gefühl der Erschöpfung (Bedarf nach einem Nickerchen). Wärmegefühl im Körperinneren, während sich das Äußere normal anfühlt

Andere Symptome: Nächtliche Schweißausbrüche, Schlaflosigkeit, Lethargie, Reizbarkeit und Abmagerung

Chinesische Diagnose: Leber- und Nieren-Yin-Mangel
Empfohlene Rezeptur: Knochenkühl-Pulver – *Qing Gu San*

Yin chai hu	Rx Stellariae dichotomae	10 bis 15 Gramm
Zhi mu	Rx Anamarrhenae	10 bis 15 Gramm
Hu huang lian	Rz Picorrhizae	10 Gramm
Di gu pi	Cx Lycii radicis	10 Gramm
Qin jiao	Rx Gentianae	6 Gramm
Qing hao	Hb Artemisiae annuae	6 Gramm
Zhi bie jia	Carapax amydae (Panzer), in Honig frittiert	10 bis 15 Gramm
Gan cao	Rx Glycyrrhizae uralensis	4 Gramm

Abwandlungen

Bleiches Gesicht und leise Stimme:

Huang qi	Rx Astragali membranacei	10 bis 20 Gramm zugeben

Starke Schweißausbrüche:

Fu xiao mai	Fr Tritici levis	10 bis 20 Gramm zugeben

Stärkere Fieberschübe am Nachmittag:

Hei dou	Sn Glycinae sojae	10 bis 20 Gramm zugeben

12. Leichte Hitzewallungen und nächtliche Schweißausbrüche, die Tag und Nacht hindurch auftreten. Können frühmorgens stärker sein; Schweißbildung vornehmlich im Gesicht; Handflächen und Füße können sich warm anfühlen

Andere Symptome: Trockener Mund und Hals, Durst mit dem Wunsch zu trinken, steifes Kreuz, Augenprobleme, häufiger Hunger, der nicht gestillt werden kann

Chinesische Diagnose: Nieren-Yin-Mangel mit Mangel an Jing und Mark

Empfohlene Rezeptur: Dekokt zur Wiederherstellung der Linken (Niere) – *Jia Wei Zou Gui Yin*

Shu di huang	Rx Rehmanniae glutinosae	15 Gramm
Shan yao	Rx Dioscoreae	15 Gramm
Gou qi zi	Fr Lycii	18 Gramm
Shan zhu yu	Fr Corni	12 Gramm
Fu ling	Sclerotium poria cocos (Pilz)	12 Gramm
Zhi gan cao	Rx Glycyrrhizae uralensis, in Honig frittiert	6 Gramm
Long gu	Os Draconis	30 Gramm
Mu li	Concha ostrea (Austernschale)	30 Gramm
Bai shao	Rx Paeoniae lactiflorae	15 Gramm

Abwandlungen

Starke Gebärmutterblutungen:

Han lian cao	Hb Ecliptae	18 Gramm zugeben
Nu zhen zi	Fr Ligustri lucidi	15 Gramm zugeben
Di yu	Rx Sanguisorbae	30 Gramm zugeben

Ständige Gebärmutterblutungen mit Blutgerinnseln aufgrund einer Durchbruchsblutung:

Yi mu cao	Hb Leonuri	30 Gramm zugeben
Qian cao gen	Rx Rubiae	12 Gramm zugeben

Starke Mundtrockenheit und Kopfschmerzen:

Sheng di huang	Rx Rehmanniae glutinosae	15 Gramm zugeben
Shu di huang	Rx Rehmanniae glutinosae	15 Gramm weglassen
Ju hua	Fl Chrysanthemi	10 Gramm zugeben
Xia ku cao	Fl Spicae prunellae	12 Gramm zugeben
Zhen zhu mu	Concha margarita usta (Muschelschale)	30 Gramm zugeben

Emotionale Ruhelosigkeit:

Fu xiao mai	Fr Tritici levis	30 Gramm zugeben
Zhi gan cao	Rx Glycyrrhizae uralensis; in Honig fritiert	6 Gramm zugeben
Da zao	Fr Jujube	7 Stück
Shi chang pu	Cx Albiziae	15 Gramm zugeben

Starke spontane Schweißausbrüche:

Huang qi	Rx Astragali membranacei	30 Gramm zugeben
Fu xiao mai	Fr Tritici levis	15 Gramm zugeben

Starke nächtliche Schweißausbrüche:

Wu wei zi	Fr Schizandrae	15 Gramm zugeben

Reizbarkeit, Hitzewallungen am frühen Morgen, Schweißausbrüche und Aufwachen:

Mai men dong	Rx Ophiopogonis	12 Gramm zugeben

Scheidentrockenheit:

Huai niu xi	Rx Achyranthys	15 Gramm zugeben
Shan dou gen	Rx Sophorae subprostratae	20 Gramm zugeben

Aufgeschwemmtheit, Blähungen mit einem Qi-Mangel der Milz:

Sha ren	Fr Amomi	10 Gramm zugeben
Chen pi	Per Citri reticulatae	10 Gramm zugeben

13. Hitzewallungen, gefolgt von kaltem Schweiß und kalten Extremitäten

Andere Symptome: Den ganzen Tag hindurch leichtes Schwitzen, besondern im Bereich der Oberlippe. Zusätzliche Symptome sind unter anderem allgemeine Ödembildung, weicher Stuhl, Blähbauch, nächtliches Wasserlassen, Harninkontinenz, Kreuz- und Knieschwäche, Schmerzen und Steifheit.

Chinesische Diagnose: Nieren-Yang-Mangel mit nachlassendem Ming-men-Feuer

Empfohlene Rezeptur: Pille zur Wiederherstellung der Rechten (Niere) – *You Gui Wan*

Fu zi	Rx Aconiti carmichaeli	10 Gramm
Rou gui	Cx Cinnamomi	8 Gramm
Lu jiao jiao	Colla cornu cervi (Hirschhorngelatine)	12 Gramm
Shu di huang	Rx Rehmanniae glutinosae	30 Gramm
Shan zhu yu	Fr Corni	10 Gramm

Shan yao	Rx Dioscoreae	12 Gramm
Gou qi zi	Fr Lycii	15 Gramm
Tu si zi	Sn Cuscutae	10 Gramm
Du zhong	Cx Eucommiae	10 Gramm
Dong quai	Rx Angelicae sinensis	8 Gramm

Abwandlungen

Starkes vermehrtes nächtliches Wasserlassen und Harninkontinenz:

Yi zhi ren	Fr Alpinia oxyphyllae	30 Gramm zugeben
Hai piao xiao	Os Sepia seu sepiella	15 Gramm zugeben
Fu pen zi	Fr Rubi	15 Gramm zugeben

Starke Ödembildung und Anschwellen des Gesichts:

Che qian zi	Sn Plantaginis	12 Gramm zugeben
Ze xie	Rz Alismatis	10 Gramm zugeben

Verminderte Libido:

Yin yang huo	Hb Epimedi	30 Gramm zugeben
Xian mao	Rz Curculiginis orchioidis	15 Gramm zugeben

Durchfall:

Gan jiang	Rz Zingiberis	6 Gramm zugeben
Lian zi xin	Plumula nelumbinis	12 Gramm zugeben
Chi shi zhi	Halloysitum rubrum (Kaolinstein)	15 Gramm zugeben
Rou dou kou	Sn Myristicae	15 Gramm zugeben

Bei sehr kalten, schmerzenden Füßen:

Bu gu zhi	Fr Psoraleae	10 Gramm zugeben

Bei Bauchschmerzen:

Wu zhu yu	Fr Evodiae	15 Gramm zugeben

14. Leichte Hitzewallungen und den ganzen Tag hindurch geringe Schweißausbrüche im Gesicht und im Brustbereich

Andere Symptome: dunkler Teint, steife Taille, Hüften und Knie, abwechselnd unangenehm warme oder kalte Extremitäten, begleitet von einem Gefühl der Gliederschwäche und leichter Gliedertaubheit, verringerte Libido

Chinesische Diagnose: Yin- und Yang-Mangel der Nieren

Empfohlene Rezeptur: Modifizierter Dekokt aus Curculigo und Epimedi mit einer Pille aus den Früchten des Chinesischen Ligusters und Mehlblume

Yin yang huo	Hb Epimedi	10 Gramm
Xian mao	Rz Curculiginis orchioidis	10 Gramm
Ba ji tian	Rx Morindae officinalis	10 Gramm
Nu zhen zi	Fr Ligustri lucidi	10 Gramm
Han lian cao	Hb Ecliptae	10 Gramm
Shu di huang	Rx Rehmanniae glutinosae	10 Gramm
Dong quai	Rx Angelicae sinensis	10 Gramm
Zhi mu	Rx Anamarrhenae	10 Gramm
Huang bai	Cx Phellodendri	10 Gramm

15. Schwitzen ohne viel Wärmeentwicklung im Halsbereich und über den Lippen

Andere Symptome: Angstzustände, trockenes, sprödes Haar und trockener Mund, Juckreiz und Verstopfung

Chinesische Diagnose: Nieren-Yin-Mangel ohne größeren Hitzemangel

Empfohlene Rezeptur: Auf Erfahrung basierende Verschreibung von Dr. Chun

Sheng di huang	Rx Rehmanniae glutinosae	6 Gramm
Shu di huang	Rx Rehmanniae glutinosae	6 Gramm
Gui ban	Plastrum testudinis (Schildkrötenpanzer)	12 Gramm
Mu li	Concha ostrea (Austernschale)	12 Gramm
Gou teng	Rz Uncariae	6 Gramm

Suan zao ren	Sn Zyziphi spinosae	5 Gramm
Fu ling	Sclerotium poria cocos (Pilz)	6 Gramm
Fu shen	Poria cocos pararadicis (Pilz)	6 Gramm

16. Hitzewallungen und nächtliche Schweißausbrüche, die vornehmlich durch emotionale Reaktionen jedweder Art, einschließlich Träumen, ausgelöst werden

Andere Symptome: Geistige Unrast, Benommenheit oder schwerer Kopf

Chinesische Diagnose: Nieren-Yin-Mangel mit Mangel an Herz- und Leber-Feuer

Empfohlene Rezeptur: Wechseljahrsrezeptur – *Geng Nian Fang*

Sheng di huang	Rx Rehmanniae glutinosae	10 Gramm
Nu zhen zi	Fr Ligustri lucidi	6 Gramm
Han lian cao	Hb Ecliptae	5 Gramm
Suan zao ren	Sn Zyziphi spinosae	5 Gramm
Long chi	Dens draconis (fossiler Säugerzahn)	12 Gramm
Gou teng	Rz Uncaria	6 Gramm
Lian zi xin	Fl Plumulae nelumbinis	5 Gramm
Fu ling	Sclerotium poria cocos (Pilz)	6 Gramm
He huan pi	Cx Albizia	6 Gramm
Zi cao	Rx Lithospermi	5 Gramm

17. Hitzewallungen ohne starkes Schwitzen, begleitet von kalten Füßen, Erschöpfung und trockenem Hals

Chinesische Diagnose: Nieren-Yin-Mangel (überwiegend) und leichter Nieren-Yang-Mangel

Empfohlene Rezeptur: Friedliche Wechseljahre – *Geng Nian An*

Shu di huang	Rx Rehmanniae glutinosae	10 Gramm
Ze xie	Rz Alismatis	6 Gramm
Fu ling	Sclerotium poria cocos (Pilz)	6 Gramm
Mu dan pi	Cx Moutan radicis	6 Gramm
Shan yao	Rx Dioscoreae	6 Gramm
Shan zhu yu	Fr Cornii	6 Gramm
Sheng di huang	Rx Rehmanniae glutinosae	6 Gramm
He shou wu	Rx Polygonii multiflorii	6 Gramm
Xian mao	Rz Curculiginis orchioidis	6 Gramm

Abwandlungen

Juckreiz:

Chan tui	Periostracum cicadae (bei der Häutung abgestreifte Zikadenhülle)	6 Gramm
Fang feng	Rx Ledebouriellae	6 Gramm
Hai tong pi	Cx Eythriniae	4 Gramm
Yu zhu	Rx Polygonati odorati	8 Gramm

Schwindel und Kopfschmerzen:

Tian ma	Rx Gastrodiae	6 Gramm
Gou teng	Rz Uncariae	6 Gramm
Shi jue ming	Concha haliotidis (Abaloneschale)	10 Gramm
Niu xi	Rx Achyranthis	8 Gramm
Sang ji sheng	Rz Loranthi seu visci	10 Gramm

18. Leichte Hitzewallungen den ganzen Tag hindurch, die zu kommen und zu gehen scheinen

Andere Symptome: verfrühte Menopause zwischen Ende dreißig und Mitte vierzig. Die erlebten klimakterischen Beschwerden haben überwiegend emotionale Ursachen.

Chinesische Diagnose: Mangelndes Herz-, Leber- und Milz-Qi

Empfohlene Rezeptur: Dekokt zur Anregung der Menstruation – *Yi Jing Tang*

Shu di huang	Rx Rehmanniae glutinosae	30 Gramm
Bai zhu	Rx Atractylodes macrocephalae	30 Gramm
Shan yao	Rx Dioscoreae	15 Gramm
Dong quai	Rx Angelicae sinensis	15 Gramm
Bai shao	Rx Paeoniae lactiflorae	10 Gramm
Suan zao ren	Sn Zyziphi spinosae	10 Gramm
Mu dan pi	Cx Moutan radicis	6 Gramm
Bei sha shen	Rx Glehniae	10 Gramm

Chai hu	Rx Bupleurii	3 Gramm
Du zhong	Cx Eucommiae	3 Gramm
Ren shen	Rx Ginseng	6 Gramm

19. Hitzewallungen und nächtliche Schweißausbrüche

Andere Symptome: Unregelmäßiges Einsetzen der Menstruation und unregelmäßiger Menstruationsfluss, Benommenheit, Schwindel, Schmerzen im Lendenbereich, kalte Gliedmaßen, Kraftlosigkeit, fader Geschmack im Mund, Ödeme, weicher Stuhl, nächtliches Wasserlassen

Chinesische Diagnose: Nieren- und Milz-Mangel in den Wechseljahren

Empfohlene Rezeptur: Wechseljahrsrezeptur Dr. Liu

Shan yao	Rx Dioscoreae	10 Gramm
Lian zi	Sn Nelumbinis	10 Gramm
Tu si zi	Sn Cuscuta	8 Gramm
Xu duan	Rx Dipsaci	8 Gramm
Shu di huang	Rx Rehmanniae glutinosae	12 Gramm
Fu pen zi	Fr Rubi	10 Gramm
Bai zhu	Rx Atractylodes macrocephalae	8 Gramm
Fu ling	Sclerotium poria cocos (Pilz)	10 Gramm
Yin yang huo	Hb Epimedi	8 Gramm
Xian mao	Rz Curculiginis orchioidis	8 Gramm

Abwandlungen

Stärkerer Milz-Mangel mit Wassereinlagerungen am ganzen Körper und anhaltenden Schmierblutungen:

Gui pi tang – Dekokt, das die Milz wiederherstellt, mit Fang feng (Rx Sileris) und Qiang huo (Rx Notopterigii)

Starke Blutungen:

Huang qi	Rx Astragali membranacei	12 Gramm zugeben
Zong lu	Fibra stipula trachycarpi (Palm-Nebenblatt)	8 Gramm zugeben
Ce bai ye	Cacumen biota (beblätterte Zweige)	8 Gramm zugeben
E jiao	Gelatinum corii asini (Gelatine aus Eselshaut)	10 Gramm zugeben

20. Nächtliche Hitzewallungen und nächtliche Schweißausbrüche in der Kreuzregion

Andere Symptome: schwache Stimme, geringer Appetit, trockener Hals, unregelmäßige Monatsblutung mit verringertem Monatsfluss

Chinesische Diagnose: Mangel an Milz-Qi mit Nieren-Yang-Mangel und Nieren- und Leber-Yin-Mangel

Empfohlene Rezeptur: Vitale Energien aufbauender und Yin-verstärkender Sirup des alten Buddhas – *Lao Fo Ye Fu Yuan Yi Gao*

Dang shen	Rx Codonopsis	30 Gramm
Bai zhu	Rx Atractylodes macrocephalae	30 Gramm
Fu ling	Sclerotium poria cocos (Pilz)	30 Gramm
Bai shao	Rx Paeoniae lactiflorae	30 Gramm
Dong quai	Rx Angelicae sinensis	30 Gramm
Di gu pi	Cx Lycii radicis	30 Gramm
Mu dan pi	Cx Moutan radicis	18 Gramm
Sha ren	Fr Amomi	12 Gramm
Yin chai hu	Rx Stellariae dichotomae	10 Gramm
Zi su ye	Fl Perillae	3 Gramm
Bo he	Hb Menthae	3 Gramm
Lu jiao jiao	Colla cornu cervi (Hirschhorngelatine)	15 Gramm
Xiang fu	Rz Cyperi	18 Gramm

Behandlung von Schlaflosigkeit

Jeder, der schon einmal unter Schlaflosigkeit gelitten hat, kennt den Teufelskreis: Man kann nicht schlafen, daher ist man tagsüber müde. Weil man müde ist, greift man zu Anregungsmitteln wie Koffein und Süßigkeiten. Nach dem Konsum von Koffein und Süßigkeiten kann man nicht schlafen, daher nimmt man ein Schlafmittel. Aber das Schlafmittel führt dazu, dass man sich am nächsten Tag benommen fühlt, daher trinkt man noch mehr Kaffee und isst zu viel Süßigkeiten.

Dazu kommt die Angst, von dem Schlafmittel abhängig zu werden, was zusätzlichen Stress bedeutet. Man greift zu Kamillentee und Baldrianwurzel, um die Nerven zu beruhigen, und wägt die Vor- und Nachteile einer Melatonineinnahme ab. Oder man versucht es mit einem Glas warmer Milch oder etwas Alkoholischem vorm Zubettgehen, was alles nichts hilft. Man ist einfach erschöpft.

Die meisten Medikamente gegen Schlaflosigkeit erleichtern das Einschlafen, stellen aber nicht sicher, dass Sie während der Nacht nicht aufwachen. Die Arzneipflanzen, die wir zur Schlafförderung in den Wechseljahren verschreiben, sollen garantieren, dass Sie die ganze Nacht durchschlafen und nicht nur in den Schlaf »geboxt« werden.

In der Traditionellen Chinesischen Medizin gibt es Arzneipflanzen, die hilfreich bei der Behandlung von »Mangel-Schlafstörungen« sind, wie wir es nennen. Ziel ist es, Entspannung und einen natürlichen Schlaf zu bewirken, statt ei-

Arzneipflanzen und Mineralien gegen Schlaflosigkeit	*Arzneipflanzen, die man bei Schlaflosigkeit meiden sollte*
Zyziphus-Samen, *Suan zao ren*	verarbeitete Aconitum-Wurzel, *Fu zi*
Schizandra-Frucht, *Wu wei zi*	Ginseng-Wurzel, *Ren shen* (nachts)
Biota-Samen, *Bai zi ren*	Aurantium-Frucht, *Zhi shi*
Austernschale, *Mu li*	Lonicera-Blüte, *Jin yin hua*
Poligoni-multiflori-Stängel, *Ye jiao teng*	

ne Patientin so unter Medikamente zu setzen, dass sie in einen unnatürlichen und letztlich nicht erholsamen Schlaf verfällt. Im Kasten sind Arzneipflanzen aufgeführt, die ich bei Schlaflosigkeit empfehle, und solche, von denen Sie sich bei Schlaflosigkeit besser fern halten sollten. Die Arzneipflanzen sollten im Rahmen einer ganzheitlichen Rezeptur oder einer speziellen Rezeptur zur Schlafförderung eingenommen werden.

Behandlung sexueller Funktionsstörungen

Viele Frauen klagen, wenn sie in die Wechseljahre kommen, über ein Nachlassen ihres sexuellen Begehrens, ihrer Libido. Der Grund ist nicht, dass sie »es« nicht mehr mögen, sondern es ist die Folge aktueller physiologischer Veränderungen, da der Spiegel der Geschlechtshormone in dieser Zeit natürlicherweise absinkt. Das Sinken des Hormonspiegels führt zu Scheidentrockenheit und Scheidenrückbildung, was sexuelle Erregung und Geschlechtsverkehr erschwert und manchmal sogar schmerzhaft werden lässt.

Das Thema Sexualität beschäftigt chinesische Ärzte schon seit Jahrhunderten, und Handbücher sowie detaillierte Behandlungsstrategien verschiedener Sexualprobleme füllen ganze Bibliotheken. Traditionelle chinesische Ärzte lernen, dass die Frage der Sexualität eine der zehn wesentlichen Fragen für die Diagnose jeder inneren Störung ist. Die Sexualfunktion wird nicht von der psychologischen Warte aus betrachtet; sie ist in der Traditionellen Chinesischen Medizin abhängig von der Beziehung zwischen der Menge an Energie, über die der Körper verfügt, und der Art und Weise, wie diese Ressource verteilt ist. Gesundheit wird nicht nur daran gemessen, wie robust jemand ist, sondern auch anhand der gleichmäßigen Verteilung der Energieressourcen. Wie bereits erwähnt, geht der Körper in den Wechseljahren in den Erhaltungsmodus über, um Vitalfunktionen zu schützen. Da Sexualität eng mit Fortpflanzung verbunden ist, dauert es eine gewisse Zeit, bis der Übergang abgeschlossen ist und eine Reorganisation stattgefunden hat.

In der Traditionellen Chinesischen Medizin unterteilen wir eine verringerte Libido in vier Aspekte, die je nach Bedarf individuell behandelt werden: 1. fehlendes mentales Begehren, 2. fehlende körperliche Erregung, 3. mechanische

Schwierigkeit oder Unfähigkeit und 4. Beziehungsprobleme. Die Traditionelle Chinesische Medizin kennt Arzneipflanzen für die ersten drei Probleme – für das vierte bieten wir einfach unseren Rat an. So nimmt man beispielsweise an, dass die Arzneipflanze Yin yang huo (Großblumiges Elfenblatt, *Epimedium grandiflorum*) die Libido steigert und die Rezeptur Rehmannia Acht (Ba Wei Di Huang Wan) die Produktion von Testosteron anregt, was libidofördernd wirken kann.

Scheidentrockenheit wird oft mit einer Arzneipflanzenmischung behandelt, welche die Feuchtigkeit erhöht, Entzündungen hemmt und das Gewebewachstum fördert. Beispiele sind das Liliengewächs *Anemarrhena asphadoleloides* für Feuchtigkeit, *Sophora flavescens* gegen Entzündung und Knolliges Zyperngras *(Cyperus rotundus)* zur Gewebebildung. Die Arzneipflanzen können sowohl innerlich angewandt als auch direkt in die Scheide eingebracht werden. Wenn man alle drei Probleme gemeinsam statt einzeln angeht, verschwinden Scheidentrockenheit, Scheidenatrophie und Schmerz im Allgemeinen.

Und was den Rat angeht: Es ist nicht ungewöhnlich, dass Paare in den Wechseljahren eine schwierige Zeit durchmachen. Die Wechseljahre gehen häufig mit sexueller Verwirrung einher – das gilt für Männer wie für Frauen. Der beste Rat, den ich geben kann, ist, die sexuellen Beziehungen nicht aufzugeben, so gut wie möglich miteinander zu kommunizieren und Geduld mit sich und dem Partner zu haben. In der chinesischen Medizin gilt Sex als wichtig für Gesundheit und Wohlbefinden. Wir glauben, dass Sex eine gesunde Beziehung zwischen Geist und Organen aufrechterhält, was der chinesischen Medizin zufolge zu einer besseren Gesundheit und einem würdigen Altern führt.

Osteoporose: Vorbeugung und Behandlung

Oft kommen Frauen in meine Praxis und bringen mir Knochendichtemessungen mit, die dafür sprechen, dass sie entweder bereits unter Osteoporose leiden oder ihnen eine Osteoporose droht, dass sie also bereits einen signifikanten Knochensubstanzverlust erlitten haben oder auf dem Weg dazu sind. Ihr Arzt hat ihnen Medikamente wie Fosamax oder Evista angeboten, die beide den Knochenverlust wirksam verlangsamen können, aber langfristig unerwünschte Nebenwirkungen haben. (Fosamax kann zu einer Entzündung der Speiseröhre führen, Evista zu Hitzewallungen und Blutgerinnseln.) Diese Frauen sind oft nervös und unsicher, was ihre Optionen angeht – oder den scheinbaren Mangel an Optionen.

Wenn es nach der westlichen Medizin geht, stehen sie vor der Wahl, einen ständigen Knochensubstanzverlust zu erleiden oder die Nebenwirkungen eben in Kauf zu nehmen. Aber es gibt Alternativen. Die chinesische Medizin bietet viele Heilmittel und Techniken, die in dieser Situation helfen können. Dabei gibt es jedoch einen Haken: Veränderungen in der Knochendichte zeigen sich bei Messungen gewöhnlich erst nach mindestens einjähriger Behandlung. Das kann für westliche Mediziner und die behandelten Frauen frustrierend sei, da sich unsere Gesellschaft an die Vorstellung von einer »Zauberpille« gewöhnt hat, die alle Beschwerden heilt – und zwar schnell.

Vor ein paar Jahren kam eine 87-jährige Frau in meine Praxis, die mich seit mehreren Jahren aus verschiedenen gesundheitlichen Gründen aufsuchte. Man hatte bei ihr Osteoporose festgestellt. Generell hielt sie nicht viel von pharmazeutischen Mitteln. Bei den wenigen Gelegenheiten, bei denen sie doch dazu griff, informierte sie sich vor der Einnahme sorgfältig über das Medikament und wog Vor- und Nachteile ab. Bei dem Medikament, das ihr verschrieben worden war, hatte sie wegen der aufgelisteten Nebenwirkungen kein gutes Gefühl, aber ihr Arzt hatte ihr keine Wahl gelassen. Sie hatte das Rezept mitgebracht, um sich mit mir zu beraten, bevor sie es tatsächlich einlöste.

Ich verschrieb ihr eine Rezeptur auf Arzneipflanzenbasis, die sie ein Jahr lang täglich nahm. Nach einem Jahr ließ sie bei ihrem Arzt eine weitere Knochendichtemessung vornehmen. Als sie sich eine Woche später nach ihren Ergebnissen erkundigte, meinte die Schwester am Telefon, der Arzt wolle mit ihr sprechen. Mit jovialer Stimme erkundigte er sich, wie sie die neue Pille finde, die er ihr verschrieben habe. Hatte sie irgendwelche Nebenwirkungen verspürt? Er war erstaunt über die Wirksamkeit des Medikaments – *nach nur einem Jahr hatte sie die Knochendichte einer 21-Jährigen*. Seit Einnahme der Pflanzenrezeptur hat sie drei weitere Knochendichtemessungen durchführen lassen, und die Osteoporose ist nicht zurückgekehrt.

Zu einer Osteoporose kommt es, wenn der Körper nicht genug neue Knochensubstanz bildet oder alte Knochensubstanz vom Körper rascher ab- als neue aufgebaut wird. Bei dieser Krankheit werden die Knochen brüchiger, die Knochenmasse geht zurück, und die Knochenstruktur verschlechtert sich. Das führt zu einem erhöhten Risiko für Knochenbrüche; betroffen sind vor allem Wirbelsäule, Hüfte, Oberschenkelhals und Handgelenke. Die wichtigste Einzelmaßnahme zur Vorbeugung vor Osteoporose und zum Erhalt der Knochenstärke ist körperliche Bewegung. Sorgen Sie dafür, dass Ihr Herz, Ihre Lunge und Ihre Muskeln genügend arbeiten, und Ihr Körper wird seine eigenen Heilkräfte mobilisieren.

Die im Kasten auf Seite 192 aufgelisteten Arzneipflanzen werden bei Frauen mit Osteoporose am häufigsten verschrieben.

Behandlung von Gedächtnisschwäche und anderen kognitiven Störungen

Bei vielen Frauen nehmen die kognitiven Funktionen auf Gebieten wie Kurzzeitgedächtnis, gleichzeitiger Bearbeitung mehrerer Aufgaben, Kopfrechnen und Wortfindung mit zunehmendem Alter ab. Der Verlust kognitiver Funktionen verläuft oft schleichend und beeinträchtigt das Kurz-

Fördert Knochenkalzifizierung	*Fördert Heilung von Knochenbrüchen*	*Enthält Phytoöstrogene*	*Wirksamkeit in klinischen Versuchen nachgewiesen*
Psorala-Frucht, *Bu gu zhi*	Hirschhorn, *Lu rong*	Psorala-Frucht, *Bu gu zhi*	Sechs-Bestandteile-Pille mit Rehmannia (modifiziert), *Liu wei di huang wan*
Drynaria-Wurzel, *Gu sui bu*	Sarcandra-Pflanze, *Jiu jie feng*	Cyperi-Rhizoma, *Xiang fu*	
			Nierennährende und knochenstärkende Pille

zeitgedächtnis zunächst nur leicht. Später sind vielleicht auch einfache Fähigkeiten, wie das Addieren von Zahlen oder das Finden des richtigen Wortes betroffen. Bald können Alltagsaufgaben zu einer Herausforderung werden. So greifen Sie beispielsweise nach Ihrem Schlüssel, ziehen Ihren Mantel an und haben plötzlich vergessen, wohin Sie gehen wollten. Natürlich erleben wir alle diese Momente, wo wir unsere Brille nicht finden können oder den Namen eines anderen Menschen vergessen haben. Der Unterschied ist, dass diese »Momente« bei einigen Frauen in den Wechseljahren immer häufiger auftreten und sich negativ auf ihr Leben auszuwirken beginnen.

In der chinesischen Medizin verschreiben wir verschiedene Arzneipflanzen, um kognitive Funktionen, wie das Erinnerungsvermögen, zu verbessern. Stinkesche (*Evodia* – auch

Euodia – rutaecarpa) und *Polygala tenuifolia* sind zwei Beispiele für Arzneipflanzen, die geistige Funktionen stärken. In Hongkong, Japan und China sind mehrere klinische Studien durchgeführt worden, in denen es um die Behandlung von Altersdemenz mit Pflanzenteilen wie Alpinia-oxyphylla-Früchten (Yi zhi), Evodia-Früchten (Wu zhu yu) und Salbeiwurzel (Dan shen) wie auch mit Akupunktur ging. Diese Studien sprechen dafür, dass Arzneipflanzen und Akupunktur die kognitiven Funktionen älterer Menschen verbessern können. Alle Studien ergaben ein besseres Zurechtkommen im täglichen Leben, bei der Lesefähigkeit und bei der Teilnahme an Familienaktivitäten.

Es gibt sogar ein westliches Medikament, Huperizin A, das nach Richtlinien der amerikanischen Gesundheitsbehörde FDA für die Behandlung von Alzheimer-Patienten und an Altersdemenz Erkrankten entwickelt wurde und sich von einer alten chinesischen Arzneipflanze ableitet.

Die zukünftige Behandlung von Wechseljahrsbeschwerden

In den Wechseljahren kommt es zu wichtigen Veränderungen im Stoffwechsel, beim Immunsystem, in der Hautbeschaffenheit und bei kognitiven Funktionen. Angenommen wird, dass diese Veränderungen direkt oder indirekt mit der Abnahme der Fruchtbarkeit und den Wirkungen zusammenhängen, die Sexualhormone wie Östrogen auf nichtreproduktive Gewebe haben. Wir wissen sicher, dass es eine Beziehung zwischen diesen Veränderungen und den Sexualhormonen gibt. Östrogen ist jedoch nicht nur ein Sexualhormon; seine Wirkungen auf den Körper sind viel umfassender.

Seit langem setzen chinesische Ärzte viele Behandlungsmethoden ein, die uns bei der Entwicklung zukünftiger Behandlungsstrategien für Wechseljahrsbeschwerden als Richtschnur dienen können. Konzepte wie Qi und Essenz, Yin und Yang müssen in die Sprache der Wissenschaft, wie Rezeptoren und Transkription, Gene und Proteine, übersetzt werden, um ihre Wirkungen wissenschaftlich zu untersuchen.

Ich habe acht Jahre lang an dieser Thematik gearbeitet, um neue, sicherere und präzisere Behandlungsmethoden für Frauen zu finden, die durch die Wechseljahre gehen. Meine Kollegen Dale Leitman und Mary Tagliaferri und ich haben an der Universität von Kalifornien, San Francisco, und bei Bionovo, Inc., die Physiologie der Wechseljahre und die ihr zugrunde liegenden molekularen Mechanismen untersucht. Wie wir herausgefunden haben, bringt das, was die westliche Medizin zur Behandlung von Wechseljahrsbeschwerden empfiehlt – vor allem die Hormonbehandlung –, große Risiken für die Entwicklung von koronarer Herzkrankheit, Brustkrebs und Schlaganfall mit sich.

Wir haben damit begonnen, genomische und molekulare Werkzeuge zu verwenden, um ein potenzielles Risikoprofil zu erstellen und die Risiken zu beschreiben, die mit dem Gebrauch von Hormonen für einzelne Frauen einhergehen. So ist das Risiko, aufgrund einer Hormonbehandlung an Brustkrebs zu erkranken, sehr gering. Aber wir können die Frauen, die betroffen sein könnten, nicht im Voraus identifizieren. Wenn es uns möglich wäre, ein Risikoprofil zu erstellen und dieses Risiko zu beziffern, könnten wir vermeiden, diese Frauen dem Risiko auszusetzen. Wir haben auch pflanzliche Rezepturen in verschiedenen Abwandlungen getestet, um Therapien auf der Basis von traditionellen Arzneipflanzen – die seit Jahrhunderten sicher und effizient angewandt werden – zu entwickeln, mit denen sich viele Wechseljahrssymptome wie Hitzewallungen, Osteoporose und verminderte geistige Leistungsfähigkeit behandeln lassen.

Tatsächlich haben wir erst vor kurzem eine klinische Versuchsreihe für das erste dieser Präparate beendet. Wir treten nun ins nächste Stadium ein, das zwei oder drei weitere placebokontrollierte Studien umfassen wird, bevor diese Therapien der Öffentlichkeit zugänglich sein werden. Ich bin überzeugt, dass wir im nächsten Jahrzehnt nicht nur über eine, sondern eine ganze Reihe von Alternativen für eine auf pflanzlichen Mitteln basierende Behandlung von klimakterischen Frauen verfügen werden. Und diese Alternativen werden nachweislich sicher, spezifisch und wirksam sein und zudem den Segen der Gesundheitsbehörde FDA haben.

Kapitel 5

Phytoöstrogene und natürliche Hormone

Tori Hudson

Tori Hudson ist seit zwanzig Jahren im klinischen Bereich und als Dozentin tätig. Derzeit ist sie Professorin an der Nationalen Akademie für naturheilkundliche Medizin und Bastyr-Universität und medizinische Direktorin von A Woman's Time in Portland, Oregon. Der Amerikanische Verband der naturheilkundlichen Ärzte ernannte sie 1999 zur Ärztin des Jahres; sie war Beraterin der Nationalen Gesundheitsinstitute der USA (NIH) und der Naturstoffindustrie; sie ist in vielen Beratungsgremien tätig und eine bekannte Referentin und Autorin in den USA. Dr. Tori Hudson hat ein vielfach gelobtes Buch über Naturheilkunde geschrieben: *Women's Encyclopedia of Natural Medicine*; Keats Publishing, 1999.

Viele Frauen über fünfzig kommen zu mir, weil sie mit den Behandlungsvorschlägen ihres Arztes nicht zufrieden sind und nach anderen Behandlungsmöglichkeiten für ihre Wechseljahrsbeschwerden suchen. Leider werden Frauen in den Wechseljahren meist vor die Wahl gestellt, entweder Hormone in irgendeiner Form zu nehmen oder mit erheblichen Beschwerden und dem Risiko einer Osteoporose zu leben. Für die meisten Frauen gibt es jedoch Alternativen.

Die naturheilkundliche Medizin umfasst viele Therapien: Pflanzenheilkunde, Homöopathie, Ernährung, Wassertherapie, Bewegungstherapie, Krankengymnastik, Körperarbeit und Beratung zur Lebensweise sowie psychologische Begleitung. In meiner ärztlichen Praxis setze ich all diese Methoden und auch schulmedizinische Verfahren ein.

Aber wie gelangen die Frauen zu einer Entscheidung? Es gibt so viele, teils widersprüchliche Sichtweisen. Wichtig ist, sich klar zu machen, dass die Wechseljahre bei jeder Frau anders verlaufen und jede Frau anders auf eine Behandlungsmethode reagiert als andere. Das bedeutet, dass viele Frauen mit einer konventionellen Hormonbehandlung gut zurechtkommen und keine Nebenwirkungen verspüren, aber bei anderen funktioniert sie möglicherweise nicht – und dasselbe gilt für Naturheilmittel. Glücklicherweise haben Frauen heutzutage die Wahl zwischen vielen verschiedenen Möglichkeiten, Wechseljahrsbeschwerden zu behandeln.

Frauen, die keine Hormone anwenden wollen oder aus verschiedenen Gründen nicht dürfen, weil sie zum Beispiel Brustkrebs, Osteoporose oder Herzkrankheiten hatten oder haben, können ihre Gesundheit und ihr Wohlbefinden mit einer Vielzahl natürlicher Therapien beeinflussen, zum Beispiel mit Heilkräutern und -pflanzen, Vitaminen und Nahrungsergänzungsmitteln, gesunder Ernährung und Bewegung. Mit solchen Mitteln lassen sich einige der unangenehmsten Symptome der Wechseljahre lindern. Dazu gehören unregelmäßige Blutungen, Hitzewallungen, nächtliche Schweißausbrüche, Scheidentrockenheit, Erschöpfung, nachlassende Libido, Stimmungsschwankungen, Gewichtszunahme, Depressionen, Ängste, Gedächtnis- und Wahrnehmungsstörungen, Schlafstörungen, Übelkeit, Kopfschmerzen und Harninkontinenz.

Viele naturheilkundliche Behandlungsmöglichkeiten von Wechseljahrsbeschwerden werden in diesem Buch vorgestellt. In diesem Kapitel konzentriere ich mich auf zwei zunehmend wichtigere Aspekte der Naturheilkunde in Bezug auf die Wechseljahre, nämlich die Phytoöstrogene – pflanzliche Stoffe mit östrogenähnlichen Eigenschaften – und Hormone, die biochemisch mit menschlichen Hormonen identisch sind und im Labor aus Pflanzenextrakten hergestellt werden.

Sowohl Schulmediziner als auch Heilpraktiker sind heutzutage zunehmend bereit, gemeinsam mit ihren Patientinnen nach einem individuellen Weg für den Umgang mit Beschwerden zu suchen statt einfach eine Standardtherapie zu verordnen. Bei der Zusammenarbeit mit dem Arzt oder Heilpraktiker können Frauen Informationen erfragen, sich selbst informieren und über Behandlungsalternativen mitentscheiden. Bei der Auswahl einer Behandlungsmethode sollte berücksichtigt werden, dass manche dieser verbreiteten Beschwerden auf den normalen Alterungsprozess oder auf die Lebensumstände zurückzuführen sein können und nicht unmittelbar mit den Hormonschwankungen der Wechseljahre zusammenhängen müssen.

Phytoöstrogene: Pflanzen mit östrogenähnlichen Qualitäten

Der bekannte Spruch »Esst mehr Obst und Gemüse« gilt für Frauen in den Wechseljahren ganz besonders. Über 300 Pflanzen enthalten Phytoöstrogene, natürliche pflanzliche Hormone. Phytoöstrogene sind eine Gruppe von Naturstoffen, die in Pflanzen vorkommen und wie das Hormon Östrogen wirken. Phytoöstrogene mit östrogenartiger Wirkung können die Produktion und/oder den Abbau des körpereigenen Östrogens sowie den Östrogenspiegel im Blut beeinflussen. Das weibliche Sexualhormon Östrogen ist notwendig für die Schwangerschaft und spielt eine wichtige Rolle für die Gesundheit von Herz und Knochen. In der Nahrung sind vorwiegend drei Arten von Phytoöstrogenen enthalten: Isoflavone, Lignane und Coumestane.

Soja-Isoflavone

Isoflavone finden sich in den Bohnenkernen von Hülsenfrüchten. Sojabohnen und andere Produkte auf Sojabasis sind die Hauptquellen für diese Phytoöstrogene in der Nahrung. Immer mehr Frauen in den Wechseljahren interessieren sich für Isoflavone, da deren Struktur den körpereigenen Sexualhormonen ähnelt. Isoflavone binden an die Östrogenrezeptoren menschlicher Zellen und haben daher dieselbe Wirkung auf das zentrale Nervensystem, auf Blutgefäße, Knochen und Haut wie das körpereigene Hormon. Entscheidend ist, dass sie diese Wirkung entfalten, ohne die Brust und die Gebärmutter anzuregen, denn dadurch könnte das Risiko von Brust- und Gebärmutterkrebs steigen.[1]

Über die Wirkung von Soja auf die Brust wird viel diskutiert. Der wohl umfassendste wissenschaftliche Report über dieses Thema findet sich in einem im Jahr 2001 veröffentlichten Übersichtsartikel. Dafür wurden 270 publizierte wissenschaftliche Artikel zu dem Thema sowie Laboruntersuchungen und Studien an Tieren und Menschen ausgewertet, mit dem Ergebnis, dass eine Portion Soja täglich für Frauen, die Brustkrebs hatten, unbedenklich ist.[2] Ob Frauen, die nicht an Brustkrebs erkrankt waren, vor und nach der Menopause von Soja profitieren, ist nicht klar.

Wer Sojabohnen und andere Sojaprodukte (wie Tofu, Tempeh und Sojamilch) isst, nimmt zwar auf gesunde Weise Isoflavone mit der Nahrung auf, aber realistischerweise ist es unmöglich, so viele Sojaprodukte zu sich zu nehmen, dass eine Hormonkonzentration wie vor der Menopause oder die Wirkung einer Hormonbehandlung erreicht wird. Eine Reihe von Nahrungsergänzungsmitteln enthält große Mengen Isoflavone, allerdings kann ich diese Präparate nicht empfehlen, da nicht sicher ist, welche Nebenwirkungen große Mengen Isoflavone auf andere Organsysteme haben können. Man geht davon aus, dass Soja-Isoflavone nur ein vierhundertstel bis ein tausendstel der Wirkkraft von Östradiol haben – dem wichtigsten Östrogen, das Frauen vor der Menopause in den Eierstöcken produzieren. Isoflavone können also definitiv einige der Wirkungen von Östrogenen nachahmen, aber ein Wundermittel gegen Wechseljahrsbeschwerden sind sie wohl doch nicht.

Wenn Sojabohnen in größerer Menge verzehrt werden, können in seltenen Fällen Nebenwirkungen auftreten. Manche halten den Phytatgehalt von Sojabohnen für bedenklich. Phytate können die Aufnahme von Mineralstoffen wie Kalzium, Magnesium, Eisen und Zink stören. Wer jedoch im Rahmen einer gesunden, vielseitigen Ernährung Sojaprodukte zu sich nimmt, sollte ausreichend mit Mineralien versorgt sein. Die in Soja enthaltenen Isoflavone Genistein und Daidzein können die Produktion der Schilddrüsenhormone beeinträchtigen. Eine sojareiche Ernährung steht im Verdacht, einen ernährungsbedingten Kropf zu verursachen. Wenn man eine durchschnittliche Menge Soja zu sich nimmt, tritt dieses Problem höchstwahrscheinlich nicht auf. Sojaprodukte, insbesondere gekochte Sojabohnen, sind allerdings für manche Menschen schwer verdaulich und lösen Blähungen und Magenbeschwerden aus.

Vor diesem Hintergrund sprechen mehrere Studien dafür, dass die Zufuhr einer vernünftigen Menge Sojaprodukte mit der Nahrung dazu beitragen kann, den Menstruationszyklus zu regulieren[3], die Knochendichte stabil zu halten[4], den Cholesterinspiegel zu senken[5] und einige Wechseljahrsbeschwerden zu lindern. Eine der aktuellsten Studien über Soja und Wechseljahrsbeschwerden ergab positive Ergebnisse in Bezug auf Wechseljahrsbeschwerden und Herz-Kreislauf-Risikofaktoren. In dieser randomisierten placebokontrollierten Doppelblindstudie wurden 80 Frauen nach dem Zufallsprinzip in zwei Gruppen aufgeteilt. Die Hälfte der Frauen erhielt vier Monate lang 10 Milligramm Soja-Isoflavone, die anderen 40 Frauen bekamen ein Scheinpräparat (Placebo). Nach einem Monat waren die Symptome in beiden Gruppen ähnlich. Nach der viermonatigen Behandlung hatten die Frauen, die Soja-Isoflavone einnahmen, jedoch deutlich weniger Wechseljahrsbeschwerden als diejenigen, die ein Placebo erhalten hatten. Vor allem die folgenden Beschwerden verbesserten sich: Hitzewallungen, nächtliche Schweißausbrüche, Schlaflosigkeit, Nervosität, Melancholie, Schwindel, Schwäche und Kopfschmerzen. In der mit Soja-Isoflavonen behandelten Gruppe sanken der Gesamtcholesterinspiegel sowie der LDL-Spiegel (Risikofaktoren für Herzerkrankungen) deutlich gegenüber dem Ausgangswert sowie im Vergleich zur Placebogruppe.[6]

In wissenschaftlichen Studien wurde jedoch bisher in erster Linie die Wirkung von Soja-Isoflavonen auf Beschwerden wie Hitzewallungen und nächtliche Schweißausbrüche untersucht – mit gemischten Ergebnissen. Zum Teil beruhen die unterschiedlichen Ergebnisse darauf, dass verschiedenartige Sojaprodukte getestet wurden. So wurden zum Beispiel in einigen Studien sojahaltige Nahrungsmittel eingesetzt, in anderen isolierte Soja-Isoflavone oder Sojaeiweiß ohne Isoflavone. Trotz mancher vielversprechender Ergebnisse lässt sich daher nicht sicher sagen, welche Form von Soja bei der Behandlung von Wechseljahrsbeschwerden am wirkungsvollsten ist. Die Aufnahme von 50 bis 100 Milligramm Soja-Isoflavonen mit der Nahrung scheint jedoch durchaus sinnvoll zu sein. Eine gute und einfache Möglichkeit sind Nahrungsergänzungsmittel mit Soja-Isoflavonen in Form von Kapseln oder Sojaeiweiß/Soja-Isoflavone in Pulverform.

Lignane

Lignane sind Teil von ballaststoffreichen Lebensmitteln wie Kleie und Bohnen; Leinsamen enthält große Mengen Lignane. Lignane wirken schwächer als Phytoöstrogene aus Soja – sie haben zwar möglicherweise weniger negative Wirkungen, aber eben auch weniger positive. Eine reichliche Zufuhr von Phytoöstrogenen aus Leinsamen kann jedoch andere positive Wirkungen auf die Gesundheit haben; Leinsamen liefern viele Ballaststoffe, verringern möglicherweise das Risiko von Osteoporose und Brustkrebs, verbessern die Blutfettwerte und verändern den körpereigenen Östrogenstoffwechsel vorteilhaft. Geschroteten Leinsamen kann man in Müsli, Milchshakes, Jogurt, Reis und Sojamilch einrühren oder Kuchenteig zugeben und so die Nahrung ganz einfach mit Lignanen anreichern.

Coumestane

Coumestane finden sich in verschiedenen Bohnensorten wie Pintobohnen und Limabohnen und auch in getrockneten Schälerbsen. Alfalfa und Kleesprossen haben den höchsten Coumestangehalt.

Rotklee *(Trifolium pratense)* gehört zu den Hülsenfrüchten und enthält außer Coumestanen reichlich Flavonoide, Glykoside, Phytoöstrogene sowie Vitamine und Mineralstoffe. Diese heimische Pflanze wurde früher zur Behandlung von Keuchhusten, Gicht und Krebs eingesetzt. Heute ist sie ein beliebtes Mittel bei Wechseljahrsbeschwerden. Coumestanreiche Nahrungsmittel können Hitzewallungen und nächtliche Schweißausbrüche etwas lindern. In mehreren klinischen Studien wurde die Wirkung von Phytoöstrogenen aus Rotklee auf Wechseljahrsbeschwerden wie Hitzewallungen und nächtliche Schweißausbrüche untersucht, allerdings mit unterschiedlichen Resultaten. Die optimale Dosis von Rotklee-Isoflavonen liegt bei 50 Milligramm eines standardisierten Extrakts zweimal täglich (mehr über Rotklee in Kapitel 3: Behandlung mit Pflanzen: Ost trifft West).

Natürliche und synthetische Hormone im Vergleich

Das Thema natürliche oder synthetische Hormone ist eines der verwirrendsten in der heutigen Naturmedizin. Natürliche Hormone (Östrogen, Progesteron) unterscheiden sich in ihrer jeweiligen Hauptwirkung nicht von der Wirksamkeit konjugierter Östrogene aus Stutenharn, pflanzlicher Östrogene, synthetischer Östrogene und der Gestagene, obwohl ihre Molekülstruktur mit der der Hormone, die der weibliche Körper produziert hat, nicht übereinstimmen muss. Synthetisch hergestellte Hormone können eine andere chemische Struktur haben als die körpereigenen Hormone. Diese Unterschiede sind beabsichtigt; die pharmazeutische Industrie kann natürliche Strukturen nicht patentieren lassen und entwickelt daher synthetische Hormone, für die sie einen Patentschutz erhalten kann.

Im Allgemeinen versteht man unter Hormontherapie eine Behandlung mit synthetischen Hormonen wie Östrogen und Gestagen. Jahrzehntelang wurden Mittel mit konjugierten Östrogenen am häufigsten verordnet, deren Hormone aus dem Harn trächtiger Stuten gewonnen werden (Handelsname Presomen). Im Gegensatz zu Hormonen pflanzlichen Ursprungs müssen synthetische Hormone im Körper in aktive Östrogene umgewandelt werden.

In Deutschland war nur ein einziges Präparat mit Östrogenen aus pflanzlichem Ursprung erhältlich. Dieses ist Ende 2003 aus dem Handel genommen worden.

Einzig die *chemische Struktur* eines Hormons und nicht seine *Herkunft* bestimmt, ob ein Hormon als natürlich gilt oder als synthetisch. Ein natürliches Hormon kann aus Rohstoffen im Labor hergestellt werden. Meist werden natürliche Hormone aus Phytoöstrogenen hergestellt, die aus Extrakten der Sojabohne oder der wilden mexikanischen Yamswurzel gewonnen werden. Die extrahierten Verbindungen werden im Labor in natürliche Hormone umgewandelt, die mit den Hormonen identisch sind, die der weibliche Körper selbst produziert. Allerdings werden manche pflanzliche Hormonpräparate gegen Wechseljahrsbeschwerden als »natürlich« vermarktet, weil sie wilde Yamswurzel oder andere pflanzliche Produkte enthalten, aber sie sind deshalb nicht unbedingt natürlich.

Natürliche Hormone haben möglicherweise einige Vorteile gegenüber synthetischen. Zum einen nimmt man an, dass der Körper natürliche Hormone besser verarbeiten kann als synthetische. Zweitens lassen sich mit natürlichen Hormonen Dosierungen und Wirkstärken individuell auf jede einzelne Frau abstimmen und damit die Behandlung in kleinen Schritten einleiten bzw. ausschleichen.

Natürliche Hormone haben außerdem eine recht kurze Halbwertzeit – das bedeutet, dass der Körper sie in recht kurzer Zeit auf natürlichem Weg unwirksam macht oder wieder ausscheidet. Schließlich sind bei anderen Formen der Hormontherapie unter Umständen Zusatzstoffe, Bindemittel und Konservierungsmittel in den Präparaten enthalten.

Ich möchte keineswegs andeuten, dass natürliche Hormone prinzipiell gut und synthetische Hormone grundsätzlich schlecht sind. Die Entscheidung für eine Sorte von Hormonen hängt weitgehend von der betroffenen Frau ab. Manche Frauen können aufgrund ihrer medizinischen Vorgeschichte keine synthetischen Präparate einnehmen oder wollen es nicht wegen der Nebenwirkungen, wie zum Beispiel Aufgedunsenheit, Stimmungsschwankungen und Reizbarkeit. Einige Frauen bevorzugen eine natürliche Herangehensweise.

Theoretisch stimmt eine Dosis natürlicher Hormone in Bezug auf die Wirkstärke mit einer Dosis eines synthetischen Hormonpräparats überein und sollte dieselben positiven Wirkungen hervorrufen. Allerdings wurde noch nicht ausreichend erforscht, ob das tatsächlich der Fall ist. Manche argumentieren, dass die herkömmliche Hormonbehandlung den Vorteil hat, über viele Jahre wissenschaftlich untersucht worden zu sein. Das ist zwar richtig, aber die Ergebnisse waren vielfach widersprüchlich, und einige Studien ergaben, dass die Hormonbehandlung das Risiko für bestimmte Krankheiten erhöht (Näheres dazu in Kapitel 2: Sechzig Jahre Hormonbehandlung – wo stehen wir heute?). Zur Sicherheit und Wirksamkeit natürlicher Hormone sind zwar bisher nur relativ wenige wissenschaftliche Untersuchungen durchgeführt worden, aber dennoch empfehle ich in meiner Praxis fast ausschließlich natürliche Hormone zur Behandlung von Wechseljahrsbeschwerden. Die Möglichkeit, die Verordnungen individuell abzustimmen, sowie die zahllosen Optionen und die Flexibilität sind von unschätzbarem Wert. Wie Sie sehen werden, bietet die Kombination von Östriol und Östradiol sowie die Verwendung von natürlichem Progesteron die maximal mögliche Wirkung mit vermutlich geringem Risiko.

Natürliche Östrogentherapie

Bei der Behandlung von Wechseljahrsbeschwerden kommen vornehmlich Östrogene zum Einsatz. Der Körper der Frau produziert vor allem drei Sorten von Östrogenen: Östradiol, Östron und Östriol. In den Eierstöcken wird in erster Linie Östradiol hergestellt. Östron entsteht durch Umwandlung von Östradiol. Östriol wird während der Schwangerschaft in großen Mengen produziert; es ist ein Abbauprodukt des Östradiols. Vor der Menopause ist Östradiol das dominierende Östrogen im weiblichen Körper. Nach der Menopause sinkt der Östradiolspiegel ab und Östron überwiegt.

Die Zusammensetzung natürlicher Östrogenpräparate spiegelt diese drei natürlicherweise im Körper vorkommenden Östrogene wider. Ärzte können Rezepturen aus einzelnen Östrogenen, Östrogengemische oder Kombinationen mit Progesteron und Testosteron verordnen, die dann in der Apotheke hergestellt werden. Aufgrund der Möglichkeit, Hormone miteinander zu kombinieren und verschiedene Dosierungen zu verordnen, lassen sich die Rezepturen individuell auf die Bedürfnisse jeder einzelnen Frau in den Wechseljahren zuschneiden.

Östriol

Östriol wird im Körper fast ausschließlich während der Schwangerschaft produziert. In der Medizin wird Östriol hauptsächlich zur Behandlung von Wechseljahrssymptomen eingesetzt. Es gilt als die sicherste Form von Östrogen;

man nimmt an, dass Östriol weniger stark krebserregend ist als Östradiol und Östron.

Einige Wissenschaftler haben die Anwendung von Östriol bei Frauen nach der Menopause untersucht. Zu den Symptomen, die durch die Östriolbehandlung gemindert werden, gehören Hitzewallungen, Schlaflosigkeit, Scheidentrockenheit und Juckreiz beim Geschlechtsverkehr. Ein häufiges Problem in den Wechseljahren ist die senile Kolpitis, eine Scheidenentzündung, die bei Östrogenmangel auftritt. Die Symptome sind Trockenheit der Scheide, Schmerzen bei der Penetration, häufige Scheiden- und Harnweginfektionen, Harninkontinenz und vermehrter Harndrang.

Östriolpräparate gibt es zum Einnehmen, sowie in Form von Creme, Gel, Tabletten oder Zäpfchen zum Einführen in die Scheide. Ich verschreibe meist östriolhaltige Vaginalcremes oder -zäpfchen gegen trockenes, juckendes Gewebe, Harninkontinenz und wiederkehrende Harnweginfektionen. Diese Cremes helfen höchstwahrscheinlich, indem sie die Scheidenflora wiederherstellen und die Feuchtigkeit, Elastizität und Dicke der Vaginalhaut erhöhen. Eine übliche Dosierung ist ein Milligramm Östriol pro Gramm Creme. Ein Gramm dieser Creme wird zweimal wöchentlich in die Scheide eingeführt (siehe unten).

- *Östriol:* Bei der Einnahme von Östriol liegt die Dosis normalerweise zwischen 1 Milligramm/Tag und 3 Milligramm/Tag.

- *Östriolvaginalcreme:* 1 Milligramm Östriol/1 Gramm Creme.

Zwei Wochen lang soll davon jeden Abend ein Gramm Creme eingeführt werden oder acht Monate lang zweimal wöchentlich.

Östriol und Gebärmutterkrebs

Bei einer konventionellen Östrogentherapie verdickt sich die Gebärmutterschleimhaut oder sie wächst übermäßig (Endometriumhyperplasie), was zu Krebs führen kann. Umfangreiche Studien über die Auswirkungen einer Östrioltherapie auf die Gebärmutterschleimhaut haben keine einheitlichen Ergebnisse gebracht. Bei der Tagesdosis, die wir normalerweise einsetzen – 1 Milligramm oder bis zu 3 Milligramm –, verdickt sich die Gebärmutterschleimhaut offenbar nicht. Würde ich höhere Dosen verschreiben, dann würde ich empfehlen, zusätzlich zu Östriol ein bewährtes Gestagen zu verwenden, um die Schleimhaut vor dieser Verdickung zu schützen.

Östriol und Herzkrankheiten

In Bezug auf das Risiko von Herzkrankheiten wurde Östriol nicht so eingehend untersucht wie konventionelle Hormonpräparate. Doch ein paar Studien deuten auf einen positiven Effekt von Östriol hin, andere stellen keine Auswirkungen auf den Cholesterinspiegel im Blut fest, ein Vorzeichen für Herzkrankheiten.[7] Im Vergleich zu der Einnahme von Östradiol oder einer konventionellen Hormonbehandlung erhöht Östriol das Risiko einer Herzerkrankung nicht, hat aber auch keinen positiven Nutzen.

Östriol und Knochendichte

Die Wirkungen von Östriol auf die Knochendichte bzw. auf Knochenschwund sind bisher kaum untersucht worden. Daher setze ich Östriol nicht ein, um Knochenschwund zu verhindern oder zu verlangsamen oder um eine niedrige Knochendichte zu behandeln. Die Forschungsergebnisse im Hinblick darauf sind einfach nicht überzeugend genug. Dennoch könnte die Einnahme von Östriol und Kalziumlaktat dazu beitragen, den Knochendichteverlust während der Wechseljahre zu verhindern.

Östriol und Brustkrebs

Oftmals entscheiden sich Frauen gegen eine konventionelle Hormonbehandlung, da sie sich vor dem erhöhten Risiko einer Brustkrebserkrankung fürchten. Daher haben viele Ärzte und Wissenschaftler nach sichereren Möglichkeiten der Hormonbehandlung gesucht. Einige haben daraufhin den Einsatz von Östriol bei der Behandlung von Brustkrebs untersucht.

Dr. Henry Lemon, ein führender Wissenschaftler auf dem Gebiet der Östriolforschung, ist zu dem Schluss gekommen, dass die diskontinuierliche oder zyklische Gabe geringer Dosen Östriol vor Brustkrebs schützt. Seine Hypothese und seine Arbeiten sind zwar interessant und stellen eine verlockende Grundlage für die Verwendung von Östriol dar, aber seinen Entdeckungen folgten keine strengen klinischen Studien. Die Ergebnisse anderer Untersuchungen waren nicht so vielversprechend.[8] Sowohl Östriol als auch Östron und Östradiol regen in menschlichen Brustzellkulturen das Wachstum von Krebszellen an. Wenn bereits Brustkrebs diagnostiziert wurde, vermindert Östriol allerdings möglicherweise die negativen Wirkungen des Krebsmittels Tamoxifen.[9]

Die Verschreibung von Östriol

Was bedeutet all das nun für die Entscheidung, Östriol zu nehmen oder nicht? Östriol scheint bei der Behandlung vieler Wechseljahrsbeschwerden wie zum Beispiel Hitzewallungen hilfreich zu sein. Ungeklärt ist jedoch, ob Östriol auch vor Osteoporose und Herzkrankheiten schützt. Es gibt einige Anhaltspunkte dafür, dass Östriol eine gewisse positive Wirkung bei Frauen mit geringem Risiko für Osteoporose und Herzkrankheiten hat und bei Frauen mit hohem Brustkrebsrisiko. Frauen, die aktuell an Brustkrebs erkrankt sind oder die Erkrankung überstanden haben, müssen nach einer ausgewogenen Beratung Nutzen und Risiken gegeneinander abwägen. Nach dem Stand der bisherigen Forschung sind Frauen, die eine Brustkrebserkrankung überstanden haben, jedoch gut beraten, Östriol keinesfalls als Tabletten einzunehmen. Eine vaginale Anwendung bei Scheidentrockenheit wird hingegen als unproblematisch eingeschätzt.

Bei der Verschreibung von Östrogenmischungen kombiniert man gerne die potenziell sicheren Wirkungen von Östriol mit gering dosiertem Östradiol und Östron, die vorbeugend gegen Osteoporose und Herzkrankheiten wirken sollen. Derzeit bestehen Kombinationen mit allen drei Östrogenen gewöhnlich aus 80 Prozent Östriol, 10 Prozent

Östradiol und 10 Prozent Östron. Dieser Mischung wird eine Minimaldosis von 50 Milligramm Progesteron zweimal täglich zugesetzt, um die Gebärmutterschleimhaut vor einer möglichen Verdickung aufgrund der Östrogenwirkung zu schützen. Die alleinige Anwendung von Östrogenen ohne einen angemessenen Progesteronzusatz setzt Frauen mit intakter Gebärmutter einem erhöhten Risiko für Gebärmutterkrebs aus.

Außerdem verwende ich gerne eine Kombination aus zwei Östrogenen, die zunehmend beliebter wird aufgrund von Bedenken, dass Östron das Brustkrebsrisiko erhöhen könnte. (Empfohlene Dosisverhältnisse für Zwei- und Dreifachkombinationen der Östrogene s. u.)

In Deutschland gibt es kein Fertigpräparat, in dem die drei weiblichen Hormone miteinander kombiniert angeboten werden. Wenn ein Arzt eine Frau dennoch damit behandeln möchte, muss er die entsprechende Zusammensetzung als Rezeptur verordnen, die dann in der Apotheke hergestellt werden kann. Eine solche Verordnung, wie sie im Folgenden beschrieben ist, geschieht immer auf eigene Verantwortung des Arztes.

Dreifach-Östrogenkombination
Zweimal täglich eine Kapsel:
Östriol 1 Milligramm
Östradiol 0,125 Milligramm
Östron 0,125 Milligramm
Progesteron 50 Milligramm

Zweifach-Östrogenkombination
Zweimal täglich eine Kapsel:
Östriol 1 Milligramm
Östradiol 0,250 Milligramm
Progesteron 50 Milligramm

Progesteron

Viele Menschen benutzen fälschlicherweise den Begriff Progesteron, obwohl sie eigentlich dessen synthetische Gegenstücke, die Gestagene, meinen. Progesteron ist das andere natürliche Hormon, das neben den Östrogenen in den Eierstöcken produziert wird. Seine Hauptfunktion ist die Unterstützung der Schwangerschaft. Nach der Menopause stellen die Eierstöcke die Produktion von Progesteron ein. Gestagene nennt man die synthetischen Abkömmlinge, deren biochemische Struktur sich von Progesteron unterscheidet. Die synthetischen Gestagene finden sich in konventionellen Hormonpräparaten und in der Pille und werden oft für die Nebenwirkungen verantwortlich gemacht, die manche Frauen bei Einnahme dieser Medikamente bemerken, zum Beispiel Reizbarkeit, Depression, Aufgedunsenheit und Stimmungsschwankungen. Diese Nebenwirkungen beruhen darauf, dass Gestagene leicht zu Wassereinlagerungen führen, den Stoffwechsel der Botenstoffe im Gehirn beeinflussen und den Stoffwechsel anderer Steroide verändern.

In den Wechseljahren, also in der Zeit, wenn der Eisprung

über Monate oder Jahre unregelmäßig ist, nimmt die Progesteronproduktion allmählich ab. Der Progesteronspiegel fällt zu Beginn der Menopause fast auf Null ab, während der Östrogenspiegel nur auf 40 bis 60 Prozent des Wertes vor der Menopause absinkt. Dieser Progesteronmangel erklärt viele Wechseljahrsbeschwerden, wie Stimmungsschwankungen, Hitzewallungen, Scheidentrockenheit und unregelmäßige Blutungen.

Wenn die Östrogene dominieren und das Progesteron fehlt, können die Östrogene den Körper schädigen. Dr. John Lee, Arzt und Autor, der mit dem Buch *Natürliches Progesteron – Ein bemerkenswertes Hormon* bekannt wurde, war der freimütigste Verfechter von natürlichem Progesteron zur Behandlung von Frauen in den Wechseljahren und beabsichtigte, damit das zu korrigieren, was er als »Östrogendominanz« bezeichnete.[10]

Cremes mit natürlichem Progesteron dienen insbesondere dazu, die nachlassende Progesteronproduktion zu unterstützen und die Hormonwerte wieder auf das Niveau wie vor der Menopause zu bringen. Höher dosierte Progesteronpräparate zum Einnehmen lassen den Progesteronspiegel im Körper drastischer steigen, damit Symptome, wie starke oder unregelmäßige Blutungen, Schlaflosigkeit und manchmal Stimmungsschwankungen, wirkungsvoll verbessert werden.

Bei der Behandlung der Wechseljahre kann Progesteron zur Linderung ausgewählter Symptome eingesetzt werden sowie zum Ausgleich der Wirkung von Östrogenpräparaten auf die Gebärmutter. Es spielt eine entscheidende Rolle, um dem übermäßigen Wachstum der Gebärmutterschleimhaut und Gebärmutterkrebs gegenzusteuern. Die Hersteller preisen Progesteron oft als wirkungsvolles Mittel zur Vorbeugung und Behandlung von Osteoporose. Aktuelle klinische Studien zeigen jedoch, dass weder natürliche Progesteronpräparate zum Einnehmen noch Progesteronpflaster oder Cremes einen Knochenschwund verlangsamen, verhindern oder rückgängig machen können. Bei der Vorbeugung von Herzkrankheiten sind die Ergebnisse jedoch viel versprechend.

Ich kann gar nicht oft genug betonen, dass Frauen in und nach den Wechseljahren, die Östrogene in irgendeiner Form verwenden, unbedingt auch Progesteron oder ein Gestagen in einer bewährten Form und Dosierung nehmen müssen, um ihre Gebärmutter vor Schleimhautwucherungen und Krebs zu schützen. Eine Ausnahme bilden Frauen, deren Gebärmutter entfernt wurde; sie müssen kein Progesteron bzw. Gestagen anwenden. Dennoch kann natürliches Progesteron auch für mache Frauen ohne Gebärmutter nützlich sein. Schlaflosigkeit, Müdigkeit, Stimmungsschwankungen und andere Wechseljahrssymptome sprechen bei manchen Frauen besser auf Progesteron an als auf Östrogene.

Es ist wichtig, zu wissen, dass alle Gestagene (die synthetischen Progesteronabkömmlinge) unerwünschte Nebenwirkungen haben können.[11] Prämenstruelle Beschwerden wie Spannungsgefühl in den Brüsten, Ödeme, Reizbarkeit und Bauchkrämpfe treten recht häufig auf, sodass 40 Prozent aller Frauen deswegen die verordneten Präparate nicht regelmäßig einnehmen. Ernstere Nebenwirkungen sind selten, dazu gehören Bluthochdruck, Blutgerinnungsstörungen und ein veränderter Kohlenhydrat-Fett-Stoffwechsel.[12] Falls Sie synthetische Gestagene genommen und nicht vertragen haben, ist natürliches Progesteron die bessere Wahl. Es verringert nicht nur die beschriebenen Nebenwirkungen, sondern kann auch das Cholesterinprofil positiv beeinflussen und dazu beitragen, dass die Herzkranzgefäße nicht verstopfen.

Progesteron muss vom Arzt verschrieben werden und ist in Form von Kapseln und als Creme erhältlich.

Progesteroncreme

Sehr beliebt ist Progesteron in Form einer äußerlich aufzutragenden Creme. Das Ziel der äußerlichen Progesteronbehandlung liegt darin, den Progesteronspiegel bei nachlassender täglicher Produktion auf einem normalen Niveau zu halten. Das Ziel ist nicht ein pharmakologisch erhöhter Hormonspiegel wie bei einer Therapie mit oralen Progesteronpräparaten. In Deutschland ist derzeit nur ein äußerlich anzuwendendes Präparat mit 10 Milligramm Progesteron in einem Gramm Gel im Handel, das zur Anwendung bei Spannungszuständen der Brust vor und während der Regel zugelassen ist. Die Anwendung zur Linderung von Wechseljahrsbeschwerden ist nicht vorgesehen.

In der Praxis verwende ich hauptsächlich Cremes mit über 1400 Milligramm pro 100 Gramm, denn mit ihnen erreicht man die besten Ergebnisse bei PMS, Wechseljahrsbeschwerden und unregelmäßigen Blutungen. Im Allgemeinen wirken Cremes mit natürlichem Progesteron offenbar bei leichteren Wechseljahrsbeschwerden.

Die meisten Frauen vertragen Progesteroncremes ausgesprochen gut und verspüren eine Linderung der Beschwerden. Sehr wenige Frauen berichten von Nebenwirkungen, es können aber Spannungsgefühle in der Brust, Schwindel, depressive Stimmungen, Kopfschmerzen und Reizbarkeit auftreten. Nach meiner Erfahrung als Ärztin sind nur sehr selten Nebenwirkungen zu beobachten.

Cremes mit natürlichem Progesteron werden in der Regel bei Wechseljahrsbeschwerden wie Hitzewallungen, Stimmungsschwankungen, Schlafstörungen und unregelmäßigen und/oder starken Blutungen eingesetzt. Eine Anwendung zur Vorbeugung von Herzkrankheiten, Osteoporose, Brustkrebs, Gebärmutterschleimhautwucherungen oder Gebärmutterkrebs empfehle ich nicht. Die positiven Wirkungen von Progesteroncremes werden weiterhin erforscht, aber bisher gibt es keinerlei Hinweise darauf, dass sie Frauen vor irgendeiner dieser Krankheiten schützen würden.

Progesteron zum Einnehmen

Nur Präparate zum Einnehmen sind in ausreichend hoher Konzentration erhältlich, um vor einer Verdickung der Gebärmutterschleimhaut zu schützen, die zu Krebs führen kann. Die ersten Progesteronpräparate zum Einnehmen wurden vom Körper nicht gut aufgenommen, sodass ihre

Wirkung beschränkt war. Heutzutage durchläuft das natürliche Progesteron einen Verarbeitungsprozess, die Mikronisierung, bei dem es zu winzigen Partikeln pulverisiert wird, die der Körper besser aufnehmen kann.

Studien belegen, dass mikronisiertes Progesteron Gebärmutterschleimhautwucherungen, die im Zusammenhang mit Östrogenpräparaten auftreten können, wirkungsvoll verhindert.[13] Es beeinträchtigt die positive Wirkung der Östrogene auf den Knochenschwund nicht (verbessert die Knochendichte jedoch auch nicht, wenn es zusätzlich zu Östrogenen eingesetzt wird).[14] Das Risiko von Herzkrankheiten erhöht sich offenbar ebenfalls nicht.[15]

Progesteron kann unter dem Handelsnamen Utrogest ärztlich verordnet werden. Frauen vor der Menopause, die täglich Östrogen einnehmen, sollen dreimal täglich 100 Milligramm Progesteron in Kapselform einnehmen.

Frauen, die noch Menstruationsblutungen haben, nehmen Progesteron zyklusabhängig ein und nicht täglich. Dann beginnen sie mit der Einnahme am zehnten Tag der Östrogenbehandlung und nehmen die Kapseln zwölf Tage lang. Durch die zyklische Gabe von Progesteron treten wenige Tage nach Absetzen des Progesterons weiterhin Monatsblutungen auf.

Meiner Erfahrung nach haben Frauen bei dieser Dosierung nur wenig Nebenwirkungen. Bei einer höheren Dosierung können Nebenwirkungen wie Schwindelgefühl, Bauchkrämpfe, Brustschmerzen, Übelkeit, Durchfall, Müdigkeit, Reizbarkeit und ein aufgeblähter Bauch auftreten.[16]

Androgene

Androgene, wie zum Beispiel Testosteron, sind Steroidhormone, die die Entwicklung und Ausbildung der männlichen Geschlechtsmerkmale steuern. Auch der weibliche Körper produziert Androgene, aber in wesentlich geringerem Maße als der des Mannes. Vor der Menopause werden die Androgene, hauptsächlich Testosteron, in den Eierstöcken und den Nebennieren gebildet.

Androgene sind auch bei Frauen wichtig, um die Knochendichte aufrechtzuerhalten und das sexuelle Verlangen zu steuern. Nach der Menopause produzieren die Eierstöcke weiterhin Testosteron, aber im Vergleich zur Zeit davor ist der Androgenspiegel um bis zur Hälfte verringert. Das Absinken des Androgenspiegels hat Anteil an einigen der verbreiteten Wechseljahrsbeschwerden, wie Hitzewallungen, nächtlichen Schweißausbrüchen und Schlaflosigkeit. Meiner Erfahrung nach lassen sich bei Frauen, die auf eine normal dosierte Hormonbehandlung nicht ansprechen, die Beschwerden besser lindern, wenn sie auf eine Kombination von Östrogenen und Androgenen (gewöhnlich Testosteron) umsteigen. Natürliches Testosteron und synthetisches, in Form von Methyltestosteron, können auf Verordnung in Apotheken abgegeben werden.

In Deutschland gibt es kein Testosteronpräparat, das zur Anwendung bei Frauen – egal, für welche Indikation – zugelassen ist. Fertigpräparate mit derartigen Kombinationen sind nicht im Handel. Wenn ein Arzt eine Frau dennoch damit behandeln möchte, muss er die entsprechende Zusammensetzung als Rezeptur verordnen, die dann in der Apotheke hergestellt werden kann. Eine solche Verordnung, wie sie im Folgenden beschrieben ist, geschieht immer auf eigene Verantwortung des Arztes.

Östrogen-Testosteron-Kombinationen

Eine Behandlung mit Östrogenen und Testosteron kann veranlasst werden, um Symptome wie Hitzewallungen und nächtliche Schweißausbrüche sowie Scheidentrockenheit zu lindern, aber auch, um sexuelles Verlangen und sexuelle Befriedigung zu verbessern. Mit der Behandlung von Wechseljahrsbeschwerden mit natürlichem Testosteron und natürlichen Östrogenen habe ich umfangreiche Erfahrung. Diese Hormonkombination scheint Symptome wie geringes sexuelles Verlangen und geringe Erregbarkeit wirksamer zu verbessern als Östrogene allein.

In zahlreichen Studien verstärkten sich bei Frauen in den Wechseljahren sexuelles Verlangen, Befriedigung und Häufigkeit der sexuellen Aktivität, wenn sie von einem Östrogenpräparat auf ein Östrogen-Testosteron-Kombinationspräparat umstiegen.[17] Bei einer Östrogen-Testosteron-Therapie besserten sich die Symptome auch insgesamt stärker als bei einer Behandlung ausschließlich mit Östrogenen, unter anderem schwächten sich die Hitzewallungen und die Scheidentrockenheit ab.[18]

Hinsichtlich des Einflusses einer Östrogen-Testosteron-Therapie auf den HDL-Cholesterinspiegel, der bei einer reinen Östrogenbehandlung ansteigt, gab es einige Bedenken. Es wurde befürchtet, dass die Kombinationstherapie diesen positiven Effekt zunichte macht. Die Forschungsergebnisse sind jedoch nicht einheitlich. Bevor man die Auswirkungen auf Herz-Kreislauf-Krankheiten richtig einschätzen kann, sind daher weitere Studien erforderlich. Meine Empfehlung: Wenn Ihr Arzt Ihnen ein Östrogen-Testosteron-Kombinationspräparat hat anfertigen lassen, ist es ratsam, die Blutfettwerte regelmäßig vom Arzt kontrollieren zu lassen, um unerwünschte Wirkungen zu verhindern.

Mit einer Testosteron-Östrogen-Kombinationstherapie gelingt möglicherweise ein deutlicherer Anstieg der Knochendichte als durch ein reines Östrogenpräparat.

Östrogene sind in vielen Darreichungsformen erhältlich, u. a. Tabletten zum Einnehmen, Injektionslösungen und äußerlich anzuwendende Präparate. Testosteron zum Einnehmen oder als Pflaster ist auf Rezept in Apotheken erhältlich. Ich verordne im Allgemeinen ein bis sechs Milligramm Testosteron. Eine durchschnittliche physiologische Testosterondosis für Frauen liegt im Bereich von vier bis sechs Milligramm, das ich einer Zwei- oder Dreifach-Östrogenkombination zusetzen lasse (siehe Seite 213f. für die Dosierung). Von diesem Kombinationspräparat sollte zweimal täglich eine Kapsel eingenommen werden.

Testosteron ist auch als Creme verfügbar, die im Genitalbereich aufgetragen wird, um die sexuelle Reaktion zu verstärken. Die Creme kann über einen Zeitraum von zwei Wochen täglich aufgetragen werden, danach zweimal wöchentlich. Gewöhnlich werden Cremes mit 0,5, 1 oder 2 Prozent Testosteron verordnet. (Weitere Informationen zum Thema Wechseljahre und sexuelles Verlangen finden sich in dem Buch *The Hormone of Desire* von S. Rako.[19])

In den hier angegebenen Dosierungen treten bei einer Behandlung mit natürlichem Testosteron nur selten Nebenwirkungen auf (schätzungsweise bei weniger als einem Prozent der Patientinnen). Wenn bei diesen niedrigen Dosierungen doch Nebenwirkungen auftreten, können das unter anderem verstärkte Gesichtsbehaarung, Akne, Haarausfall und Reizbarkeit sein. In ungewöhnlich hoher Dosis kann Testosteron eine deutlich stärkere Behaarung von Gesicht und Körper und eine tiefere Stimme verursachen.

DHEA

Dehydroepiandrosteron (DHEA) ist ein weiteres natürliches Hormon aus der Gruppe der Androgene. Es ist das Steroidhormon, das am reichlichsten im Körper des Menschen zirkuliert. DHEA wird als Hormonvorstufe bezeichnet, da aus ihm andere Steroidhormone wie Östrogen und Testosteron hergestellt werden. Früher glaubte man, dass es im Körper reaktionsunfähig ist, aber in letzter Zeit ist das Interesse an seiner therapeutischen Wirkung gewachsen. Bei Frauen stammen 90 Prozent des DHEA aus der Nebennierenrinde, die übrigen zehn Prozent werden in den Eierstöcken gebildet. Die körpereigene DHEA-Produktion erreicht im Alter von 25 Jahren ihren Höhepunkt und sinkt dann allmählich ab; bei 70-Jährigen beträgt sie nur noch 15 bis 25 Prozent dieses Spitzenwerts.

Über die Wirkung von DHEA auf das Immunsystem sind viele Behauptungen aufgestellt worden, und auch den Alterungsprozess soll DHEA angeblich aufhalten, indem es für ein besseres Gedächtnis, geringere Müdigkeit, mehr Energie, Entspannung und Unempfindlichkeit gegenüber Stress sorgt. Angepriesen werden auch ein positiver Effekt auf die Knochendichte und unterstützende Wirkung bei der Vorbeugung von Krebs und Herz-Kreislauf-Erkrankungen. Ich habe festgestellt, dass DHEA die Energie steigert, die Reaktion auf Stress besser wird, die Muskelmasse wächst und in einigen Fällen die Libido steigt.

In Deutschland wird DHEA als Arzneimittel angesehen, und als dieses muss es – um in den Handel zu gelangen – von der Arzneimittelbehörde zugelassen werden. Dazu muss für das Mittel ein schlüssiger Nachweis seiner Wirksamkeit erbracht werden und es muss sichergestellt sein, dass es unbedenklich angewandt werden kann. Eine solche Zulassung als Arzneimittel hat in Deutschland jedoch noch kein Hersteller für ein DHEA-Produkt erwirkt. Mithin sind derartige Produkte in Deutschland nicht im Handel. Wenn sie dennoch angeboten werden, stammen sie aus Quellen außerhalb Deutschlands, wo DHEA als Nahrungsergänzungsmittel angeboten wird.

Zusammenfassung

Die Symptome eines hormonellen Ungleichgewichts sind Millionen von Frauen bekannt, die unter Hitzewallungen, Depressionen, nächtlichen Schweißausbrüchen, Schlaflosigkeit, Stimmungsschwankungen und nachlassender Libido leiden. In der Vergangenheit basierte die Hormonbehandlung auf synthetischen Hormonen oder Hormonprodukten tierischen Ursprungs, die in nur einer Dosierung für alle angeboten wurden. Diese Therapie hat zwar einigen Frauen geholfen, bei vielen anderen hat sie jedoch überhaupt keine Wirkung gezeigt oder schlimmer noch: eine Reihe von Nebenwirkungen verursacht. Das sollte niemanden überraschen, denn jede Frau hat ein anderes Hormonprofil und ebenso sind die hormonellen Bedürfnisse verschieden.

Die Behandlung mit natürlichen Hormonen ist eine vielversprechende Alternative zur Therapie mit synthetischen Hormonen. Die Wirkungen natürlicher Hormone auf Wechseljahrssymptome müssen noch weiter erforscht werden, ebenso wie deren positive und negative Wirkungen auf die weibliche Brust, die Gebärmutter und das Herz-Kreislauf-System. Die Verwendung von Hormonen, die mit den von Natur aus im Körper vorhandenen Hormonen identisch sind, ist für viele Frauen und deren Ärzte eine logische Herangehensweise.

Leider wurde der Großteil der Untersuchungen über die Hormonbehandlung bei Frauen in den Wechseljahren mit synthetischen Hormonen durchgeführt. Auch unsere Kenntnisse über die negativen Wirkungen der Hormonbehandlung beziehen sich auf diese Behandlungsform. Wir wissen jedoch nicht, ob sich die Daten auf die Therapie mit natürlichen Hormonen übertragen lassen.

Wenn Sie Hormone verwenden – seien es konjugierte, synthetische oder natürliche – sollten sie die Hormontherapie in regelmäßigen Abständen mit Ihrem Arzt daraufhin überprüfen, dass mit einer möglichst niedrigen Dosis der größte Nutzen bei minimalem Risiko erzielt wird. Außerdem sollten Sie regelmäßig (mindestens einmal im Jahr) mit Ihrem Arzt darüber sprechen, wie lange Sie die Hormontherapie in Anbetracht möglicher Risiken noch fortsetzen.

Eine wahrhaft ganzheitliche Sichtweise der Menopause schließt, wenn es angebracht ist, auch die Behandlung mit Hormonen ein, in Kombination mit Nahrungsergänzungen und pflanzlichen Mitteln sowie einer gesunden Lebensweise, die unter anderem Bewegung und eine ausgewogene Ernährung umfasst. Viele der Frauen, mit denen ich zusammengearbeitet habe, haben jedoch mit den nichthormonellen Therapien, die in diesem Buch vorgestellt werden, eine Linderung ihrer Wechseljahrsbeschwerden erreicht, ohne jemals eine Hormontherapie benötigt zu haben.

Kapitel 6

Osteoporose im Alter ist vermeidbar

Rebecca Sequin und *Miriam Nelson*

Rebecca Seguin ist Projektmanagerin für das John Hancock Center for Physical Activity and Nutrition an der Gerald J. and Dorothy R. Friedman School of Nutrition Science and Policy an der Tufts-Universität in Boston. Sie machte ihren Bachelor in Klinischer Sportphysiologie an der Universität Boston und ihren Master in Ernährungskommunikation an der Friedman School, wo sie nun auch ihre Doktorarbeit schreibt. Seguin ist Hauptautorin des Büchleins *Growing Stronger: Strength Training for Older Adults*, das von den Centers for Disease Control and Prevention finanziert wurde. Sie ist Personal Trainer mit einem Zertifikat der National Strength and Conditioning Association und entwickelt auch Programme für Menschen mit Multipler Sklerose, Arthritis, Diabetes, Osteoporose, Übergewicht, Herz-Kreislauf-Erkrankungen und anderen chronischen Krankheiten Darüber hinaus schreibt Seguin freiberuflich über Gesundheitsthemen; ihre Beiträge erscheinen in zahlreichen Fachzeitschriften und in der allgemeinen Presse. Sie arbeitet mit Dr. Miriam Nelson an einer Reihe von Projekten zusammen und hat mehrere Kapitel für Dr. Nelsons Buchreihe *Strong Women* geschrieben.

Miriam Nelson ist Autorin der internationalen Bestseller *Starke Frauen bleiben jung*, Umschau, 1998, *Strong Women Stay Slim, Strong Women, Strong Bones, Strong Women Eat Well* und *Strong Women and Men Beat Arthritis*. Dr. Nelson ist Direktorin des John Hancock Center for Physical Activity and Nutrition und Professor of Nutrition an der Gerald J. and Dorothy R. Friedman School of Nutrition Science and Policy an der Tufts-Universität in Boston. Dr. Nelson ist Fellow of the American College of Sports Medicine, eine Ehre, die denjenigen vorbehalten ist, die auf dem Gebiet der körperlichen Aktivität in Lehre und Forschung führend sind. Dr. Nelsons Bestseller wurden in dreizehn Sprachen übersetzt und weltweit mehr als eine Million Mal verkauft. *Strong Women, Strong Bones* erhielt von der amerikanischen Multiple-Sklerose-Gesellschaft den angesehenen Books for a Better Life Award für das beste Wellness-Buch 2000. Dr. Nelson ist in zahlreichen Radio- und Fernsehshows aufgetreten, darunter der *Oprah Winfrey Show, Today, Good Morning America* und *Fresh Air* sowie in den *ABC News, CNN* und im *Discovery Channel*. Seit zwölf Jahren beschäftigt sich Dr. Nelson in leitender Position mit körperlicher Aktivität und Ernährung für Menschen im mittleren und höheren Alter. Im Jahr 1994 wurde sie zum Brookdale National Fellow ernannt; dieser renommierte Preis wird alljährlich an junge Forscher vergeben, von denen man annimmt, dass sie zukünftig eine führende Rolle in der Altersforschung spielen werden. Zudem wurde sie 1997 bis 1998 mit einer Bunting Fellowship des Mary Ingraham Bunting Institute am Radcliffe College ausgezeichnet. Im Jahr 1998 erhielt Dr. Nelson vom Massachusetts Governor's Committee on Physical Fitness and Sports für ihr Lebenswerk den Lifetime Achievement Award.

Was kommt Ihnen als Erstes in den Sinn, wenn Sie an gesunde, starke Knochen denken? Wenn Sie im 20. Jahrhundert geboren sind, denken Sie wahrscheinlich zuerst an *Milch*. Denn die meisten von uns sind in irgendeiner Form mit der Mahnung aufgewachsen: »Wenn du groß und stark werden willst, dann trink deine Milch!« Damit wollten unsere Eltern sagen, dass *Kalzium* für das Knochenwachstum wichtig ist und Milch die beste Kalziumquelle darstellt. Heutzutage wissen wir, dass es eine breite Palette von Kalziumquellen gibt, die ebenso gut oder sogar besser sind als Milch, beispielsweise Jogurt, Käse, Tofu und Gemüse, wie Grünkohl und Spinat, um nur einige zu nennen (eine vollständigere Liste kalziumreicher Nahrungsmittel finden Sie in der Tabelle auf Seite 251f.).

Die Stärke Ihrer Knochen hängt von deren Masse und Dichte ab. Die Knochendichte wiederum ist wesentlich bestimmt von der Menge an Kalzium und anderen Mineralstoffen, die im Knochengewebe enthalten sind. Der Aufbau und Erhalt gesunder Knochen ist ein komplexes Geschehen. Eine gute Ernährung spielt dabei zweifellos eine wichtige

Rolle, doch es gibt noch andere Faktoren. Für starke Knochen ist körperliche Aktivität zeitlebens wichtig. Darüber hinaus müssen ausreichend Mineralstoffe, wie Kalzium und Magnesium, und Vitamine, wie Vitamin C, D und K, zur Verfügung stehen und eine Reihe weiterer Faktoren erfüllt sein, die mit der Lebensweise zusammenhängen.

Mehr als 90 Prozent des Knochengewebes baut der Körper im Verlauf von Kindheit und Jugend auf. Doch noch bis zum Alter von etwa 30 Jahren geht dieser Knochenaufbau weiter. Eine durchschnittliche junge Frau hat mit 20 Jahren mehr als 98 Prozent ihrer Skelettmasse erreicht. Dann kommt es bei Männern wie Frauen im Rahmen des natürlichen Alterungsprozesses zu einer Stoffwechselveränderung, durch die altes Knochengewebe rascher ab- als neues aufgebaut wird – das gilt ganz besonders für Frauen. Zwischen 40 und 50 Jahren nimmt bei den meisten Frauen die Knochenmasse ab. Dadurch erhöht sich das Risiko für Knochenschwund, medizinisch Osteoporose (wörtlich »löchrige Knochen«). Osteoporose ist eine chronische, ständig fortschreitende Knochenkrankheit, die mit einer verringerten Knochendichte und einem erhöhten Risiko für Knochenbrüche (Frakturen) einhergeht.

Es ist kein Zufall, dass sich der Knochenschwund zu einer Zeit verstärkt, in der die Eierstöcke der meisten Frauen ihre Östrogenproduktion einstellen (dieses Hormon schützt vor Knochenschwund) und die Frauen in die Wechseljahre kommen. Die hormonellen Veränderungen, die die Frauen erleben, und die bei vielen mit einem Rückgang der körperlichen Aktivität einhergehen, machen es besonders wichtig, die Knochen durch eine gesunde Lebensweise zu stärken. Weitere Risikofaktoren für Osteoporose sind die familiäre Vorgeschichte, der Knochenbau und Rauchen sowie andere Aspekte des Lebensstils (eine detaillierte Liste finden Sie in der Tabelle auf Seite 235). Gegenwärtig sind in Deutschland etwa 20 von 100 Frauen zwischen 50 und 70 Jahren von einer Osteoporose betroffen. Ein Teil von ihnen wird im Laufe ihres Lebens einen Knochenbruch erleiden, der mit der Osteoporose zusammenhängt.

Während man eine Osteoporose und die mit ihr einhergehenden Symptome, wie den Rückgang der Körpergröße, vornüber geneigte Haltung (»Witwenbuckel«) und spröde Knochen, jedoch früher als normalen Teil des Alterungsprozesses ansah, gilt das inzwischen als vermeidbar. Wissenschaftliche Studien haben gezeigt, dass viel Bewegung und gesunde Ernährung in den mittleren Lebensjahren Knochengewebe erhalten und der Entwicklung von Knochenschwund in späteren Jahren vorbeugen kann – selbst wenn man erst später im Leben zu diesem gesunden Lebensstil übergeht. Überdies hilft eine gesunde Lebensführung, Osteoporose zu vermeiden – ganz gleich, ob Sie sich für eine Hormonbehandlung entscheiden oder nicht. (Detaillierte Informationen zum Thema Hormonbehandlung finden Sie in Kapitel 2: Sechzig Jahre Hormonbehandlung: Wo stehen wir heute? Zur Behandlung mit natürlichen Hormonen siehe Kapitel 5: Phytoöstrogene und natürliche Hormone.)

Im Folgenden erfahren Sie viel über körperliche Bewegung und eine Ernährung, wie sie für gesunde Muskeln und Knochen wesentlich ist. Wir stellen Ihnen ein detailliertes Trainingsprogramm vor, das sicher und effizient ist, kombiniert mit einfachen Ernährungsstrategien, um die Knochengesundheit während und jenseits der Wechseljahre zu erhalten und zu verbessern.

Knochen: ein Grundkurs

Knochen sind ein aktives, lebendes Gewebe, ähnlich wie Lungen-, Leber- und Nierengewebe. Sie bilden das Gerüst, an dem die Muskulatur ansetzt und das die inneren Organe schützt. Knochen bestehen aus zwei Gewebetypen: Die Knochenrinde (Substantia corticalis [auch: compacta]) bildet die feste, kompakte Außenschicht, die etwa 80 Prozent der Knochenmasse ausmacht; die schwammartige Innenstruktur (Substantia spongiosa [auch: trabekulärer Knochen]), die die restlichen 20 Prozent ausmacht, besteht aus einem Netzwerk feiner Knochenbälkchen. Diese Innenstruktur ist leicht und porös und daher stärker bruchgefährdet als das Knochenäußere. Je nach Knochen variiert der Anteil von Knochenrinde und schwammartiger Innenstruktur. Hüfte, Becken, Wirbelsäule und Handgelenke bestehen überwiegend aus spongiöser Knochensubstanz. Aus diesem Grund treten osteoporotische Knochenbrüche dort am häufigsten auf.

Wenn wir älter werden, wachsen wir, passen uns an, verändern uns – dasselbe gilt für unsere Knochen. Der Prozess, durch den Knochen wachsen und sich verändern, besteht aus Knochenaufbau und -abbau; beides zusammen wird als Knochenumbau bezeichnet. Während der Knochenbildung scheiden die so genannten Osteoblasten eine Eiweißstruktur ab, die zur Remineralisierung und Entstehung von neuem Knochengewebe führt. Während des Knochenabbaus produzieren die so genannten Osteoklasten Enzyme, die Knochensubstanz resorbieren und entfernen. Der Umbauzyklus dauert drei bis sechs Monate – annähernd so lange, wie ein gebrochener Knochen braucht, um zu heilen.

Osteoblasten und Osteoklasten arbeiten gleichzeitig und kontinuierlich, um das Skelettgerüst zu schaffen. Während der Kindheit, der Jugend und des frühen Erwachsenenalters überwiegt der Knochenaufbau den -abbau. Bei angemessener Ernährung und körperlicher Bewegung wachsen die Knochen dann in die Länge und Breite und werden zunehmend dichter. In den Zwanzigern und Dreißigern hält sich die Aktivität von Osteoblasten und Osteoklasten weitgehend die Waage, und die Knochendichte bleibt relativ konstant.

Um die vierzig und fünfzig herum beginnt sich dieses Gleichgewicht so zu verschieben, dass mehr Knochengewebe ab- als aufgebaut wird. In der Folge verringert sich die Knochendichte allmählich. Bei Frauen geht diese Verschiebung größtenteils auf den in den Wechseljahren und der Zeit danach absinkenden Östrogenspiegel zurück. Östrogen hält die Osteoklastenaktivität im Zaum; wenn der Östrogenspiegel sinkt, wird weniger Knochen aufgebaut.

Östrogen spielt darüber hinaus eine wichtige Rolle bei der

Kalziumaufnahme und beim Vitamin-D-Stoffwechsel – beides entscheidend wichtig für starke Knochen. Vor den Wechseljahren steht den Knochen bildenden Osteoblasten mehr Kalzium zur Verfügung, weil Östrogen dem Darm hilft, Kalzium aus der Nahrung aufzunehmen und zudem den Kalziumrückhalt in den Nieren fördert, sodass weniger Kalzium mit dem Urin ausgeschieden wird. Darüber hinaus regt Östrogen die Aktivität von Vitamin D an.

So halten Sie Ihre Knochen ein Leben lang stark

Bei einer deutlich verringerten Knochendichte kommt es zu einer Osteoporose. Diese Erkrankung ist dadurch charakterisiert, dass die Knochen spröder und anfälliger für Brüche sind. Osteoporotische Knochenbrüche können nicht nur auftreten, wenn man stürzt, sondern bereits aus nichtigem Anlass, beispielsweise beim Heben, Bücken, Drehen und anderen alltäglichen Belastungen. Die Angst zu stürzen kann zu einer starken psychischen Belastung werden und das alltägliche Leben der Betroffenen deutlich einschränken.

Es gibt zwar Medikamente, mit deren Hilfe sich die Knochendichte wirksam steigern lässt – dennoch ist Vorbeugung eindeutig das bessere Vorgehen. (Mehr über Medikamente erfahren Sie in den Tabellen auf Seite 242 bis 245.) Für geeignete Vorbeugemaßnahmen ist es wesentlich, dass Sie Ihre persönlichen Risikofaktoren für Osteoporose identifizieren.

Risikofaktoren für Osteoporose

Faktoren, die Sie beeinflussen können	*Faktoren, die Sie nicht beeinflussen können*	*Medikamente**
Geringes Körpergewicht	Erhöhtes Alter	Kortisone
Kalzium- und Vitamin-D-arme Ernährung	Ethnische Zugehörigkeit	Epilepsiemittel
Magersucht	Osteoporose in der Familie	Heparin
Exzessiver Alkohol- oder Kaffeekonsum	In oder nach den Wechseljahren	Lithium
Geringe körperliche Aktivität	Weibliches Geschlecht	
Rauchen	Zarter Körperbau	
	Bestimmte Erkrankungen:* Schilddrüsenüberfunktion Cushing-Syndrom Typ-1-Diabetes Lebererkrankungen	

* Hier sind nur einige Krankheiten und Medikamente angegeben, die das Osteoporoserisiko beeinflussen können. Wenn Sie unter einer chronischen Krankheit leiden und regelmäßig Medikamente nehmen, sollten Sie regelmäßig mit Ihrem Arzt über Ihre Knochengesundheit sprechen.

Viele dieser Faktoren, die das Osteoporoserisiko erhöhen können, können Sie selbst ausschalten: Rauchen, mangelhafte Ernährung und unzureichende körperliche Bewegung. Auf andere Risikofaktoren haben Sie keinen Einfluss. Sie können weder Ihre ethnische Zugehörigkeit noch Ihr Geschlecht, Ihre familiäre Vorbelastung, Ihren Wechseljahrsstatus oder chronische Erkrankungen wie eine Schilddrüsenüberfunktion ändern. Andererseits können Sie allerlei tun, um die Auswirkungen dieser Faktoren möglichst gering zu halten. Wir werden Ihnen dazu in diesem Kapitel Strategien vorstellen. In der Tabelle auf Seite 235 sind eine Reihe von Risikofaktoren und ihre Beziehung zur Osteoporose aufgelistet.

Knochendichtemessung

Wenn Sie um die 50 Jahre alt sind, wird Ihnen beim Besuch in der Arztpraxis möglicherweise eine Knochendichtemessung (Osteodensitometrie) angeboten, und Sie sind unschlüssig, ob Sie sich testen lassen sollen. Die Knochendichte bedingt rund 80 Prozent der Knochenstärke und ist der Einzelfaktor, anhand dessen sich das Risiko für zukünftige Knochenbrüche am besten vorhersagen lässt. Diese Messungen sind zwar wichtig, doch nicht jede Frau muss sich nun auf der Stelle zum Arzt begeben. Unter folgenden Voraussetzungen sollten Sie Ihre Knochendichte prüfen lassen:

- Es gibt Symptome, die auf Osteoporose hindeuten, wie eine Abnahme der Körpergröße oder Knochenbrüche.
- Sie beginnen mit einer Hormontherapie oder einer anderen Behandlung für Ihre Knochen, oder Sie planen, Ihre Hormone abzusetzen.
- Sie weisen bedeutende Risikofaktoren auf.
- Sie sind in den Wechseljahren.

Der Verlust von Knochensubstanz ruft im Allgemeinen keine Symptome hervor. Daher wissen viele Menschen nicht, dass sie unter Osteoporose leiden, bis ihre Knochen so spröde sind, dass sie einfach brechen. Osteoporotische Brüche in der Wirbelsäule machen sich oft durch Rückenschmerzen und eine Verringerung der Körpergröße bemerkbar. Auch Handgelenk, Hüft- und Beckenbrüche treten dann häufiger auf. Wenn Sie mit Ihrem Arzt in der Zeit der Wechseljahre über Ihre Knochengesundheit sprechen, wird er Ihnen eine Reihe von Fragen über Ihre Lebensweise stellen und Ihre medizinische Vorgeschichte bzw. Ihre familiäre Belastung abklären, um zu erfahren, ob bei Ihnen ein Risiko für eine Osteoporose besteht oder nicht. Ihr Arzt wird wissen wollen, ob jemand in Ihrer Familie an Osteoporose leidet oder Knochenbrüche hat. Wenn Ihr Risiko hoch ist und/oder Sie bereits einen Knochenbruch hatten – insbesondere aus geringfügigem Anlass –, empfiehlt Ihnen Ihr Arzt möglicherweise eine Knochendichtemessung.

Die Methode der Wahl zur Bestimmung der Knochendichte ist derzeit eine Röntgenaufnahme in der DXA-Technik (Dual Energy X-Ray Absorptiometry, Zwei-Energien-Röntgen-Absorptiometrie). Sie ist präzise, und die Strahlenbelastung ist gering. Allerdings lässt sich allein mit dem Wissen um die Knochendichte Ihr individuelles Frakturrisiko nicht sicher beurteilen. Dazu müssen auch alle anderen Bedingungen herangezogen werden, die Ihre Knochengesundheit beeinflussen können.

Mit der DXA-Technik lässt sich die Knochendichte an zahlreichen Stellen prüfen, zum Beispiel an der Hüfte, Wirbelsäule und am Handgelenk. Um die Knochendichte zu beurteilen, wird davon ausgegangen, dass bei Frauen unter 75 Jahren die Knochendichte zunächst an der Lendenwirbelsäule bestimmt wurde. Ist der Wert normal oder grenzwertig, soll sie zusätzlich am Oberschenkelknochen gemessen werden.

Weitere Messverfahren, mit denen sich die Knochendichte bestimmen lässt, sind zum Beispiel Single X-Ray Absorptiometry (SXA), Dual- und Single-Photon-Absortiometry (DPA, SPA), Computertomographie, Ultraschall, radiographische Absorptiometrie (RA) und periphere DXA-Untersuchungen (pDXA). Diese Messungen können die Knochendichte an einer oder mehreren der folgenden Stellen bestimmen: Finger, Hand, Ferse, Hüfte, Kniescheibe, Wirbelsäule, Schienbein, ganzer Körper und Handgelenk. Diese Methoden werden aber nicht empfohlen, weil die Sicherheit und Genauigkeit ihrer Aussagen nicht abgesichert sind.

In Deutschland übernehmen die gesetzlichen Krankenkassen die Kosten für eine Knochendichtemessung dann, wenn sich beispielsweise nach einem Knochenbruch aus geringfügigem Anlass ein Verdacht auf Osteoporose ergibt. In welchen Abständen ein solcher Test wiederholt werden sollte, ist individuell verschieden.

Bei der Knochendichtemessung wird ermittelt, wie viel der Knochen an einem speziellen Kalziumsalz pro Flächeneinheit enthält. Dieses wird als Ersatzwert für die Knochenmasse angenommen und in Gramm pro Quadratzentimeter (Gramm/cm^2) ausgedrückt. Die Knochenmasse wird durch einen T-Score oder einen Z-Score beschrieben (siehe Tabellen auf Seite 240f.). Der T-Score vergleicht Ihre Knochendichte mit der einer gesunden, jungen Frau, der Z-Score hingegen mit der anderer Frauen Ihres Alters. Von einer Osteoporose spricht der Arzt, wenn Ihr T-Score 2,5 Standardabweichungen unter der durchschnittlichen Knochendichte einer gesunden, jungen, erwachsenen Frau liegt (auch definiert als ein Knochensubstanzverlust von 25 Prozent oder mehr). Zwischen 1 und 2,5 Standardabweichungen ist klinisch definiert als eine Osteopenie. Darunter versteht man eine Verringerung der Knochenmasse, die aber noch nicht so stark ist, dass man von Osteoporose sprechen kann. Wenn Ihr T-Score höher als –1 ist, liegt Ihre Knochendichte innerhalb einer Standardabweichung des Durchschnitts gesunder, junger Frauen und wird als angemessen betrachtet.

Ob Sie sich in der Prämenopause befinden, in den Wechseljahren sind oder in der Zeit danach – Sie können mancherlei dazu beizutragen, die Knochenmasse zu erhalten, über die Sie gegenwärtig verfügen und vielfach sogar neues

Ihre Knochendichte im Vergleich zu jüngeren Frauen

T-Score	*Statistische Bedeutung*	*Was bedeutet das für Sie?*	*Diagnose*
Höher als –1	Ihre Knochenmasse liegt innerhalb 1 Standardabweichung (oder besser) des Durchschnitts gesunder, junger, erwachsener Frauen.	Ihre Knochenmasse und Ihr Knochenbruchrisiko sind durchschnittlich oder besser: 85 % aller gesunden, jungen Frauen fallen in diesen Bereich.	Angemessene Knochendichte
Zwischen –1 und –2,5	Ihre Knochenmasse liegt zwischen 1 und 2,5 Standardabweichungen unter dem Durchschnitt für gesunde, junge, erwachsene Frauen.	Ihre Knochenmasse ist geringer als normal, und Ihr Knochenbruchrisiko ist etwa doppelt so hoch wie im Durchschnitt. Bei 1 bis 14 % gesunder, junger, erwachsener Frauen liegt die Knochendichte in diesem Bereich.	Osteopenie
Unter –2,5	Ihre Knochenmasse liegt um mehr als 2,5 Standardabweichungen unter dem Durchschnitt bei gesunden, jungen, erwachsenen Frauen.	Ihre Knochendichte ist geringer als die von 99 % der gesunden, jungen, erwachsenen Frauen. Ihr Knochenbruchrisiko ist im Vergleich zum Durchschnitt um rund das Dreifache erhöht.	Osteoporose

Ihre Knochendichte im Vergleich zu der von Frauen Ihres Alters

Z-Score	*Statistische Bedeutung*	*Was bedeutet das für Sie?*
Höher als –1	Ihre Knochenmasse liegt innerhalb 1 Standardabweichung (oder besser) des Durchschnitts von Frauen Ihres Alters.	Ihre Knochenmasse liegt innerhalb oder oberhalb des normalen Bereichs für Frauen Ihres Alters.
Zwischen –1 und –2,5	Ihre Knochenmasse liegt zwischen 1 und 2,5 Standardabweichungen unter dem Durchschnitt für Frauen Ihres Alters.	Ihre Knochenmasse liegt unter dem Durchschnitt Ihrer Altersgruppe. Verglichen mit Gleichaltrigen gehören Sie zu den unteren 1 bis 14 %.
Unter –2,5	Ihre Knochenmasse liegt um mehr als 2,5 Standardabweichungen unter dem Durchschnitt für Frauen Ihres Alters.	Ihre Knochendichte ist viel geringer – geringer als die von 99 % aller Frauen Ihres Alters.

Knochengewebe aufbauen. Später in diesem Kapitel werden wir Ihnen Übungen und Ernährungsstrategien vorstellen, um die Knochengesundheit zu fördern, darunter spezielle Empfehlungen für diejenigen, die bereits eine geringe Knochendichte haben.

Wenn Ihre Knochendichtemessung eine Osteopenie oder Osteoporose zeigt, können Sie auch Möglichkeiten der medikamentösen Behandlung in Betracht ziehen. Die Informationen, die wir Ihnen hier geben, basieren auf den zur Zeit des Drucks aktuellen Empfehlungen des Dachverbands der deutschsprachigen osteologischen Fachgesellschaften. Es ist aber wichtig, dass Sie Ihre Behandlung mit Ihrem Arzt diskutieren, um die zu finden, die am besten auf Sie persönlich zugeschnitten ist.

Medikamente bei geringer Knochendichte und Indikationen für ihre Verwendung

Bisphosphonat

Wirkstoff: Alendronsäure (Markenname: Fosamax)

Behandlung: 10 Milligramm/Tag oder 70 Milligramm einmal pro Woche

Wirkung: mindert Knochenverlust, erhöht die Knochendichte, verringert das Bruchrisiko

Unerwünschte Wirkungen: Bauch-, Knochen-, Muskel- und Gelenkschmerzen, Übelkeit, Sodbrennen und Speiseröhrenreizung

Bitte beachten:

- Das Medikament müssen Sie mit einem vollen Glas Leitungswasser morgens auf leeren Magen einnehmen; danach sollten Sie sich mindestens 30 Minuten lang nicht hinlegen; während dieser Zeit dürfen Sie nichts essen oder trinken
- Auch für Männer mit Osteoporose zugelassen

Bisphosphonat

Wirkstoff: Natriumrisedronat (Markenname: Actonel)

Vorbeugung: 5 Milligramm/Tag

Behandlung: 5 Milligramm/Tag oder 35 Milligramm einmal pro Woche

Wirkung: mindert Knochenverlust, erhöht Knochendichte, verringert Frakturrisiko

Unerwünschte Wirkungen: Bauch-, Knochen-, Muskel- und Gelenkschmerzen, Übelkeit, Sodbrennen und Speiseröhrenreizung

Bitte beachten:

- Das Medikament müssen Sie mit einem vollen Glas Leitungswasser morgens auf leeren Magen einnehmen; danach sollten Sie sich mindestens 30 Minuten lang nicht hinlegen; während dieser Zeit dürfen Sie nichts essen oder trinken

Hormon

Wirkstoff: Kalzitonin (Markenname: z. B. Karil)

Behandlung: Täglich 50 bis 100 Einheiten injiziert

Wirkung: Bremst den Verlust an Knochenmasse, lindert Knochenschmerzen

Unerwünschte Wirkungen: Rötung von Gesicht und Händen, erhöhter Harndrang, Übelkeit und Hautausschlag

Bitte beachten:

- Muss täglich injiziert werden
- Nicht länger als sechs Monate anwenden

SERM (Selektiver Östrogenrezeptor-Modulator)

Wirkstoff: Raloxifen (Markenname: Evista)

Vorbeugung und Behandlung: 60 Milligramm/Tag als Tablette, bei Frauen nach den Wechseljahren

Wirkung: Erhöht die Knochenmasse, senkt das Risiko von Wirbelbrüchen

Unerwünschte Wirkungen: Hitzewallungen, Venenthrombosen

Weibliche Geschlechtshormone

Wirkstoff: Östrogene (zahlreiche Markennamen)

Vorbeugung: Konjugierte Östrogene: 0,625 Milligramm/Tag, Estradiol-Tabletten: 2 Milligramm/Tag, Estradiol im Pflaster: 0,05 Milligramm/Tag.

Wirkung: Östrogen kann offenbar in Hüfte und Wirbelsäule den Knochenverlust verringern, die Knochendichte erhöhen und das Risiko von Wirbel- und Oberschenkelhalsbrüchen bei postmenopausalen Frauen verringern.

Wichtiger Hinweis: Östrogen allein erhöht bei Frauen, deren Gebärmutter nicht entfernt wurde, das Risiko für Gebärmutterschleimhautkrebs. Um dieses Risiko zu vermeiden, muss Östrogen mit einem Gestagen kombiniert werden. Außerdem erhöht die Hormonbehandlung das Risiko für Brustkrebs, Schlaganfall, Herzinfarkt und Blutgerinnsel (siehe Kapitel 2: Sechzig Jahre Hormonbehandlung: Wo stehen wir heute?). Die Anwendung zur Vorbeugung von Osteoporose kann allenfalls nach sorgfältiger individueller Prüfung für Frauen erwogen werden, die ein hohes Risiko für Osteoporose haben und andere Mittel nicht anwenden dürfen oder nicht vertragen.

Andere unerwünschte Wirkungen: Blutungen aus der Scheide, erhöhte Empfindlichkeit der Brust, Stimmungsschwankungen und Gallenblasenerkrankungen.

Gute Ernährung für gesunde Knochen

Ob Sie regelmäßig Fleisch und Milchprodukte essen oder ob Sie Vegetarierin sind – sich so zu ernähren, dass Ihre Knochen gesund bleiben, ist leichter, als Sie vielleicht denken. Sie müssen vor allem darauf achten, genügend Kalzium zu sich zu nehmen. Im folgenden Abschnitt werden einige Mineralstoffe und Vitamine besprochen, die für den Knochenstoffwechsel wichtig sind.

Kalzium

Kalzium macht einen beträchtlichen Teil unserer Knochenmasse aus und spielt für starke Knochen eine entscheidende Rolle. Außerdem ist es wesentlich für Körperfunktionen wie die Übertragung von Nervenimpulsen, Muskelkontraktion und Blutdruckregulation. Um diese Aktivitäten aufrechtzuerhalten und um sicherzustellen, dass der Prozess des Knochenauf- und -abbaus richtig funktioniert, müssen Sie regelmäßig eine angemessene Menge Kalzium zu sich nehmen – sei es mit der Nahrung oder als Arzneimittel. Mangelt es dem Körper an Kalzium, zapft er Ihr Skelett an, um seinen

Kalziumbedarf zu decken, denn anders kann er seine Vitalfunktionen sonst nicht erfüllen. Ist die Kalziumversorgung längere Zeit zu gering, leiden Ihre Knochen.

Frauen zwischen 19 und 65 Jahren empfiehlt die Deutsche Gesellschaft für Ernährung (DGE), täglich 1000 Milligramm Kalzium aufzunehmen (siehe Tabelle Seite 250). Untersuchungen zeigen jedoch, dass viele Frauen in Deutschland diese Menge nicht erreichen. Später in diesem Kapitel machen wir Ihnen Vorschläge für eine Ernährung, die reich ist an Kalzium und anderen Nährstoffen, die für die Knochengesundheit wichtig sind (siehe Tabellen auf Seite 251 bis 257).

Wenn Sie mit der Nahrung nicht genug Kalzium aufnehmen können (beispielsweise, weil Sie eine Laktoseintoleranz haben), bitten Sie Ihren Arzt oder Apotheker, Ihnen ein Arzneimittel mit Kalzium zu empfehlen. Kalzium wird vorwiegend als Kalziumkarbonat und Kalziumzitrat angeboten. In der Regel ist Kalziumkarbonat etwas preiswerter als das andere Kalziumsalz. Nachteilig ist, dass Kalziumkarbonat nicht auf leeren Magen eingenommen werden sollte und bei manchen Frauen zu Blähungen und/oder Verstopfung führt. Kalziumzitrat ist etwas teuerer, aber es wird besser aufgenommen, ruft gewöhnlich weder Blähungen noch Verstopfung hervor und kann genauso auf leeren wie auf vollen Magen genommen werden.

Wie viel Kalzium aus dem Verdauungstrakt ins Blut übertritt, wird davon beeinflusst, ob gleichzeitig viel Eiweiß, Koffein oder Natrium aufgenommen wurde. Auch Ballaststoffe können die Kalziumaufnahme verringern, weil bei ballaststoffreicher Ernährung der Nahrungsbrei den Darm unter Umständen so rasch passiert, dass nicht genügend Kalzium aufgenommen werden kann.

Vitamin D

Vitamin D ist ebenfalls ein wichtiger Nährstoff für die Knochengesundheit. Ohne dieses Vitamin kann der Körper das Kalzium, das er mit unserer Nahrung erhält, nicht verwerten, und der Prozess, bei dem Kalzium in die Knochen eingelagert wird, ist gestört. Eine gewisse Menge Vitamin D nimmt jeder Mensch mit der Nahrung auf; zudem wird das Vitamin in der Haut produziert, wenn diese dem Sonnenlicht ausgesetzt ist. In der Regel genügen 10 bis 15 Minuten Sonneneinwirkung zwei- bis dreimal die Woche, um eine ausreichende Vitamin-D-Produktion zu gewährleisten.

Ab einem Alter von etwa 50 Jahren nimmt der Körper Vitamin D jedoch nicht mehr so problemlos auf wie zuvor; auch die Vitamin-D-Produktion mithilfe von Sonnenlicht lässt nach. Daher ist es wichtig, eine genügende Vitamin-D-Versorgung mit der Nahrung oder gegebenenfalls mithilfe von Arzneimitteln sicherzustellen (siehe Tabelle auf Seite 257).

Es gibt nur wenige Lebensmittel, die reich an Vitamin D sind. Die wichtigsten Quellen für Vitamin D sind Eidotter sowie Meeresfisch und Meeresfrüchte aus kalten Meeresgewässern, wie Atlantikmakrele, Heilbutt, Hering, Austern und Tunfisch. In den Klimazonen, in denen die Sonneneinstrahlung mehrere Monate im Jahr nur schwach ist, kann der Körper allein nicht genug Vitamin D produzieren.

Um es noch einmal zusammenzufassen: Bei Menschen über sechzig ist nicht immer sicher, dass ihr Körper mit der Nahrung und durch genügend lange Aufenthaltszeiten im Freien so viel Vitamin D bekommt wie für die Knochengesundheit notwendig ist. Daher kann es sinnvoll sein zu überlegen, ob Sie dieses Vitamin als Medikament zuführen sollten. Für Frauen bis fünfundsechzig beträgt die von der DGE empfohlene Tagesdosis 5 Mikrogramm/Tag; ab fünfundsechzig 10 Mikrogramm.

Eine Arbeit, die im September 2000 im *American Journal of Clinical Nutritition* von Dr. Bess Dawson-Hughes und Kollegen von der Tufts-Universität veröffentlicht wurde, zeigt, dass die Medikamente kontinuierlich eingenommen werden müssen, wenn sie die Knochengesundheit langfristig erhalten sollen. Männer und Frauen (68 Jahre und älter), die an unserem Forschungszentrum an einer dreijährigen, randomisierten Studie zum Thema Kalzium- und Vitamin-D-Einnahme teilnahmen, zeigten im Verlauf der Studie eine signifikante Zunahme der Knochendichte und eine ebensolche Verringerung der Knochenbruchrate. Die medizinische Geschichte der Teilnehmer wurde zwei weitere Jahre lang verfolgt, in denen sie keine solchen Mittel nahmen. Es zeigte sich, dass in den beiden Jahren ohne Kalzium- und Vitamin-D-Einnahme ein großer Teil der Vorteile für die Knochengesundheit wieder verloren ging, den die vorherige Einnahme ergeben hatte.[1]

Magnesium und Kalium

Diese beiden Mineralstoffe spielen für viele Körperfunktionen wie auch für die Knochengesundheit eine wichtige Rolle. Zum Glück ist es nicht schwer, von diesen Mineralstoffen mit der Nahrung genügend aufzunehmen (siehe die Tabellen auf Seite 253 bis 255). Obst und Gemüse sind ausgezeichnete Quellen für Magnesium und Kalium, Vollkornprodukte eine gute Magnesiumquelle und Milch wie Jogurt liefern reichlich Kalzium. Es gibt keine überzeugenden Studien, die nahelegen, Kalium und Magnesium zusätzlich zuzuführen, um den Allgemeinzustand oder die Knochengesundheit zu verbessern. Frauen zwischen 19 und 25 Jahren sollten nach Empfehlung der DGE 310 Milligramm, Frauen von 25 bis über 65 Jahren 300 Milligramm Magnesium zu sich nehmen. Die Kaliumzufuhr sollte für alle Altersgruppen bei 2000 Milligramm liegen.

Vitamin C und K

Die Vitamine C und K sind wichtig für die Kollagenproduktion, die den ersten Schritt zur Bildung von neuem Knochenmaterial darstellt. Die Vitamin-C-Zufuhr sollte nach Empfehlungen der DGE für alle Altersgruppen 100 Milligramm/Tag betragen, die Vitamin-K-Zufuhr für Frauen von 19 bis unter 25 Jahren 60 Mikrogramm, für ältere Frauen 65 Mikrogramm – auch wenn vorläufige Forschungsergebnisse dafür sprechen, dass ein höherer Vitamin-C- und Vitamin-K-Konsum für die Knochengesundheit vorteilhaft sein könnte. Sie können viel Vitamin C durch den Verzehr von Obst und Gemüse zu sich nehmen. Gemüse wie Brokkoli, Rosenkohl, Spinat und Kohlblätter sind ausgezeichnete Vitamin-K-Quellen (siehe Tabellen auf Seite 255f.).

Wenn Sie sich wegen des einen oder anderen Nährstoffs Sorgen machen oder sich für einfache Möglichkeiten interessieren, den Nährstoffgehalt Ihres Speisezettels zu erhöhen, schauen Sie sich die zehn Ernährungstipps zur Verbesserung der Knochengesundheit in der Tabelle auf Seite 258 an.

Empfohlene tägliche Zufuhr von Vitaminen und Mineralstoffen, die für die Knochengesundheit wichtig sind*

Nährstoff	*Empfohlene tägliche Zufuhr*	
Kalzium	19 bis über 65 Jahre:	1000 Milligramm
Vitamin D	bis 65 Jahre: über 65 Jahre:	5 Mikrogramm 10 Mikrogramm
Magnesium	19 bis unter 25 Jahre: 25 bis über 65 Jahre:	310 Milligramm 300 Milligramm
Kalium	2000 Milligramm	
Vitamin C	100 Milligramm	
Vitamin K	19 bis unter 51 Jahre: 51 bis über 65 Jahre:	60 Mikrogramm 65 Mikrogramm

* *Quelle:* Deutsche Gesellschaft für Ernährung, Referenzwerte für die Nährstoffzufuhr; Werte für Frauen.

Nährstoffreiche Nahrungsmittel*

Nahrungsmittel	*In 100 Gramm essbarem Anteil sind enthalten*
Reich an Kalzium	
Vollmilch	120 Milligramm
Jogurt mit mindestens 3,5 % Fett	120 Milligramm
Milch, fettarm (1,5–1,8 % Fett)	120 Milligramm
Hartkäse (z. B. Parmesan, Emmentaler, Appenzeller mit 20 % Fett)	1000–1200 Milligramm
Weichkäse mit mittlerem Kalziumgehalt (z. B. Feta mit 45 % Fett, Brie mit 50 % Fett, Gouda mit 45 % Fett)	400–820 Milligramm
Weichkäse mit geringem Kalziumgehalt (z. B. Hüttenkäse und Kochkäse mit 20 % Fett, Frischkäse mit 50 % Fett)	95–180 Milligramm
Sahnejogurt	120 Milligramm
Kaffeesahne (mindestens 10 % Fett)	100 Milligramm
Sojabohnen und andere Bohnen	
Sojabohnen, Samen, trocken	200 Milligramm
Sojamehl, vollfett	195 Milligramm
Tofu	85 Milligramm
Prinzessbohnen, Samen, trocken	530 Milligramm

* *Quelle:* Der Kleine Souci-Fachmann-Kraut, Lebensmitteltabellen für die Praxis, WVD, Stuttgart, 2004

Nahrungsmittel	*In 100 Gramm essbarem Anteil sind enthalten*
Gartenbohnen, Stangenbohnen, Samen, weiß, trocken	115 Milligramm
Bohnen, Gartenbohnen, grün (Schnittbohne)	60 Milligramm
Mungbohnen, Samen, trocken	110 Milligramm
Limabohnen, Samen, trocken	90 Milligramm
Gemüse	
Grünkohl, gekocht	210 Milligramm
Spinat	115 Milligramm
Wirsing	65 Milligramm
Chinakohl	40 Milligramm
Blumenkohl	20 Milligramm
Brokkoli	60 Milligramm
Fisch	
Ölsardine, abgetropft	330 Milligramm
Flunder	50 Milligramm
Hering (Ostsee)	70 Milligramm
Kabeljau	25 Milligramm
Lachs	15 Milligramm
Heilbutt	14 Milligramm
Makrele	12 Milligramm

Nahrungsmittel	*In 100 Gramm essbarem Anteil sind enthalten*
Reich an Magnesium	
Sonnenblumenkerne, trocken	420 Milligramm
Cashewnüsse	265 Milligramm
Haselnüsse/Mandeln/Pistazien ohne Schale	155–170 Milligramm
Linsen, Samen, trocken	130 Milligramm
Spinat	60 Milligramm
Petersilie	45 Milligramm
Schnittlauch	44 Milligramm
Gartenerbsen, Samen grün, frisch	35 Milligramm
Artischocken	25 Milligramm
Haferflocken	135 Milligramm
Hirse, geschältes Korn	125 Milligramm
Weizenvollkornbrot	60 Milligramm
Roggenvollkornbrot	55 Milligramm
Zuckermais	25 Milligramm
Kartoffeln	20 Milligramm
Tomate	12 Milligramm
Jogurt, fettarm	11 Milligramm
Karpfen, Tunfisch	50 Milligramm
Garnelen	65 Milligramm
Austern, Miesmuscheln	30 Milligramm

Nahrungsmittel	*In 100 Gramm essbarem Anteil sind enthalten*
Reich an Kalium	
Feigen, frisch	250 Milligramm
Feigen, getrocknet	850 Milligramm
Rosinen, getrocknet	780 Milligramm
Bananen	370 Milligramm
Aprikosen	280 Milligramm
Pflaumen, frisch	175 Milligramm
Pflaumen, getrocknet	825 Milligramm
Grapefruitsaft, Handelsware	150 Milligramm
Orangensaft, ungesüßt, Handelsware	140 Milligramm
Äpfel	120 Milligramm
Avocados	485 Milligramm
Möhren	320 Milligramm
Sauerkraut, abgetropft	290 Milligramm
Schnittlauch	435 Milligramm
Vollmilch	140 Milligramm
Forelle	415 Milligramm
Karpfen	385 Milligramm
Tunfisch	365 Milligramm
Rotbarsch, Seezunge	310 Milligramm
Salzhering	240 Milligramm

Nahrungsmittel	*In 100 Gramm essbarem Anteil sind enthalten*
Gans, Durchschnitt mit Haut	420 Milligramm
Huhn, Brust, mit Haut	265 Milligramm
Schweinefleisch, Filet	350 Milligramm
Rinderleber	330 Milligramm
Reich an Vitamin C	
Sanddornbeeren	450 Milligramm
Johannisbeeren, schwarz	175 Milligramm
Johannisbeeren, rot, Stachelbeeren	35 Milligramm
Orangensaft	45 Milligramm
Grapefruitsaft	35 Milligramm
Zitronen	50 Milligramm
Erdbeeren	65 Milligramm
Mangos	35 Milligramm
Himbeeren	25 Milligramm
Kiwis	20–300 Milligramm (abhängig von Erntezeit und Lagerung)
Petersilie	160 Milligramm
Paprikaschote, grün	120 Milligramm
Grünkohl	105 Milligramm
Rosenkohl	110 Milligramm
Brokkoli	100 Milligramm

Nahrungsmittel	*In 100 Gramm essbarem Anteil sind enthalten*
Löwenzahnblätter	70 Milligramm
Blumenkohl	65 Milligramm
Gartenkresse	60 Milligramm
Rotkohl	55 Milligramm
Spinat	50 Milligramm
Reich an Vitamin K	
Grünkohl	815 Mikrogramm
Hühnerherz	720 Mikrogramm
Portulak, Schnittlauch	380 Mikrogramm
Petersilienblätter	420 Mikrogramm
Spinat	305 Mikrogramm
Kichererbsen, Samen, trocken	265 Mikrogramm
Brunnenkresse	250 Mikrogramm
Fenchel	240 Mikrogramm
Rosenkohl	235 Mikrogramm
Brokkoli	155 Mikrogramm
Sojamehl, vollfett	200 Mikrogramm
Mungbohnen	170 Mikrogramm
Weizenkeime	130 Mikrogramm
Linsen, Samen, trocken	125 Mikrogramm
Kopfsalat	115 Mikrogramm

Nahrungsmittel	*In 100 Gramm essbarem Anteil sind enthalten*
Reich an Vitamin D	
Hering, Bückling	30 Mikrogramm
Hering, mariniert (Bismarckhering)	13 Mikrogramm
Salzhering	10 Mikrogramm
Sardine	11 Mikrogramm
Aal	20 Mikrogramm
Aal, geräuchert	90 Mikrogramm
Lachs	16 Mikrogramm
Austern	8 Mikrogramm
Kaviar	6 Mikrogramm
Eidotter	6 Mikrogramm
Heilbutt, Tunfisch	5 Mikrogramm
Atlantik-Makrele	4 Mikrogramm
Rotbarsch	2 Mikrogramm
Champignons, Pfifferlinge, Steinpilze	2–3 Mikrogramm

Zehn Ernährungstipps zur Verbesserung der Knochengesundheit

	Tipp	*Nährstofferhöhung*
1.	Bereiten Sie Suppen, Aufläufe und andere Gerichte mit entfetteter oder fettreduzierter Milch zu.	Erhöht Kalzium und Vitamin D.
2.	Essen Sie zwischendurch einen Erdbeer-Bananenjogurt.	Erhöht Kalzium, Vitamin C und Kalium.
3.	Naschen Sie lieber Mandeln als Kartoffelchips oder Brezeln.	Erhöht Kalzium.
4.	Essen Sie Vollkornbrot statt Weißbrot.	Erhöht Magnesium.
5.	Probieren Sie jungen Spinat als Salatbasis statt Kopfsalat.	Erhöht Vitamin K und Magnesium.
6.	Geben Sie geriebenen Cheddar-Käse und Brokkoli auf Ihre gebackene Kartoffel.	Erhöht Kalzium, Magnesium und Vitamin K.
7.	Trinken Sie einen Milchshake zum Dessert.	Erhöht Vitamin D und Kalzium.
8.	Geben Sie gekühlten Salzwasserfisch oder Meeresfrüchte über Ihren Salat oder Ihre Pasta.	Erhöht Vitamin D.
9.	Geben Sie Gerste oder Naturreis in die Suppe.	Erhöht Magnesium.
10.	Essen Sie jeden Tag mehrere Portionen frisches Obst und Gemüse der Saison.	Erhöht Magnesium, Kalium, Vitamin C und Vitamin K.

Trainingsprogramm für gesunde Knochen

Wir alle wissen, dass ein Muskel kräftiger wird, je mehr er beansprucht wird. Aber wussten Sie auch, dass Knochen umso dichter und stärker werden, je mehr sie belastet werden? Werden Knochen hingegen nicht durch körperliche Bewegung beansprucht, verlieren sie insbesondere bei älteren Menschen an Masse und Dichte. Zusammen mit einer guten Ernährung können gezielte Übungen dazu beitragen, die Auswirkungen des verringerten Östrogenspiegels und einer verminderten Knochenbildung in den Wechseljahren und danach zu bekämpfen. Zwei Formen körperlichen Trainings sind für den Erhalt von Knochenmasse und -dichte wichtig: Belastungstraining (Gewichtheben, speziell für Arme, Beine und Rumpf) und Ausdauertraining (Gehen, Radfahren, Laufen, Tanzen). Darüber hinaus kann körperliches Training dadurch, dass es Ihre Knochen und Muskeln stärkt und Ihr Gleichgewicht verbessert, dazu beitragen, Stürzen und Knochenbrüchen vorzubeugen. Aber Achtung: Falls Sie Osteoporose haben oder vermuten, dass Sie unter Osteoporose leiden, ist es wichtig, besonders vorsichtig zu sein, wenn Sie ein Trainingsprogramm starten. Konsultieren Sie zuerst Ihren Arzt und fragen Sie ihn, wie hoch Ihr Risiko für Knochenbrüche ist.

Im Allgemeinen tragen die meisten körperlichen Aktivitäten zu einer besseren Gesundheit von Körper, Geist und Seele bei und vielfach auch zu einer höheren Knochendichte. Bei manchen sportlichen Aktivitäten, wie Schwimmen, konnte nicht nachgewiesen werden, dass sie die Knochengesundheit fördern, aber sie spielen eine wichtige Rolle bei der Vorbeugung von chronischen Krankheiten, wie koronarer Herzkrankheit. Das Gleiche gilt für andere Freizeitaktivitäten: Auch wenn sich beispielsweise beim Golfspielen kein spezifischer positiver Effekt auf die Knochendichte zeigen lässt, tragen solche Aktivitäten wahrscheinlich doch zum Erhalt der Knochengesundheit bei, denn mehr körperliche Bewegung bedeutet generell stärkere Muskeln und einen besseren körperlichen Allgemeinzustand, kurz: mehr Fitness. Um eine optimale Wirkung zu erzielen, sollten Sie mindestens dreimal pro Woche mindestens 30 Minuten lang so intensiv trainieren, dass Sie ins Schwitzen geraten; zusätzlich sind 30 bis 60 Minuten allgemeiner körperlicher Bewegung, wie Radfahren, Gehen, Golf- oder Tennisspielen, Yoga, Pilates oder Schwimmen an den meisten Tagen der Woche zu empfehlen.

In der folgenden Liste sind verschiedene Formen körperlicher Bewegung aufgezählt. Die so genannten »High-Impact«-Sportarten, bei denen auf die Knochen hohe Kräfte wirken und die sich deshalb besonders positiv auf die Knochendichte auswirken, sind mit einem Sternchen markiert. Wenn Sie unter Osteopenie oder Osteoporose leiden, sollten Sie solche Sportarten erst nach Rücksprache mit Ihrem Arzt ausüben.

Liste empfohlener körperlicher Aktivitäten

Aerobes Training

Laufen, Joggen*
Kickboxen*
High-Impact-Aerobics (auch: Step-Aerobics)*
Low-Impact-Aerobics
Rasches Gehen (Walking, Nordic-Walking)
Radfahren
Schwimmen
Treppensteigen
Zirkeltraining/Crosstraining

Krafttraining

Gewichtheben mit Maschinen oder freien Gewichten
Liegestütze
Kniebeugen

Sport- und Freizeitaktivitäten

Basketball*
Volleyball*
Gymnastik*
Seilspringen*
Tennis
Golf
Gartenarbeit

Andere

Trampolinspringen*
Yoga
Pilates
Dehnübungen
Wasseraerobics

Krafttraining für gesunde Knochen und Muskeln

Da Ihre Knochen, Muskeln und Ihr Herz-Kreislauf-System auf das Maß an körperlicher Belastung reagieren, dem sie ausgesetzt sind, ist Krafttraining eine perfekte Aktivität, um die Knochengesundheit zu erhalten. Spezielle Krafttrainingsübungen können gezielt Knochen im Körper ansprechen, die besonders bruchgefährdet sind – vor allem Hüfte, Oberschenkelhals, Wirbelsäule und Handgelenke.

Inzwischen gibt es zahlreiche Studien, welche die Bedeutung von Krafttraining für die Knochengesundheit belegen. So haben Wissenschaftler der Mayo-Klinik in Rochester, Minnesota, beispielsweise eine Studie publiziert, die demonstriert, dass Krafttraining die Zahl der Knochenbrüche vermindert.[2] Interessant an dieser Studie ist, dass sich die Vorteile viele Jahre nach Abschluss der Hauptstudie zeigten.

Vor mehr als einem Jahrzehnt wählten die Wissenschaftler eine Gruppe von 50 Frauen zwischen damals 58 und 75 Jahren aus und teilten sie nach dem Zufallsprinzip in zwei Gruppen ein. Eine Gruppe führte zwei Jahre lang Übungen zur Kräftigung der Rückenmuskulatur durch, die andere Gruppe diente als Kontrollgruppe. Am Ende der beiden Jahre besaßen die Frauen, die am Krafttraining teilgenommen hatten, eine kräftigere Rückenmuskulatur, aber es gab zwischen beiden Gruppen keinen Unterschied in der Knochendichte. Acht Jahre später holten die Wissenschaftler die Frauen zurück ins Labor, um sie zu kontrollieren und herauszufinden, ob es immer noch Unterschiede gab. Was sie sahen, war dramatisch. Die Frauen, die damals am Krafttraining teilgenommen hatten, hatten noch immer kräftigere Rückenmuskeln, aber diesmal war auch ihre Knochendichte höher als in der Kontrollgruppe. Und was am wichtigsten war: Die Frauen in der Kontrollgruppe hatten fast dreimal so viele Wirbelbrüche erlitten wie die Frauen der ursprünglichen Krafttrainingsgruppe. In der Kontrollgruppe hatte es 14 so genannte Kompressionsfrakturen gegeben, in der Krafttrainingsgruppe hingegen nur sechs. Damit war der Unterschied zwischen den Gruppen ganz deutlich.

Es gibt buchstäblich Hunderte von Kraftübungen und Abwandlungen, die sich günstig auf den Erhalt der Knochengesundheit auswirken. Wir haben jedoch ein paar spezielle Übungen ausgewählt, mit denen wir drei Hauptziele verfolgt haben.

Das erste Ziel war, ein Programm zu entwerfen, das sich einfach und mit möglichst wenig Ausrüstung durchführen lässt, ohne ein Sportstudio oder Fitnesscenter aufsuchen zu müssen.

Das zweite Ziel bestand darin, nur Übungen zu empfehlen, die sich in Rahmen gründlicher Tests und dank langer eigener Erfahrung als sicher herausgestellt hatten. (Wir haben diese Übungen im Labor wie auch in häuslicher Umgebung problemlos durchgeführt.)

Das dritte Ziel war sicherzustellen, dass das Programm so angelegt ist, dass Sie es regelmäßig mit möglichst geringem Zeitaufwand durchführen können. Wie Sie an den Beispiel-

Trainingsplänen (siehe Seite 286f.) sehen werden, muss dieses Programm – wie die meisten körperlichen Aktivitäten – nicht an einem Stück durchgeführt werden, um effizient zu sein. Vielmehr möchten wir Sie dazu ermutigen, Krafttraining und andere körperliche Aktivitäten, die Ihnen Spaß machen, in Ihren Alltag zu integrieren.

Das brauchen Sie für den Anfang

Uns war wichtig, dass das Übungsprogramm möglichst wenig Ausrüstung verlangt. Das ist in zweierlei Beziehung hilfreich: Es hält die Kosten niedrig und begrenzt den benötigten Platz.

Notwendige Ausrüstung

1. Zwei bis vier Hantelsätze von unterschiedlichem Gewicht. Welche Gewichte Sie wählen, hängt von Ihrem Erfahrungsniveau und Ihrer Kraft ab. Wenn Sie Anfängerin sind und gerade erst mit dem Krafttraining beginnen, wählen Sie vielleicht 1-, 1,5- und 2,5-Kilo-Hanteln. Wenn Sie schon früher mit Gewichten gearbeitet haben, stellt ein Satz mit 2,5-, 4- und 5-Kilo-Hanteln eine größere Herausforderung für Sie dar.
2. Stuhl und Tisch. Sie brauchen einen stabilen Stuhl, um die Übung »Kniebeugen mit weit gegrätschten Beinen« durchzuführen. Sie brauchen zudem genug Platz und einen stabilen Tisch für die Ausfallschritt-Übung.
3. Teppichboden und/oder eine Matte. Bei einer ganzen Reihe von Übungen liegen Sie auf dem Boden. Wenn der

Teppich dick ist, brauchen Sie vielleicht nur ein großes Badetuch auf den Teppich zu legen. Eine andere Möglichkeit ist, sich eine Sportmatte zuzulegen.

Ausrüstung je nach Wunsch

1. Knöchelgewichte für die Fußgelenke. Knöchelgewichte erhöhen die Intensität mancher Übungen, wie der Übung »Seitlich liegend das Bein heben«.
2. Behälter oder Karre, um Hanteln und Knöchelgewichte zu verstauen.

Zeitliche Abstimmung, Atmung und Intensität

Wenn Sie sich die Übungsanleitungen durchlesen, werden Sie feststellen, dass wir Sie oft auffordern, sich langsam zu bewegen und während jeder Übung auf Ihre Atmung zu achten. Das sieht vielleicht zunächst wie eine unnötige Wiederholung aus, aber Atmen ist einer der wichtigsten Aspekte einer jeden Übungsroutine, und stets lang und kräftig durchzuatmen, ist nicht immer so leicht, wie man vielleicht meint. Damit sich Ihr Training optimal auszahlt und um sicherzugehen, dass Sie sich nicht verletzen, sollten Sie sich langsam bewegen – zählen Sie beim Heben und beim Senken Ihrer Gewichte langsam bis drei (= drei Sekunden) oder auch länger, wenn Sie können. Führen Sie die Übungen ohne Gewichte, wie Kniebeugen, Ausfallschritte und Bauchmuskelübungen, im selben Tempo durch.

Sie haben vielleicht schon gehört, dass es spezielle Atemtechniken für das Krafttraining gibt – beispielsweise Ausatmen in der Hebephase und Einatmen in der Senkphase. Da manche Menschen dazu neigen, den Atem anzuhalten, wenn sie Gewichte heben, möchten wir betonen, dass es weniger wichtig ist, *wann* und *wie* Sie atmen, als dass Sie die ganze Übung hindurch kontinuierlich atmen.

Wenn Sie in einem Sportstudio mit einem Trainer arbeiten, werden Ihre Haltung und Ihre Technik strikt überwacht, und Ihr Trainer sagt Ihnen, wann Sie die Intensität Ihrer Übungen steigern und zu höheren Gewichten übergehen können. Wenn Sie jedoch ein Krafttrainingsprogramm wie dieses zu Hause durchführen wollen, sind Sie im Wesentlichen Ihr eigener Trainer. Wir empfehlen Ihnen daher, zunächst ganz langsam und vorsichtig anzufangen. Das hilft Ihnen, sich mit den Übungen vertraut zu machen und beugt Verletzungen vor. Wenn Sie ein Gespür für die Übungen entwickelt haben und Ihre Kraft zunimmt, können Sie zu höheren Gewichten übergehen.

Um zu entscheiden, ob Sie so weit sind, die Intensität Ihres Trainings zu steigern, oder damit lieber noch warten sollten, stellen Sie sich folgende Fragen:

1. *Bin ich in der Lage, zwei Durchgänge à zehn Wiederholungen ordnungsgemäß zu absolvieren?*
   Nein: Verringern Sie die Gewichtsbelastung auf ein Maß, das Sie zehn Mal ohne allzu große Anstrengung heben können; machen Sie anschließend einen zweiten Durchgang.
   Ja: Bitte gehen Sie zur zweiten Frage über.

2. *Muss ich nach zehn Wiederholungen erst einmal ausruhen, weil das Gewicht für weitere ordnungsgemäße Wiederholungen zu schwer ist?*
   Ja: Sie trainieren mit der richtigen Intensität und sollten nicht zu höheren Gewichten übergehen.
   Nein: Bitte gehen Sie zu Frage 3 und 4 über, um zu entscheiden, wie Sie die Intensität Ihres Trainings sicher erhöhen können.

3. *Hätte ich ein paar Wiederholungen mehr ordnungsgemäß durchführen können, ohne zu pausieren?*
   Ja: Wenn Sie nur *einige wenige* weitere Wiederholungen (nicht den ganzen nächsten Satz von zehn Wiederholungen ohne Pause) durchführen könnten, führen Sie den ersten Satz von Wiederholungen mit dem gegenwärtigen Gewicht durch und den zweiten Satz bei Ihrem nächsten Trainingsdurchgang mit dem nächsthöheren Gewicht. Wenn Sie also beispielsweise gegenwärtig eine 0,5-Kilo-Hantel gebrauchen, benutzen Sie beim zweiten Durchgang eine 1- oder 1,5-Kilo-Hantel.

4. *Hätte ich alle 20 Wiederholungen ohne Pause nacheinander machen können?*
   Ja: Benutzen Sie bei Ihrer nächsten Trainingsrunde für beide Durchgänge schwerere Hanteln.

Krafttrainingsübungen

Kniebeuge mit weit gegrätschten Beinen

Diese Vielzweck-Übung (siehe Abbildung 3) kräftigt die Muskeln von Hüfte, Oberschenkel und Gesäß, während sie gleichzeitig dazu beiträgt, Körpergefühl und Gleichgewicht zu verbessern.

Abb. 3

Durchführung:

1. Stellen Sie sich mit leicht nach außen gedrehten und weiter als hüftbreit gegrätschten Füßen vor einen stabilen Stuhl, der entweder auf einem Teppich oder vor einer Wand steht, um ein Wegrutschen zu verhindern. Kehren Sie dem Stuhl den Rücken zu und kreuzen Sie die Arme vor der Brust.
2. Schauen Sie geradeaus, Schultern entspannt, Brust hoch. Während Sie bis Drei zählen, beugen Sie Hüfte und Knie,

um Ihr Gesäß näher an die Sitzfläche des Stuhles zu bringen – und halten Sie inne, kurz bevor Sie tatsächlich sitzen.
3. Denken Sie daran zu atmen.
4. Während Sie sich niederlassen und wieder erheben, halten Sie Ihr Gewicht fokussiert und richten Sie sich durch die Ferse auf; Ihre Knie sollten nicht über Ihre Zehen hinaus nach vorne wandern, was Ihre Knie belasten kann; wenn Sie zu Boden schauen, sollten Sie Ihre Zehenspitzen sehen können.
5. Halten Sie inne. Dann richten Sie sich, während Sie bis Drei zählen, langsam wieder auf.
6. Absolvieren Sie zwei Durchgänge à zehn Wiederholungen mit etwa einer Minute Pause zwischen beiden Durchgängen.

Wenn Sie diese Übung zu anstrengend finden, legen Sie ein oder zwei Kissen auf den Stuhl und beugen Sie die Knie nur so weit, bis Ihr Gesäß das/die Kissen berührt. Wenn Ihre Hüft-, Oberschenkel- und Gesäßmuskeln kräftiger werden, wird es Ihnen gelingen, Ihr Gesäß bis knapp über die Sitzfläche des Stuhls zu senken.

Ausfallschritt

Der Ausfallschritt (siehe Abbildung 4) ist eine vielseitige, dynamische Übung, die darauf abzielt, Ihre gesamte Beinmuskulatur zu stärken: Unterschenkel, Oberschenkel und Gesäß. Ähnlich wie die Kniebeuge mit weit gegrätschten Beinen eignet sie sich ausgezeichnet, um Gleichgewicht und

Körpergefühl zu verbessern, was zusammen mit einer Stärkung von Muskeln und Knochen dazu beiträgt, Stürzen und möglichen Knochenbrüchen vorzubeugen.

Abb. 4

Durchführung:

1. Stellen Sie sich mit Ihrer rechten Hüfte ein paar Zentimeter neben einen stabilen Tisch und legen Sie Ihre Hand locker auf die Tischplatte, die Füße zusammen oder nur leicht auseinander. Die Schultern sollten entspannt und die Brust herausgestreckt sein, um eine gute Körperhaltung zu erreichen.
2. Machen Sie mit Ihrem rechten Bein einen großen Schritt nach vorn. Beugen Sie dann, während Sie bis Drei zählen, beide Knie, sodass Ihr rechter Oberschenkel annähernd parallel zum Boden liegt und sich Ihr linkes Knie nahe am Boden befindet, diesen aber nicht berührt. Ihr rechtes Knie sollte nicht über die Zehen Ihres rechten Fußes ragen.

3. Denken Sie daran zu atmen.
4. Halten Sie Ihren Oberkörper aufrecht, während Sie geradeaus schauen, Schultern entspannt, Brust heraus. Halten Sie inne. Dann, während Sie bis Drei zählen, drücken Sie sich mit der rechten Ferse langsam ab, um sich wieder in eine aufrechte Position zu bringen, und ziehen Ihren linken Fuß nach vorn neben den anderen Fuß.
5. Wenn Sie in die Ausgangsposition zurückkehren, achten Sie darauf, Ihr Gewicht nach hinten statt nach oben zu drücken.
6. Absolvieren Sie zwei Durchgänge à zehn Wiederholungen, wobei Sie mit dem rechten Bein vortreten, mit etwa einer Minute Pause zwischen den beiden Durchgängen. Absolvieren Sie anschließend zwei Durchgänge à zehn Wiederholungen, wobei Sie mit dem linken Bein vortreten.

Seitlich liegend das Bein heben

Die Übung »Seitlich liegend das Bein heben« (siehe Abbildung 5) ist eine sehr effiziente Übung für Hüftmuskulatur und -knochen. Sie kann auch die Beweglichkeit verbessern, weil sie die Muskeln im äußeren Oberschenkelbereich stärkt, die für eine gute Balance wesentlich sind; das vermindert das Risiko von Stürzen.

Durchführung:

1. Wenn Sie Knöchelgewichte benutzen, befestigen Sie eines um jeden Knöchel. (Knöchelgewichte sind für diese

Abb. 5

Übung nicht zwingend notwendig, vielmehr stellen sie, wenn Sie so weit sind, eine zusätzliche Herausforderung dar.)

2. Legen Sie sich auf dem Teppichboden oder einer Matte auf die Seite, die Hüften übereinander. Halten Sie Ihre Oberschenkel übereinander, aber beugen Sie das Knie des unteren Beins, um Ihr Gleichgewicht zu stabilisieren.
3. Während Sie bis Drei zählen, heben Sie das obere, gestreckte Bein langsam etwa 15 bis 45 Zentimeter vom Boden. Beim Anheben des Beines soll die Ferse führen, nicht die Zehen.
4. Denken Sie daran zu atmen.
5. Halten Sie inne. Senken Sie dann, während Sie bis Drei zählen, Ihr Bein langsam wieder in die Ausgangsposition.
6. Absolvieren Sie zwei Durchgänge à zehn Wiederholungen, wobei Sie das rechte Bein heben, mit etwa einer Minute Pause zwischen den beiden Durchgängen. Absolvieren Sie anschließend zwei Durchgänge à zehn Wiederholungen, wobei Sie das linke Bein heben.

»Reverse Fly« mit einem Arm

Die meisten Menschen leiden hin und wieder unter Rückenschmerzen. Vielfach sind schwache Rückenmuskeln die Ursache. Diese Übung (siehe Abbildung 6) kräftigt die Muskeln des oberen Rückenbereichs und der Schultern (was Ihnen hilft, eine gute Haltung zu bewahren) und verringert die Belastung der Wirbelsäule.

Abb. 6

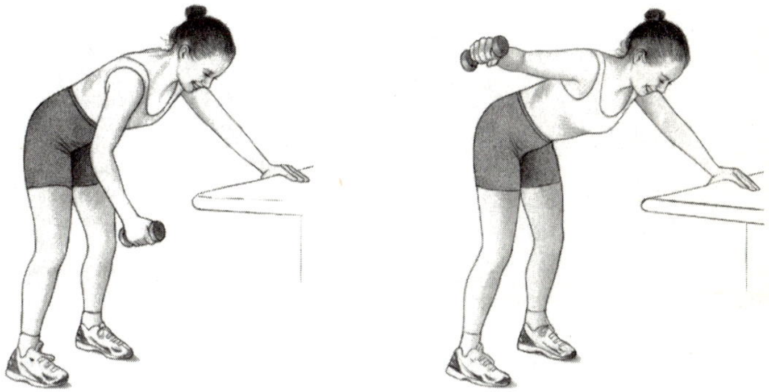

Durchführung:

1. Stellen Sie sich mit Ihrer linken Hüfte etwa 60 Zentimeter entfernt neben einen stabilen Tisch, die Füße eine Schulterbreite auseinander. Beugen Sie sich in der Hüfte nach vorn, wobei Ihre linke Hand auf der Tischplatte ruht, um die Haltung zu stabilisieren.
2. Heben Sie mit einer Hantel in Ihrer rechten Hand, während Sie bis Drei zählen, langsam Ihren Arm seitlich nach

außen, während der Ellenbogen entspannt bleibt und die Handfläche nach unten zeigt.

3. Denken Sie daran zu atmen.
4. Knie und Ellenbogen bleiben die ganze Übung hindurch weich und leicht gebogen.
5. Achten Sie darauf, dass Ihr Handgelenk und Ihr Unterarm wie auch Kopf, Hals und Rücken eine Linie bilden, und lassen Sie die Schultern nicht hängen.
6. Halten Sie inne. Dann senken Sie, während Sie bis Drei zählen, Ihren Arm zurück in die Ausgangsposition.
7. Absolvieren Sie zwei Durchgänge à zehn Wiederholungen mit Ihrem rechten Arm, mit etwa einer Minute Pause zwischen den beiden Durchgängen. Absolvieren Sie anschließend zwei Durchgänge à zehn Wiederholungen mit Ihrem linken Arm.

Liegestütz

Liegestütz (siehe Abbildung 7) ist eine einfache, aber praktische Übung, an die sich viele von uns aus ihrer Jugend erinnern. Sie stärkt Handgelenke, Brust und Schultern und verbessert Gleichgewicht sowie Körpergefühl.

Durchführung:

1. Legen Sie sich mit dem Gesicht nach unten auf den Teppichboden oder eine Matte, die Hände neben den Schultern, Finger nach vorn, Ellenbogen gebeugt und nach oben weisend.
2. Die Knie bleiben auf dem Boden, die Füße sind entspannt,

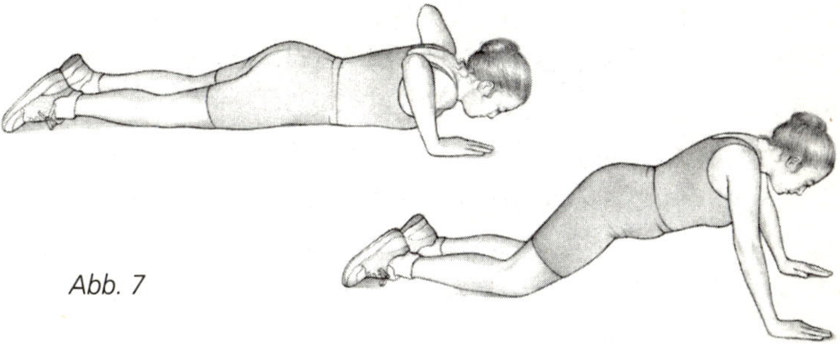

Abb. 7

während Sie bis Drei zählen und gleichzeitig Schultern, Brust, Rumpf und Oberschenkel, die eine Linie bilden sollen, langsam vom Boden hochstemmen.

3. Denken Sie daran zu atmen.
4. Halten Sie Ihre Bauchmuskulatur unter Spannung und achten Sie darauf, dass Oberschenkel, Gesäß, Rücken, Kopf und Nacken während der Übung eine Linie bilden.
5. Falls notwendig, legen Sie als zusätzliches Kissen ein gefaltetes Badetuch unter Ihre Knie.
6. Halten Sie inne. Senken Sie dann, während Sie bis Drei zählen, Ihren Körper wieder ab, bis Sie sich knapp über Ihrer Ausgangsposition befinden.
7. Absolvieren Sie zwei Durchgänge à zehn Wiederholungen, mit etwa einer Minute Pause zwischen den beiden Durchgängen.
8. Wenn Sie bereit für eine weitere Herausforderung sind, gehen Sie zur klassischen Liegestützposition über – Knie weg vom Boden, Beine voll gestreckt und das Körpergewicht auf Ihren Händen und Zehen.

Dehnung der Rückenmuskulatur

Diese einfache Übung zur Dehnung der Rückenmuskulatur (siehe Abbildung 8) stärkt die kleine, aber wichtige Erector-spinae-Muskelgruppe, die längs Ihrer Wirbelsäule verläuft. Die Übung hilft, Rückenschmerzen vorzubeugen und verbessert die Körperhaltung, während sie auf die Wirbel abzielt, die in höheren Jahren besonders anfällig für Osteoporose sind.

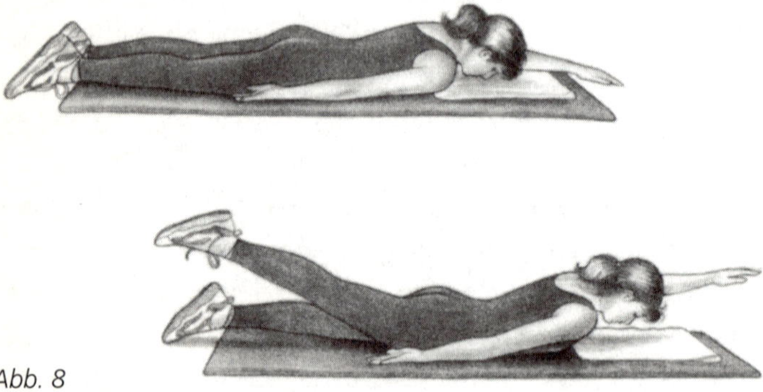

Abb. 8

Durchführung:

1. Legen Sie sich mit dem Gesicht nach unten auf den Teppich oder eine Matte, den linken Arm parallel zum Boden nach vorn gestreckt, den rechten Arm nach hinten an Ihre Seite gelegt.
2. Blicken Sie zu Boden, wobei Nacken und Kopf eine Linie bilden sollten, und heben Sie, während Sie bis Drei zäh-

len, langsam den linken Arm und das rechte Bein vom Boden.

3. Denken Sie ans Atmen.
4. Um sicherzustellen, dass Kopf und Nacken bei dieser Übung eine Linie bilden, halten Sie den gehobenen Arm über Ihr Ohr.
5. Falls nötig, legen Sie als zusätzliches Polster ein Kissen unter Ihre Knie.
6. Halten Sie inne. Dann senken Sie, während Sie bis Drei zählen, langsam Ihren Arm und Ihr Bein wieder auf den Boden.
7. Absolvieren Sie zwei Durchgänge à zehn Wiederholungen mit Ihrem linken Arm und Ihrem rechten Bein, mit etwa einer Minute Pause zwischen den beiden Durchgängen. Absolvieren Sie anschließend zwei Durchgänge à zehn Wiederholungen mit Ihrem rechten Arm und Ihrem linken Bein.

Übung zur Stärkung der Bauchmuskulatur

Um die Zeit der Wechseljahre bemerken Frauen häufig erste Anzeichen dafür, dass ihr Bauch nicht mehr so straff und flach ist wie früher. Zusammen mit der Übung zur Dehnung der Rückenmuskulatur verbessert die Übung zur Stärkung der Bauchmuskulatur (siehe Abbildung 9) Kraft und Stabilität des Rumpfes, während sie gleichzeitig dazu beiträgt, den Bauch flach zu halten. Diese Übung eignet sich allerdings nicht für Frauen, die Probleme mit dem sicheren Verschluss der Blase haben.

Abb. 9

Durchführung:

1. Legen Sie sich auf dem Teppich oder einer Matte auf den Rücken, die Knie gebeugt, die Füße flach auf dem Boden. Legen Sie die Hände zur Unterstützung hinter Kopf und Nacken und schauen Sie zur Decke.
2. Während Sie bis Drei zählen, heben Sie langsam Kopf, Hals, Schultern und den oberen Rückenbereich vom Boden, indem Sie ihre Bauchmuskulatur anspannen.
3. Denken Sie daran zu atmen.
4. Um Ihren Rücken möglichst wenig zu belasten, halten Sie Kopf und Hals in einer Linie, achten Sie darauf, weiterhin zur Decke zu blicken (nicht auf Ihre Knie) und heben Sie Ihre Brust Richtung Decke.
5. Halten Sie inne. Lassen Sie Ihren Körper, während Sie bis Drei zählen, langsam in die Ausgangsposition zurücksinken.
6. Legen Sie bei einer der ersten dieser Übungen eine Hand auf Ihre Bauchmuskulatur und fühlen Sie, wie sie sich kontrahiert; denken Sie daran, die Übung langsam auszuführen und konzentrieren Sie sich darauf, Ihre Bauchmus-

keln und nicht Ihre Hals- oder Schultermuskeln anzuspannen, um Ihren Körper vom Boden anzuheben.

7. Absolvieren Sie zwei Durchgänge à zehn Wiederholungen, mit etwa einer Minute Pause dazwischen.

Gleichgewichtstraining zur Verringerung des Sturzrisikos

Sicher das Gleichgewicht zu halten, hilft ganz entschieden, das Risiko von Stürzen und Knochenbrüchen zu mindern. Doch wenn wir älter werden, fällt es uns zunehmend schwer, das Gleichgewicht zu wahren – es sei denn, wir tun etwas dafür. Wenn Sie jemals einen Yogakurs besucht haben, werden Ihnen diese Haltungen bekannt vorkommen; sie stellen ein einfaches und sehr effektives Mittel dar, in kurzer Zeit das Gleichgewichtsgefühl zu verbessern.

Berghaltung und Schaukeln

(Siehe Abbildung 10)

1. Stehen Sie mit geschlossenen Füßen und leicht gebogenen Knien da, die Arme an den Seiten.
2. Stehen Sie hoch und gerade aufgerichtet, die Schultern entspannt nach unten hängend.
3. Verteilen Sie Ihr Gewicht gleichmäßig auf Ferse, Ballen und Zehen.
4. Konzentrieren Sie sich darauf, beginnend mit Ihren Füßen, wie jede Region Ihres Körpers mit der anderen ver-

bunden und in einer Linie angeordnet ist – die Fußsohlen mit den Füßen, die Füße mit den Knöcheln, es folgen die Schienbeine, die Knie, die Oberschenkel, die Hüften, Rippen und Schultern samt der Arme, die symmetrisch locker an beiden Seiten hängen. Wirbelsäule, Hals und Kopf bilden wiederum eine Linie.

5. Denken Sie daran, tief zu atmen. Bleiben Sie ein bis drei Minuten in dieser Haltung.
6. Sobald Sie sich in der Bergposition wohl fühlen und spüren, dass Ihr Gewicht gleichmäßig auf beide Füße verteilt ist, schaukeln Sie langsam nach links, nach rechts, nach vorn und nach hinten, ohne Ihre Füße zu bewegen. Ihre Hüften und Schultern sollten dabei entspannt und stabil bleiben, nur Ihre Fußknöchel sind leicht in die entsprechende Richtung geneigt. Schaukeln Sie in dieser Weise ein bis drei Minuten lang.
7. Wenn Sie sich zunächst in dieser Haltung unsicher fühlen, setzen Sie Ihre Füße etwas weiter auseinander. Üben Sie diese Haltung noch ein paar Minuten länger, während Sie regelmäßig schaukeln, und führen Sie schließlich Ihre Füße eng zusammen.

Storch auf einem Bein

(Siehe Abbildung 11)

1. Stellen Sie sich neben einen stabilen Tisch, die Füße schulterbreit auseinander, Knie weich, die Arme an den Seiten herabhängend.
2. Beugen Sie ein Knie und drehen Sie Hüfte und Ober-

Abb. 10

Abb. 11

schenkel nach außen, sodass Sie Ihre Fußsohle auf die Innenseite Ihres Standbeins setzen können.

3. Setzen Sie Ihre Fußsohle über oder unter – nicht direkt auf – Ihr Kniegelenk.
4. Achten Sie darauf, wie sich Ihr Gewicht auf Ihren Standfuß verteilt; versuchen Sie, Ihre Ferse genauso stark zu belasten wie Ihre Zehen.
5. Heben Sie langsam Ihre Arme seitlich hoch (oder legen Sie eine Hand locker auf den Tisch), um besser die Balance zu halten, und schauen Sie geradeaus.
6. Halten Sie die Stellung 30 Sekunden bis zwei Minuten lang, stellen Sie Ihren Fuß wieder auf den Boden, und wiederholen Sie die Übung mit dem anderen Bein.

Dehnungsübungen für gesunde Muskeln und Gelenke

Im Rahmen Ihrer täglichen Routine sollten Sie nach einem Krafttraining stets einige Dehnungsübungen machen. Dehnen (Stretching) hilft Ihren Muskeln, geschmeidig zu bleiben, und verringert Muskelkater nach Übungen mit Gewichtsbelastung. Dehnen fördert die Entspannung und die Beweglichkeit insgesamt und senkt das Verletzungsrisiko.

Dehnen des Oberschenkelstreckers (Quadriceps)

Um den Streckmuskel vorn auf Ihrem Oberschenkel zu dehnen, gehen Sie folgendermaßen vor (siehe Abbildung 12):

1. Stellen Sie sich, die Füße eine Schulterbreite auseinander und die Knie weich, vor einen stabilen Stuhl.
2. Beugen Sie langsam Ihr linkes Knie, bis Ihr Fuß in Höhe Ihrer linken Gesäßhälfte ist, und packen Sie dann mit Ihrer linken Hand Ihren Knöchel. Die Oberschenkel sollen dabei Seite an Seite bleiben. Halten Sie die Position.
3. Wenn Sie nicht in der Lage sind, Ihren Knöchel hinter sich zu packen, während Sie Ihre Oberschenkel Seite an Seite halten, legen Sie Ihren Unterschenkel wie abgebildet auf den Stuhlsitz.
4. Atmen Sie normal, während Sie die Dehnungsposition 20 bis 30 Sekunden lang halten. Kehren Sie zur Ausgangsposition zurück, absolvieren Sie die Dehnungsübung mit dem anderen Bein, und wiederholen Sie die Übung mit beiden Beinen, wenn Sie mögen.

Abb. 12

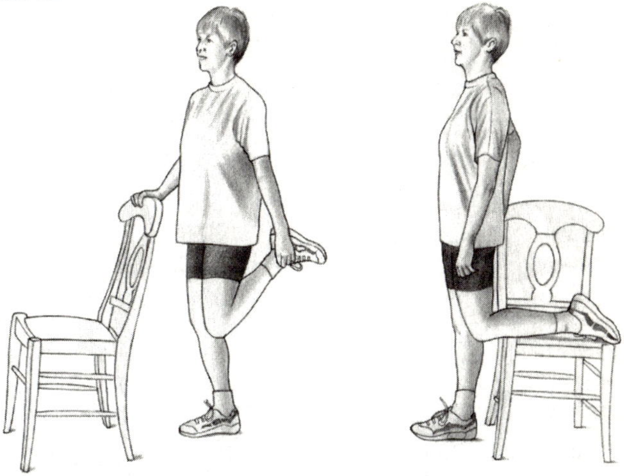

Dehnung von Achillessehne und Wadenmuskulatur

Um die Muskeln auf der Rückseite Ihres Ober- und Unterschenkels zu dehnen, gehen Sie folgendermaßen vor (siehe Abbildung 13):

1. Stellen Sie sich, die Füße schulterbreit auseinander und die Knie weich, vor einen stabilen Stuhl.
2. Beugen Sie sich langsam in der Hüfte nach vorn und legen Sie Ihre Handflächen bei gerade gehaltenem Rücken auf die Sitzfläche des Stuhles.
3. Achten Sie darauf, keinen Buckel zu machen. Beugen Sie sich nur so weit nieder, wie es die Flexibilität Ihrer Beine erlaubt, während Sie Ihren Rücken gerade und in einer Linie mit Hals und Kopf halten.

Abb. 13

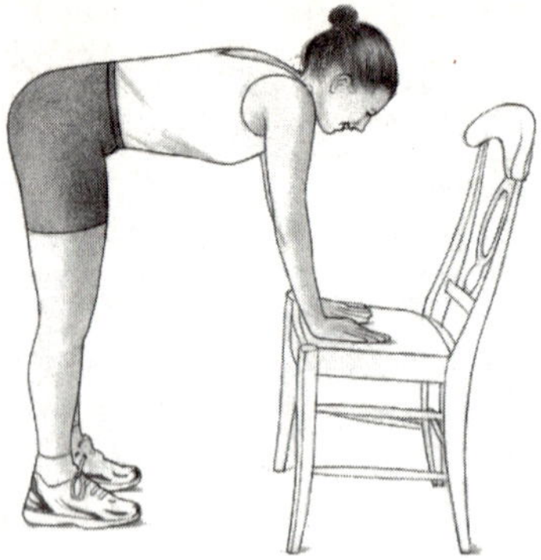

4. Atmen Sie normal, während Sie die Dehnung 20 bis 30 Sekunden lang halten. Kehren Sie zur Ausgangsposition zurück und wiederholen Sie die Übung, wenn Sie mögen.

Dehnung der Schultermuskulatur

Um die Muskeln von Armen, Schultern und des oberen Rückenbereichs zu dehnen, gehen Sie folgendermaßen vor (siehe Abbildung 14):

1. Stellen Sie sich hin, die Füße schulterbreit auseinander und die Knie weich.
2. Strecken Sie die Arme aus, verschränken Sie Ihre Finger und drehen Sie Ihre Handgelenke so, dass die Handflächen vom Körper weg weisen.
3. Pressen Sie Ihre Handflächen nach außen, heben Sie Ihre Arme in Brusthöhe und drücken Sie Ihre Hände durch, sodass Sie eine Dehnung in den Schultern und im oberen Rückenbereich fühlen.

4. Atmen Sie normal, während Sie diese Position 20 bis 30 Sekunden lang halten. Kehren Sie zur Ausgangsposition zurück und wiederholen Sie die Übung, wenn Sie mögen.

Dehnung der Brustmuskulatur

Um Ihre Arm-, Schulter und Brustmuskulatur zu dehnen, gehen Sie folgendermaßen vor (siehe Abbildung 15):

1. Stellen Sie sich hin, die Füße schulterbreit auseinander und die Knie weich.
2. Verschränken Sie Ihre Hände hinter Ihrem Rücken und ziehen Sie sie vorsichtig so hoch, wie Sie können.
3. Wenn Sie nicht in der Lage sind, Ihre Hände hinter Ihrem Rücken zu verschränken, benutzen Sie einen Waschlap-

Abb. 14

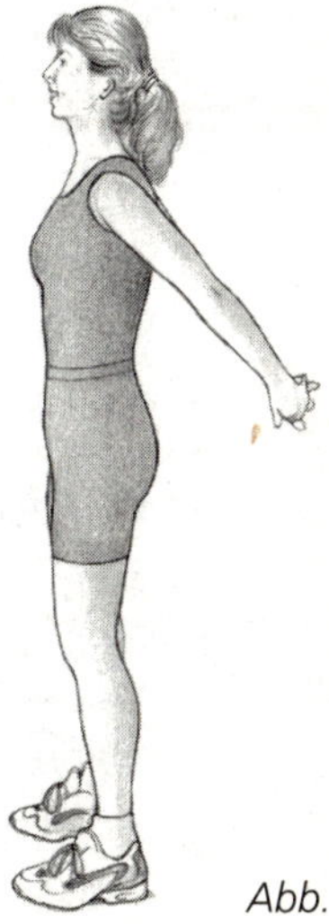

Abb. 15

pen oder ein Handtuch, um die Lücke zu überbrücken; absolvieren Sie die Dehnungsübung anschließend so, als ob Ihre Hände verschränkt wären. Wenn Ihre Beweglichkeit im Brust- und Schulterbereich zunimmt, können Sie die Dehnungsübung vielleicht ohne Hilfsmittel durchführen.

4. Atmen Sie normal, während Sie diese Position 20 bis 30 Sekunden lang halten. Kehren Sie zur Ausgangsposition zurück und wiederholen Sie die Übung, wenn Sie mögen.

Beispiele für Trainingsprogramme

Fünf-Tage-Programm

Täglich:	30 bis 60 Minuten Sport oder Freizeitaktivitäten (zum Beispiel Yoga oder Gartenarbeit)
Montag:	30 Minuten strammes Gehen (oder Laufen, wenn angebracht) 4 Dehnungsübungen 2 Gleichgewichtsübungen
Dienstag:	7 Kraftübungen 4 Dehnungsübungen
Mittwoch:	30 Minuten Treppensteigen (oder Laufen, wenn angebracht) 4 Dehnungsübungen 2 Gleichgewichtsübungen

Donnerstag: 7 Kraftübungen
4 Dehnungsübungen

Freitag: 30 Minuten Zirkeltraining (oder Laufen, wenn angebracht)
4 Dehnungsübungen

Drei-Tage-Programm

Täglich: 30 bis 60 Minuten Sport oder Freizeitaktivitäten (zum Beispiel Yoga oder Gartenarbeit)

Mittwoch: 30 Minuten strammes Gehen (oder Laufen, wenn angebracht)
4 Dehnungsübungen
2 Gleichgewichtsübungen

Samstag: 30 Minuten Radfahren (oder Laufen, wenn angebracht)
1 bis 3 Kraftübungen (nur untere Körperpartie)
4 Dehnungsübungen

Sonntag: 30 Minuten Zirkeltraining (oder Laufen, wenn angebracht)
4 bis 7 Kraftübungen (nur Oberkörper und Rumpf)
4 Dehnungsübungen
2 Gleichgewichtsübungen

Kapitel 7

Yoga für gesunde Knochen

Linda Sparrowe
Yoga-Sequenzen von Patricia Walden

Linda Sparrowe, früher leitende Redakteurin des *Yoga Journal,* für das sie gegenwärtig immer noch Beiträge beisteuert, ist seit langem mit der Yoga-Gemeinde eng verbunden. Zurzeit leitet sie das Yoga-Programm am Mind/Body Center des San Francisco Bay Club, wo sie ein umfassendes Fortbildungsprogramm für Yoga-Lehrer entwickelt hat. Zu ihren Büchern, die sie zusammen mit Patricia Walden verfasst hat, gehören *Yoga und Gesundheit für Frauen,* Goldmann, 2004, *Yoga for Healthy Bones* und *Yoga for Healthy Menstruation* (Shambhala Publications, 2004). Sie ist zudem Autorin und Projektmanagerin für *Yoga: A Yoga Journal Book,* ein opulenter Bildband, der die Geschichte und Schönheit des Yoga in seiner physischen Form preist.

Patricia Walden, die die Yoga-Sequenzen in diesem Kapitel entworfen hat, ist eine der führenden Yoga-Lehrerinnen Amerikas und dem *Time*-Magazin zufolge »die beste Yoga-Lehrerin der Welt«. Über sie wird regelmäßig im *Yoga Journal* berichtet, und sie ist zudem die Übungsleiterin der Video-Reihe *Yoga Journal's Yoga Practice Series*, von der mehr als eine Million Kopien verkauft worden sind. Sie reist als Yoga-Lehrerin um die ganze Welt.

Als Sie noch jünger waren, haben Sie wahrscheinlich nur dann an Ihre Knochen gedacht, wenn Sie sich das Schienbein an einer Stuhlkante gestoßen oder sich vielleicht einen Knochen gebrochen haben – mit anderen Worten nur dann, wenn sie schmerzten. Und dann war Ihr Anliegen, den Schmerz so rasch wie möglich zu lindern und zu Ihrem normalen Tagesablauf zurückzukehren. Aber nun, wo Sie sich den Wechseljahren nähern oder sich bereits darin befinden, werden Ihre Knochen auf einmal zu einem wichtigen Gesundheitsthema. Die Knochen sind für Ihren gesundheitlichen Allgemeinzustand genauso wichtig wie Ihre Leber, Ihre Nieren oder Ihr Nervensystem, und die meisten Frauen müssen sich ein wenig anstrengen, um sie gesund zu halten. Die Knochen stark und gesund zu erhalten, muss keine unangenehme Tätigkeit sein. Yoga bietet vielmehr einen vorzüglichen Weg, sich zu entspannen und gleichzeitig die Knochen zu stärken.

Die Praxis des Yoga reicht mehr als zweitausend Jahre zurück. Es gibt zwar viele Yoga-Arten, doch das Ziel einer jeden ist, den Menschen durch eine Reihe bestimmter Stellungen dazu zu bringen, ein positives Körperbewusstsein zu entwickeln und gleichzeitig den Körper zu entspannen. Besonderer Wert wird darauf gelegt, während jeder Stellung tief durchzuatmen und den Körper richtig auszurichten. Die einzelnen Stellungen können einfach oder kompliziert sein. Man wählt sie danach aus, wie viel Erfahrung die betreffende Person bereits mit Yoga hat. Viele Menschen, die Yoga betreiben, berichten von mehr Muskelkraft, besserer Beweglichkeit und Balance, weniger Rückenschmerzen und einem ganz allgemeinen Gefühl der Entspannung und des Wohlbefindens. Bei korrekter Durchführung ist Yoga im Allgemeinen sicher; dennoch sollten Menschen mit gewissen Gelenk- und Muskelerkrankungen oder Osteoporose einen Arzt konsultieren, bevor sie mit einem Yoga-Programm beginnen.

Ein tägliches Yoga-Programm – eines, das Ihren Körper durch sein ganzes Bewegungsspektrum führt – verbessert Ihre Haltung und Ihr Gleichgewichtsgefühl wie auch Ihre Muskelspannung. Das mindert unphysiologische Belastungen an Ihren Gelenken. Bei vielen Stellungen spielen auch die Belastungen der Knochen eine Rolle, wodurch sich die Knochenmasse erhöht. Regelmäßiges Yoga-Training kann zu einem erholsameren Schlaf führen und zum Stressabbau beitragen, was Ihrer Knochengesundheit sehr zugute kommt. Selbst wenn Ihre Schmerzen auf eine ernste Abbauerkrankung, wie Arthrose oder Osteoporose, zurückgehen, kann ein konsequentes Yoga-Training zusammen mit der richtigen Ernährung und einem gesunden Lebensstil helfen, Ihren Gesundheitszustand zu stabilisieren und Ihre Lebensqualität zu verbessern (mehr über Osteoporose erfahren Sie in Kapitel 6: Osteoporose im Alter ist vermeidbar).

Gegen viele Risikofaktoren für Osteoporose können Sie nur sehr wenig tun. Wenn Sie beispielsweise sehr dünn und leicht gebaut sind, gehören Sie Ihrem Körperprofil nach zu einem deutlich osteoporosebedrohten Personenkreis. Ihre Knochen sind ganz einfach nicht so stark und dicht wie die einer kräftiger gebauten Frau oder eines durchschnittlichen Mannes. Dennoch können Sie allerlei tun, um Ihre Knochen zu schützen: nicht rauchen, wenig Alkohol trinken, sich gesund ernähren mit viel grünem Blattgemüse und Vollkornprodukten, sich viel körperlich bewegen (mehr dazu finden Sie in Kapitel 6: Osteoporose im Alter ist vermeidbar).

Wie Yoga helfen kann

Ein konsequentes Yoga-Training kann Ihre Knochen stärken und Ihre Nebennieren gesund halten, sodass sie so viel Hormone produzieren, wie Sie nach den Wechseljahren brauchen. Auf den Seiten 305 bis 327 zeigen wir Ihnen eine Yoga-Sequenz, die speziell dafür entwickelt wurde, Knochenverlust vorzubeugen oder ihn rückgängig zu machen. Ziel der Übungen ist, Ihren Körper durch einen breiten Bewegungsbereich zu führen, wobei Stand- und Gleichgewichtsstellungen, Rückwärts- und Vorwärtsbeugen, Umkehrstellungen und andere *asanas* (Haltungen) dazu dienen, Sie beweglich und stark zu halten.

Yoga lindert auch allgemeine Wechseljahrssymptome und zwar dadurch, dass es das Hormonsystem ausbalanciert und die hormonellen Veränderungen abmildert, zu denen es in den Wechseljahren kommt. Die Übung Schulterstand beispielsweise wird seit Jahrhunderten wegen ihrer kühlenden Wirkung auf den Körper geschätzt, und Frauen haben sie seit jeher gegen Hitzewallungen genutzt. Vorwärtsbeugen fördern das Sich-Abfinden mit den körperlichen Veränderungen, die in den Wechseljahren stattfinden, und fördern die Entspannung. Yoga trägt zur Entspannung von Geist und Körper bei und lindert die emotionalen Belastungen der Übergangsphase.

Verbesserte Haltung durch Yoga

Eine schlechte Körperhaltung in der Kindheit erhöht das Risiko, einen so genannten Rundrücken zu entwickeln. Dieses ist ein Risikofaktor für osteoporotische Wirbelbrüche im späteren Leben. Viele ältere Menschen leiden an einem Rundrücken, der die Wirbelsäule von der Nackenbasis bis zur Kreuzregion in Mitleidenschaft zieht. Eine sehr starke Krümmung der Brustwirbelsäule führt zu einer vornüber geneigten Haltung. Dieses ist gewöhnlich nicht schmerzhaft, kann aber die Fähigkeit einschränken, ganz alltägliche Dinge zu tun, wie aus einer sitzenden Position aufzustehen, nach Gegenständen zu greifen und sich nach vorn zu beugen.

Ein solcher Rundrücken kann auch durch Wirbelkörperbrüche zustande kommen. Dann ist die Wirbelsäulenkrümmung nicht mehr rückgängig zu machen. Nur etwa die Hälfte aller Menschen mit einem Rundrücken hat jedoch Wirbelbrüche erlitten. Oft geht die Krümmung auf eine schlechte Haltung oder auf Muskelschwäche zurück. Dieses lässt sich durch Yoga-Training bessern. Einer Studie im *American Journal of Public Health* zufolge helfen bestimmte Yoga-Stellungen, die sich auf den oberen Rückenbereich konzentrieren, ganz offenbar, die Wirbelsäule aufzurichten und die körperliche Funktion wiederherzustellen.[1]

Ein Ausdruck von schlechter Haltung und/oder Muskelschwäche ist der nach vorn gestreckte Kopf. Menschen, die viel am Computer arbeiten oder eine sitzende Lebensweise haben, entwickeln oft eine derartige Fehlhaltung. Wenn sie sitzen, stehen oder gehen und dabei ihren Kopf nach vorn strecken, verspannen sich die Muskeln im Nacken und im oberen Rückenbereich, weil sie versuchen, ihren Kopf hoch zu halten. Chronisch überlastete Muskeln im Nacken und in der oberen Rückenpartie können zu Spannungskopfschmerzen und sogar Arthritis in diesem Bereich führen. Nach einer Weile können diese Muskeln durch die Überbelastung überdehnt und geschwächt werden; das kann Bandscheibenprobleme im Bereich der Halswirbelsäule und schließlich so genannte Ermüdungsbrüche nach sich ziehen.

Sie meinen vielleicht, dass diese Beschwerden nur die Muskulatur in Ihrem Nacken und im oberen Rückenbereich betrifft, aber das starke Vorstrecken des Kopfes hat Folgen für den ganzen Körper. Denken Sie daran, dass Ihre Wirbelsäule, um sich korrekt zu beugen, zu biegen und zu drehen, richtig ausgerichtet sein muss; die Wirbel müssen übereinander stehen, Hals-, Brust- und Lendenwirbelsäule müssen die richtige Krümmung haben, und die Haltemuskulatur muss sich völlig entspannen, wenn sie nicht gebraucht wird. Wenn Sie sich schlecht halten, tanzt Ihr Kopf buchstäblich »aus der Reihe«, die Krümmung Ihrer Halswirbelsäule nimmt ab, und die Ihrer Brustwirbelsäule verstärkt sich, während sich die Ihrer Lendenwirbelsäule abflacht. Wenn sich Ihre Brustwirbelsäule stärker krümmt, behindert dies Drehungen im oberen Rückenbereich und drückt stärker auf Ihre Lendenwirbelsäule, die gezwungen ist, diese Funktionen zu übernehmen.

Eine vorgeschobene Kopfhaltung signalisiert dem Gehirn, dass Ihre Muskeln Hilfe brauchen, um mit der Belastung fertig zu werden, daher beginnen Ihre Nebennieren, Kortisol zu produzieren, das auch bei einer lang anhaltenden »Kampf-oder-Flucht«-Reaktion ausgeschüttet wird. Ihre Schulterblätter richten sich falsch aus, was zu Problemen mit der Rotatorenmanschette (darunter versteht man das haubenförmige Dach des eigentlichen Schultergelenks) und Entzündungen im umliegenden Gewebe führen kann. Ihre Schlüsselbeine bewegen sich nach vorn, Ihr Brustkorb sinkt ein, und Ihre Lunge – die nicht genügend Platz hat, um richtig zu arbeiten – drückt gegen Ihr Zwerchfell und presst es nach unten in Richtung Bauchhöhle. Ihre Bauchmuskulatur wird geschwächt, was wiederum zu weiteren Problemen mit Ihrer Lendenwirbelsäule führt.

Wenn Sie dieses chronische Haltungsproblem nicht korrigieren, wird es sich im Laufe der Zeit verschlimmern. Yoga kann dabei helfen, die emotionalen wie auch die physischen Ursachen einer schlechten Körperhaltung anzugehen. Yogis glauben, dass wir einen Großteil unserer emotionalen Schmerzen im Sonnengeflecht (Solarplexus; Bereich zwischen Herz und Nabel) speichern; unser instinktiver Wunsch, uns selbst zu schützen, wurzelt ebenfalls in dieser Körperregion. Wenn Sie daher an einem schwachen Selbstwertgefühl (»Ich armes Ding«) leiden, haben Sie das, was Yogis ein »verschlossenes Herz« nennen, und versuchen, eine schützende Barriere um es zu errichten, indem Sie Ihre Schultern nach vorn schieben und Ihre Brust einziehen. Jede Stellung, die den Brustraum weitet, öffnet auch Ihr Herz und bringt Ihnen Freude. Aber um den gerundeten Schultern, dem zusammengedrückten Zwerchfell und dem vorstehenden Unterleib zu begegnen, müssen Sie auch Ihre Muskeln im oberen Rückenbereich stärken.

Stand-Stellungen zielen darauf ab, die Körperhaltung durch Konzentration auf die richtige Ausrichtung zu korrigieren und Ihr Zentrum (Region in und um den Nabel) zu stärken; sie helfen Ihnen auch, Ihre Energie zu erden. Das bedeutet in der Alltagssprache, dass Sie sich immer dann, wenn Sie tief einatmen und anschließend Ihre Aufmerksamkeit aus Ihrem Kopf in Ihren Körper lenken, weniger unbeständig und besser geerdet fühlen. Schultern und Nacken entspannen sich und lockern die Muskulatur in diesen Bereichen, sodass die Lebenskraft, die die Chinesen Qi und die

Yogis Prana nennen, in die Herzregion strömen kann. Rückwärtsbeugen weiten den Brustraum, was die Lungenkapazität erhöht und die Durchblutung verbessert; zudem stärken sie die Rückenmuskeln. Umkehrstellungen balancieren das Nervensystem neu aus. Täglich Stellungen wie die Sequenzen auf Seite 305 bis 327 zu praktizieren, die Ihre Wirbelsäule biegen, strecken und drehen, ist ideal, um eine gute Körperhaltung zu erzielen.

Yoga ist die perfekte körperliche Bewegung

Wie viele Studien durchgängig zeigen, erhöht körperliche Bewegung die Knochenmasse bei Frauen nach den Wechseljahren. Es ist wichtig, konsequent zu trainieren – mindestens 30 Minuten am Tag, fünf Tage die Woche. Körperliches Training wirkt, weil es den Knochenumbau anregt und die Kalziumaufnahme der Knochen erhöht. Jedoch ist nicht jede Art von Training geeignet. Nur die Haltungen mit Gewichtsbelastung und ganz allgemein Bewegungen, die Druck auf Ihre Knochen ausüben, fördern die Kalziumaufnahme. In der Regel empfehlen Ärzte und Physiotherapeuten Gehen oder Laufen, weil diese Art der Bewegung die Knochen in Füßen, Beinen, Becken und Wirbelsäule anregt, indem sie die Wirkung von Schwerkraft und Muskelkontraktion kombiniert (mehr über spezielle Sportarten für die Knochengesundheit finden Sie in Kapitel 6: Osteoporose im Alter ist vermeidbar). Im Gegensatz dazu erhöht Schwimmen, das Gelenkschmerzen lindern und eine eingeschränkte Beweglichkeit verbessern kann, die Knochendichte nicht.

Viele Yoga-Übungen eignen sich hervorragend, um die Knochendichte zu erhöhen. Für manche Leute ist Yoga unter Umständen besser geeignet als Gehen oder Laufen, denn beim Yoga gibt es weniger negative Belastung, und Yoga übt Druck auf alle Knochen aus, nicht nur auf die in der unteren Körperhälfte. Wenn Knochendichtemessungen dafür sprechen, dass Sie bereits Knochenmasse verlieren und daher möglicherweise ein erhöhtes Risiko für Wirbelbrüche haben, sollten Sie insbesondere Laufen vermeiden, weil das Knie, Knöchel und Lendenwirbelsäule zu sehr erschüttert. Sie können jedoch weiterhin Yoga betreiben oder damit beginnen, weil Sie die Stellungen nach Bedarf abändern können, ohne ihre Effektivität zu verringern.

Handstand und volle Rückwärtsbeugungen fordern Ihre Finger, Hände, Handgelenke und Schultern und zwingen sie zusammenzuarbeiten, um Ihr Körpergewicht zu halten. Kopfstand (Shirsasana) und Unterarmstand (Pincha Mayurasana) sprechen die Knochen in Ihren Ellenbogen und Unterarmen wie auch in Ihrer Halswirbelsäule an. Wenn Sie Ihre Wirbelsäule durch ihren gesamten Bewegungsbereich führen, verbessert ein komplettes Yoga-Programm Ihre Haltung und hält die Muskeln, die an den Knochen ansetzen, beweglich und stark.

Yoga kann Ihre Lunge erweitern und Ihren Körper entspannen

Yoga-Stellungen stärken und entspannen Ihre Brust- und Rückenmuskulatur, erweitern Ihre Lunge, um Durchhaltevermögen und Atmung zu verbessern, und lassen den Körper zur Ruhe kommen. Das ist besonders wohltuend für Frauen in den Wechseljahren, die unter Erschöpfung, leichten Depressionen und Unkonzentriertheit leiden. Wenn Sie eine Reihe langsamer, überlegter Yoga-Übungen durchführen, bei denen Sie stetig und bewusst atmen, ist dies für Sie ebenso hilfreich wie ein flotter, 30-minütiger Marsch.

Neben Yoga-Stellungen, die Knochendichte und Muskelkraft verbessern, kann eine Frau, die unter Wechseljahrsbeschwerden leidet, Übungen in ihr Programm aufnehmen, die den Brustraum weiten, und solche, die Angstgefühle lindern. (Die hier erwähnten Übungen sind auch besonders hilfreich für Frauen, die unter Asthma oder anderen Erkrankungen im Zusammenhang mit der Lunge leiden.) Stand-Stellungen und Rückwärtsbeugen verleihen dem Körper Energie und ziehen Sauerstoff in Ihre Lunge. Vorwärtsbeugen in Kombination mit tiefem Atmen beruhigen und stellen das Gleichgewicht wieder her. Zu einem Yoga-Programm könnten Stellungen gehören wie Bergstellung (Tadasana), Dreieck (Trikonasana) und Halbmond (Ardha-Chandrasana), ebenso sanfte, stützende Rückwärtsbeugen, wie Brücke (Setu-Bandha-Sarwangasana), Gebundene Liegegrätsche (Supta-Baddha-Konasana) und Kamel (Ustrasana). Verwenden Sie, wenn nötig, einen Stuhl als Stütze. Kind (Adho-Mukha-Virasana) und Stehende Zange (Uttanasana) sind Entspannungsstellungen, die als eigene Übungen oder zwischen anderen Stellungen durchgeführt werden können, wenn Sie eine Pause brauchen. Beenden Sie Ihr Programm stets mit 5 bis 10 Minuten Totenstellung (Shavhasana).

Yoga und Rauchen

Als wenn es nicht genug Gründe gäbe, mit dem Rauchen aufzuhören, haben neuere Studien eine starke Korrelation zwischen schlechter Knochengesundheit und Zigarettenrauchen gefunden. Eine australische Untersuchung von 1994 ergab, dass die Knochendichte von Frauen, die Zeit ihres Erwachsenenlebens täglich eine Packung Zigaretten geraucht haben, beim Eintritt in die Wechseljahre um fünf bis zehn Prozent geringer war als die von Nichtraucherinnen – genug, um das Risiko für Knochenbrüche zu erhöhen. Die Forscher fanden heraus, dass das Blut dieser Frauen weniger Kalzium und weniger Parathormon enthielt, ein Hormon der Nebenschilddrüsen; zudem wurde mehr Kalzium über die Nieren ausgeschieden, ein Hinweis darauf, dass Kalzium aus den Knochen herausgelöst wurde.[2]

Die Forscher wissen nicht sicher, warum Rauchen eine geringere Knochendichte nach sich zieht. Doch *ein* Grund könnte sein, dass Raucherinnen schlechter Nährstoffe aus ihrer Nahrung aufnehmen können. Eine gestörte Aufnahme von Kalzium, Magnesium, Vitamin D und anderen Vitaminen und Mineralstoffen kann dazu führen, dass sich der Körper aus anderen Quellen bedient, so zum Beispiel den Knochen. Zudem scheint Rauchen den Östrogenspiegel im Blut zu senken, und da Östrogen die Knochen abbauende Wirkung der Osteoklasten verlangsamt, bedeutet weniger Östrogen weichere Knochen.

Yoga allein kann die Sucht nach Nikotin nicht stoppen, aber es kann helfen. Wenn tägliches Rauchen Ihre Angstgefühle lindert, versuchen Sie es mit Vorwärtsbeugen und unterstützten Umkehrstellungen. Viele Frauen berichten, dass sie nach mehreren Monaten Yoga-Training nicht länger dieses starke Verlangen nach einer Zigarette verspüren. »Yoga-Training, selbst nur ein paar Minuten konzentrierten Atmens hat mich davon abgehalten, nach der nächsten Zigarette zu greifen«, meinte Caroline, eine Zeitungsredakteurin, die seit zehn Jahren eine Packung Zigaretten pro Tag rauchte.

Yoga und Depressionen

Aktuelle Forschungen sprechen dafür, dass Depressionen bei Frauen in den Wechseljahren ein signifikanter Risikofaktor für Osteoporose sind. Viele Frauen fühlen sich durch Depressionen stark beeinträchtigt, besonders dann, wenn sie zusammen mit Wechseljahrssymptomen auftreten. Sie beschreiben das Gefühl der Depression so, als würde die ganze Welt auf ihnen lasten und sie niederdrücken, ein beklemmendes Gefühl in der Brust, flache Atmung und völlige Antriebslosigkeit. Das ist *eine* Form der Depression; sie ergreift Ihr ganzes Sein und hinterlässt ein Gefühl der Leere. Aber Tausende von Frauen leiden an einer anderen, gleichermaßen heimtückischen Form der Depression, die durch starke Angstgefühle gekennzeichnet ist. Frauen mit dieser Art Depression neigen dazu, stets unter Hochspannung zu stehen und sich getrieben zu fühlen, aber ihr stressiger Lebensstil hält sie davon ab, sich mit den Gefühlen hinter ihren Spannungen und Ängsten zu beschäftigen. Sie fühlen sich die ganze Zeit hindurch ängstlich und unruhig, regen sich leicht auf, sind schnell gereizt und werden rasch ungeduldig.

Wenn Sie unter Depressionen leiden und bereits mit einem Yoga- oder Meditationsprogramm begonnen haben, wissen Sie, dass all diese Emotionen – Traurigkeit, Verzweiflung, Angstgefühle – mehr als nur Ihren geistigen Zustand beeinflussen. Sie manifestieren sich im Körper als Menstruationsunregelmäßigkeiten, Verdauungsstörungen und Rücken- oder Brustschmerzen. Chronische Depressionen oder Angstzustände fordern auch ihren Tribut von Ihrem Nervensystem.

Wie führen diese Traurigkeit und Angstgefühle zu spröden, zerbrechlichen Knochen? Wenn Ihre Depressionen mit hormonellen Schwankungen in Beziehung stehen (in der Prämenopause oder den eigentlichen Wechseljahren), wird das Absinken des Östrogenspiegels dafür verantwortlich sein. Zu wenig Östrogen wirkt sich negativ auf die Knochendichte aus, daher kann eine hormonell bedingte Depression mit einem mangelhaften Knochenaufbau einhergehen. Schilddrüse wie Nebenschilddrüsen tragen dazu bei, den Kalziumspiegel im Blut zu regulieren, daher kann eine Schilddrüsenunterfunktion – eine Krankheit, die mit Depressionen und Erschöpfungszuständen einhergeht – die Bildung von Knochengewebe im Körper ebenfalls beeinträchtigen.

Bei einer depressionsbedingten Osteoporose spielt ein erhöhter Spiegel des Stresshormons Kortisol offenbar eine entscheidende Rolle. In einer Studie aus dem Jahr 1996, die vom National Institute of Mental Health (NIMH) finanziert und im *New England Journal of Medicine* publiziert wurde, fanden die Forscher – neben anderen Indikatoren – bei Frauen mit aktuellen oder schon etwas länger zurückliegenden Depressionen erhöhte Kortisolwerte im Urin.[3] Ein hoher Spiegel an Kortisol, einem Hormon, das in den Nebennieren produziert wird, kann die Fähigkeit des Körpers zur Knochenbildung beeinträchtigen. Auch wenn gerade eine neue NIMH-Studie in Arbeit ist, in der es darum geht, die Beziehung zwischen Depression und Knochensubstanzverlust besser zu verstehen, sind sich die Forscher inzwischen einig, dass Kortisol eine Rolle spielt, dass Depressionen die Kalziumaufnahme verringern und dass andere Hormondefizite zu einer geringen Knochendichte beitragen können.

Natürlich führt eine Depression nicht *per se* zu spröden Knochen. Es müssen noch andere Risikofaktoren hinzukommen – ein leichter Knochenbau, eine geringe maximale Knochenmasse, fehlender Eisprung oder exzessives Rauchen bzw. übermäßiger Alkoholkonsum. Aber der Befund der NIMH-Studie, nach dem die Abnahme der Knochendichte bei 24 ansonsten gesunden Frauen in der Prämenopause signifikant war (um mehr als 13 Prozent bei den Halswirbeln, rund 11 Prozent in den Hüftknochen), spricht dafür, dass ein depressionsbedingter Knochensubstanzverlust das Lebenszeitrisiko für Knochenbrüche um bis zu 50 Prozent erhöhen kann.

Der Nutzen regelmäßiger Yogaübungen für den Körper lässt sich nicht von den positiven psychischen Auswirkungen und spirituellen Aspekten trennen. Patricia Walden meint dazu: »Gedanken beeinflussen Gefühle, die ihrerseits wiederum die Physiologie beeinflussen.« Dadurch, dass Sie Yoga praktizieren, können Sie unter Umständen Ihre negativen Gefühle umkehren, indem Sie Ihren körperlichen Zustand ändern. So ist der Gestützte Bogen (Viparita-Dandasana) beispielsweise ein rückwärts gebeugter Brustöffner. Der einfache Akt, Ihre Brust emporzuheben, kann Ihre Stimmung aufhellen und Ihren Geist klären. Er schafft Raum, sodass Ihr Atem freier strömen kann. Eine freiere Atmung kann bewirken, dass uns leichter ums Herz wird. Rückwärtsbeugen lösen zudem alle Blockaden in und um Ihr Herz, die möglicherweise zu Ihren hängenden Schultern und Ihrer eingesunkenen Brust beitragen.

Auf der anderen Seite können Vorwärtsbeugen im Sitzen ein Nervensystem beruhigen, das überreagiert, wenn Sie sich ängstigen. Diese Stellung ist ein geschätztes Gegenmittel bei einem hohen Kortisolspiegel. Bei Umkehrstellungen kann das sauerstoffreiche Blut freier zirkulieren. Das beruhigt die Drüsen in und um Kopf und Hals zunächst und vitalisiert sie anschließend. Stand-Stellungen können Ihre Stimmung ebenfalls heben und Ihnen das Gefühl geben, stärker und eigenständiger zu sein (buchstäblich »auf eigenen Füßen zu stehen«).

Die Totenstellung (Shavasana) und andere Entspannungspositionen vermitteln Ihrem sympathischen Nervensystem und Ihrem ganzen Körper bewusste Ruhe, sodass es sich regenerieren kann. Sie führen zu einer vollkommenen Entspannung, bei der sich Ihr Gehirn erholen und seine chemischen Botenstoffe wieder ins Gleichgewicht bringen kann.

Yoga erinnert Sie daran, dass nichts von Dauer ist, dass Sie nicht Ihre Gefühle sind. Indem Sie bewusst in einer Stellung verharren – besonders in einer, die für Sie zunächst eine Herausforderung darstellt –, lernen Sie, dass Sie sich unbehaglich, sogar unglücklich fühlen können und dennoch alles in Ordnung ist. Wenn Ihre Möglichkeiten wachsen, stellen Sie fest, dass das, was letzte Woche noch unmöglich schien, heute machbar ist.

Während der Stellungen und bei den Atemübungen (Pranajama) mit dem eigenen Atem zu arbeiten, kann sehr hilfreich sein. Patricia meint, dass tiefes, heilendes Einatmen Ihren Geist hebt, und langes, langsames Ausatmen Ihre Nerven beruhigt. Seien Sie nicht überrascht, wenn im Laufe der Übungen ein Gefühl der Traurigkeit, der Wut oder sogar der Angst in Ihnen hochsteigt. Gestehen Sie sich diese Gefühle ein und lassen Sie sie dann gehen.

Führen Sie die Übungen in diesem Kapitel so oft aus, wie es Ihnen Ihr Tagesablauf gestattet. Aber versuchen Sie, jeden Tag zumindest etwas zu tun – zehn Minuten Entspannung in Rückenlage (Shavasana) beispielsweise –, um Ihre Stimmung zu heben und den negativen Effekten entgegenzuwirken, die Niedergeschlagenheit auf Ihren Körper hat.

Eine Yoga-Sequenz für gesunde Knochen

Hier stellt Ihnen Patricia Walden eine leicht nachzumachende Yoga-Sequenz vor, die speziell für Frauen in und nach den Wechseljahren entworfen ist, um Knochen und Muskeln zu stärken und Entspannung zu fördern.

- Berg (Tadasana) mit verschiedenen Armhaltungen
- Stehende Zange (Uttanasana)
- Hund mit gesenktem Kopf (Adho-Mukha-Shvanasana)
- Krieger I (Virabhadrasana I) und einfachere Varianten
- Krieger II (Virabhadrasana II) und einfachere Varianten
- Gestrecktes Dreieck (Utthita-Trikonasana) und einfachere Varianten
- Gedrehtes Dreieck (Parivritta-Trikonasana) und einfachere Varianten
- Rumpfdrehung im Stehen (Utthita-Marichyasana)
- Kamel (Ustrasana)

- Kind (Adho-Mukha-Virasana)
- Halbe Kerze mit Rolle (Viparita-Karani) und Halbe-Kerze-mit-Rolle-Zyklus
- Totenstellung (Shavasana)

Berg (Tadasana)

Stellen Sie sich mit geschlossenen Beinen gerade hin (die großen Zehen berühren sich möglichst; wenn das unbequem ist, stellen Sie die Füße leicht auseinander). Verteilen Sie Ihr Körpergewicht gleichmäßig zwischen Fußballen und Fersen. Straffen Sie die Knie, indem Sie die Oberschenkelstrecker anspannen. Heben Sie Ihr Brustbein und weiten Sie den Brustraum, indem Sie Schultern und Schulterblätter zurücknehmen. Heben Sie den Unterleib und ziehen Sie das Steißbein ein, ohne die Oberschenkel nach vorn zu drücken. Strecken Sie Ihre Arme nach unten, die Handflächen gegen die Oberschenkel gekehrt, die Finger geschlossen (siehe Abbildung 16a). Ziehen Sie die Schultern dabei ständig nach unten. Stellen Sie sich vor, wie sich Ihre Wirbelsäule streckt und aus Ihrem Zentrum herauswächst, während Sie Ihre Füße fest in den Boden pflanzen. Atmen Sie normal, entspannen Sie Ihre Beckenbodenmuskulatur (diejenigen Muskeln, die Sie anspannen, wenn Sie beim Urinieren den Strahl unterbrechen wollen) sowie Schultern und Hals. Verharren Sie 30 bis 60 Sekunden lang in dieser Stellung.

Versuchen Sie als Nächstes die folgenden Varianten der Bergstellung.

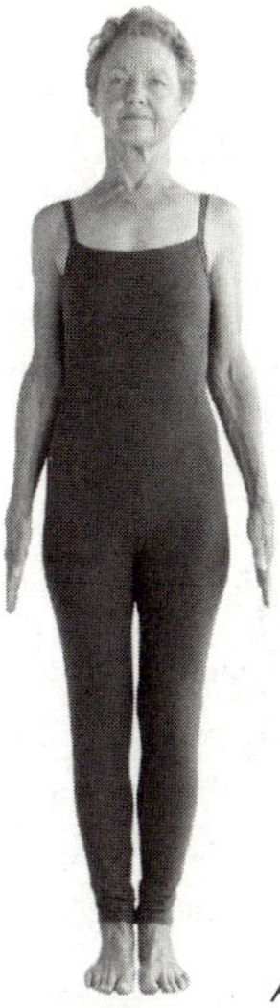

Abb. 16a

Abb. 16b

Berg mit erhobenen Armen (Urdvha-Hastasana)

Nehmen Sie die Bergstellung (Tadasana) ein und heben Sie, die Handflächen nach innen gekehrt, langsam die Arme zur Seite bis über den Kopf, wobei die Schultern nach unten gezogen werden (siehe Abbildung 16b). Heben Sie die Brust, und ziehen Sie die Schulterblätter fest in den Rücken. (Wenn es Ihnen schwer fällt, das Gleichgewicht zu halten, stellen Sie Ihre Füße ein wenig auseinander oder üben Sie die Stellung mit dem Rücken an eine Wand gelehnt.) Bleiben Sie, wenn möglich, 20 bis 30 Sekunden in dieser Haltung oder nehmen Sie diese zwei- oder dreimal nacheinander ein.

Abb. 16c

Abb. 16d

Arme in Gebetsstellung (Namaskar)

Um Brust- und Schulterbereich noch mehr zu weiten, bleiben Sie weiterhin in der Bergstellung (Tadasana) stehen und legen die Hände hinter dem Rücken wie zum Gebet zusammen (siehe Abbildung 16c). Achten Sie darauf, keinen Buckel zu machen. Wenn das zu schwierig ist, verschränken Sie die Arme hinter dem Rücken, und umfassen Sie die Ellenbogen mit den Händen (siehe Abbildung 16d). Ihr Körper sollte dabei wie in der Grundstellung gerade aufgerichtet sein.

Wirkung: Diese Armstellungen tragen dazu bei, Versteifungen in Schultern, Armen sowie in der oberen und unteren Rückenpartie zu lindern; sie verbessern die Durchblutung des Körpers und korrigieren eine schlechte Haltung.

Stehende Zange (Uttanasana)

Stellen Sie sich hin, die Füße leicht auseinander. Falten Sie die Hände hinter dem Rücken und beugen Sie, während Sie ausatmen, den Oberkörper nach unten. Beugen Sie sich nach vorn, und führen Sie die gestreckten Arme nach vorn über den Kopf in Richtung Boden (siehe Abbildung 17). Die Schulterblätter werden dabei vom Hals weg in den Rücken gezogen. Bleiben Sie 10 bis 15 Sekunden in dieser Haltung, richten Sie sich anschließend langsam auf und ruhen Sie sich einige Atemzüge lang aus.

Wirkung: Wenn Sie die Hände hinter dem Rücken falten, weiten Sie die Brust und lösen Verspannungen in Schultern, Ellenbogen, Handgelenken und Fingern.

Abb. 17

Abb. 18

Hund mit gesenktem Kopf (Adho-Mukha-Shvanasana)

Um den richtigen Abstand zwischen Händen und Füßen zu finden, legen Sie sich auf den Bauch; die Handflächen ruhen mit gespreizten, zum Kopf weisenden Fingern beiderseits der Brust auf dem Boden. Drehen Sie Ihre Zehen nach innen. Richten Sie sich auf Händen und Knien auf. (Wenn Sie beweglich genug sind, halten Sie Ihre Füße eng zusammen.) Atmen Sie aus, drücken Sie die Hände in die Matte und strecken Sie Kopf und Oberkörper nach vorn. Atmen Sie aus und heben Sie Ihr Gesäß hoch in die Luft (siehe Abbildung 18). Drücken Sie Ihre Oberschenkel nach oben und hinten und versuchen Sie, Ihre Fersen auf dem Boden zu halten, während Sie Ihr Gesäß immer höher schieben. Das Strecken der Arme und Beine verlängert die Wirbelsäule und entlastet den Kopf. Bleiben Sie 30 bis 60 Sekunden in dieser Haltung und atmen Sie dabei tief. Lassen Sie den Kopf völlig ruhen und entspannen Sie auch das Genick. Um die Stellung zu beenden, kehren Sie auf Hände und Knie zurück, setzen sich auf die Fersen und heben langsam den Kopf.

Wirkung: Diese Übung mit Gewichtsbelastung stärkt Arme, Beine und Wirbelsäule, verlängert diese und lockert verspannte, steife Schulter-, Nacken- und Armmuskeln.

Krieger I (Virabhadrasana I)

Nehmen Sie die Bergstellung (Tadanasana) ein. Stellen Sie die Füße und die Zehen nach vorn, so weit auseinander wie es geht, ohne unbequem zu werden (ca. 1,2 bis 1,4 Meter). Strecken Sie die Arme, Handflächen nach unten, auf Schulterhöhe parallel zum Boden seitwärts aus. Drehen Sie die Handflächen nach oben und heben Sie beide Arme, die Ellenbogen gestreckt, bis sie parallel zueinander senkrecht nach oben weisen (siehe Abbildung 19). Spannen Sie Ihre

Abb. 19

Oberschenkelmuskulatur an und heben Sie Ihren Rumpf. Atmen Sie aus und drehen Sie gleichzeitig Ihren Rumpf und Ihr rechtes Bein um 90 Grad nach rechts und Ihren linken Fuß um etwa 60 Grad nach rechts. (Sie sollten nun über Ihr rechtes Bein nach vorne schauen.) Versuchen Sie, Ihren hinteren Fuß auf dem Boden zu halten. (Wenn dies zu schwierig ist, heben Sie Ihre Ferse vom Boden.) Atmen Sie ein und strecken Sie Ihre Oberarme, atmen Sie aus und beugen Sie das rechte Bein so, dass Ober- und Unterschenkel einen rechten Winkel bilden. (Ragt das Knie über den Knöchel hinaus, müssen Sie die Füße weiter auseinander stellen.) Strecken Sie den Rumpf zur Decke, während Sie den Kopf so weit zurücklegen, wie es problemlos geht, und schauen Sie zu Ihren Daumen hoch. (Ist dies zu anstrengend für Ihren Nacken, halten Sie den Kopf gerade und blicken nach vorn.) Beugen und strecken Sie Ihr rechtes Bein mehrfach, um die Beweglichkeit von Hüfte und Knien zu erhöhen. Kehren Sie in die Bergposition (Tadasana) zurück und wiederholen Sie die Übung mit dem linken Bein.

Einfachere Variante: Wenn Sie sich stärker abstützen wollen, drücken Sie die Zehen Ihres vorderen Fußes gegen die Wand und legen Sie die Hände in Schulterhöhe auf die Wand. Blicken Sie geradeaus (siehe Abbildung 20). Beugen und strecken Sie Ihr führendes Bein drei- bis viermal, während Sie ausatmen. Denken Sie daran, dass das Knie nicht über den Fußknöchel ragen soll (siehe Abbildung 21). Atmen Sie einige Atemzüge lang normal weiter.

Wirkung: Diese Übung mit Gewichtsbelastung trägt da-

zu bei, die Beweglichkeit im Hüft- und unteren Rückenbereich (Kreuzregion) zu verbessern und die Gelenke flexibel zu halten.

Krieger II (Virabhadrasana II)

Nehmen Sie die Bergstellung (Tadasana) ein. Stellen Sie die Füße möglichst weit auseinander (ca. 1,2 bis 1,4 Meter), drehen Sie den linken Fuß um etwa 90 Grad nach außen und den rechten Fuß leicht nach innen. Die Ferse des linken Fußes sollte in einer Linie mit dem Rist des rechten Fußes sein. Strecken Sie die Arme parallel zum Boden seitwärts aus (siehe Abbildung 22). Beugen Sie, während Sie ausatmen, das linke Bein so, dass Ober- und Unterschenkel einen rechten Winkel bilden. (Ragt das Knie über den Knöchel hinaus,

Abb. 22

Abb. 23

Abb. 24

müssen Sie die Füße weiter auseinander stellen.) Drehen Sie den Kopf und schauen Sie über Ihren linken Arm bis über die Fingerspitzen hinaus. Stellen Sie sich vor, beide Arme würden gegeneinander an einem Tau ziehen. Halten Sie die Position mehrere Atemzüge oder 15 bis 20 Sekunden lang. Wiederholen Sie die Stellung mehrfach, um die Gelenke flexibler zu machen. Gehen Sie wieder in die Grundstellung über und wechseln Sie zum anderen Bein über.

Einfachere Varianten: (A) Wenn Sie sich abstützen möchten, üben Sie die Stellung mit einem Fuß und einer Hand in Wandkontakt (siehe Abbildung 23).

(B) Wiederholen Sie die Haltung mehrmals, indem Sie das Knie des Beines, das der Wand am nächsten ist, beim Einatmen strecken und beim Ausatmen beugen, wobei Sie Ihre Arme, falls nötig, ein wenig lockern (siehe Abbildung 24). Bei der letzten Kniebeuge nehmen Sie die Hand von der Wand und verharren mehrere Atemzüge lang in dieser Haltung.

Wirkung: Diese Übung eignet sich ausgezeichnet dazu, die Haltung zu verbessern. Sie streckt und stärkt die Wirbelsäule und erhöht die Beweglichkeit von Hüften, Rücken und Beinen. Da es sich um eine Übung handelt, bei der Füße, Knöchel und Beine belastet werden, lagern die Knochen in diesen Regionen vermehrt Kalzium ein.

Gestrecktes Dreieck (Utthita-Trikonasana)

Nehmen Sie die Bergstellung (Tadasana) ein. Stellen Sie die Füße etwa einen Meter auseinander. Drehen Sie den rechten Fuß um etwa 90 Grad nach außen und den linken Fuß leicht

Abb. 25

nach innen. Die Ferse des rechten Fußes sollte in einer Linie mit dem Rist des linken Fußes sein (siehe Abbildung 25). Legen Sie einen Klotz an die Außenkante Ihres rechten Fußes. Strecken Sie die Arme seitwärts aus, spannen Sie die Oberschenkelmuskeln an und heben Sie Ihren Rumpf. Beugen Sie, während Sie ausatmen, den Rumpf mit geradem Rücken nach rechts und senken Sie Ihre rechte Hand auf den Klotz. Drücken Sie Ihre Hand auf den Klotz und strecken Sie sich bis in die linken Fingerspitzen. Ziehen Sie die Schulterblätter in den Rücken, drehen Sie die Brust zur Decke und schauen Sie geradeaus oder hinauf zu Ihrer linken Hand. Drehen Sie Ihren Unterleib nach links. Atmen Sie normal und bleiben Sie 20 bis 30 Sekunden in dieser Haltung. Atmen Sie ein, während Sie sich aufrichten und den Rumpf strecken. Wiederholen Sie die Stellung zur linken Seite; an-

Abb. 26

schließend drehen Sie die Zehen nach vorn, stellen die Füße zusammen und kehren zur Bergstellung zurück.

Einfachere Variante: Ist diese Stellung zu schwierig oder verlieren Sie dabei das Gleichgewicht, verwenden Sie statt des Klotzes einen niedrigen Hocker oder Stuhl (siehe Abbildung 26). Legen Sie eine Hand auf die Sitzfläche des Stuhls, die andere an die Hüfte. Spannen Sie Ihre Arm- und Beinmuskeln an. Entspannen Sie Schultern, Hals und Gesichtsmuskeln und bleiben Sie einige Atemzüge lang so stehen.

Wirkung: Diese Stellung streckt und kräftigt Ihre Wirbelsäule, fördert die Durchblutung der Beckenregion und verbessert Beweglichkeit und Stabilität. Da es sich um eine Übung handelt, bei der Arme, Beine und Wirbelsäule belastet werden, lagern die Knochen in diesen Regionen vermehrt Kalzium ein.

Gedrehtes Dreieck (Parivritta-Trikonasana)

Nehmen Sie die Bergstellung (Tadasana) ein. Stellen Sie die Füße etwa einen Meter auseinander. Drehen Sie den linken Fuß um etwa 90 Grad nach außen und den rechten Fuß leicht nach innen. Die Ferse des rechten Fußes sollte in einer Linie mit dem Rist des linken Fußes sein (siehe Abbildung 27). Legen Sie einen Klotz an die Außenkante Ihres linken Fußes. Drehen Sie, während Sie ausatmen, den Rumpf so, dass Sie nach links schauen; dadurch drehen sich Ihr rechtes Bein und das Knie nach innen. Legen Sie die Fingerspitzen Ihrer rechten Hand auf den Block. Spannen Sie die Muskeln in beiden Beinen an und weiten Sie Ihren Brustraum, indem Sie die rechte Schulter nach hinten ziehen. Atmen Sie 15 bis 20 Sekunden normal. Richten Sie sich auf,

Abb. 28

während Sie einatmen, drehen Sie sich und wiederholen Sie die Stellung zur anderen Seite.

Einfachere Variante: Ist die Stellung zu schwierig, legen Sie Ihre Hand auf einen Stuhl statt auf einen Klotz (siehe Abbildung 28). Ist die Sitzfläche des Stuhls noch immer zu niedrig, erhöhen Sie ihn mit Decken oder einer Kissenrolle. Wiederholen Sie die Stellung mehrmals, um Ihre Gelenke beweglicher zu machen. Halten Sie die Endstellung möglichst mehrere Atemzüge lang.

Wirkung: Diese Stellung regt die Knochen in Armen, Beinen und Wirbelsäule an, Kalzium einzulagern. Sie streckt und kräftigt zudem Ihre Brustwirbelsäule, erhöht die Beweglichkeit von Schultern, Hüfte und Rücken und verbessert die Körperhaltung.

Rumpfdrehung im Stehen (Utthita-Marichyasana)

Stellen Sie einen Stuhl rechts neben sich an die Wand und legen Sie nah an der Wand einen Klotz auf die Sitzfläche (siehe Abbildung 29). Wenn der Klotz wegzurutschen droht, legen Sie eine rutschfeste Matte unter. Stellen Sie sich so vor den Stuhl, dass Ihre linke Seite der Wand zugekehrt ist. Halten Sie das rechte Bein durchgedrückt, während Sie den linken Fuß auf den Klotz stellen. Atmen Sie ein und strecken Sie sich, atmen Sie aus und drehen Sie Ihren Rumpf zur Wand, wobei Ihre rechte Hand auf dem linken Knie und Ihre linke Hand auf der Wand liegt. Nehmen Sie diese Stellung mehrmals ein, wobei Sie jedes Mal tiefer einatmen, um sich weiter nach oben zu strecken, und jedes Mal vollständiger ausatmen, um Ihren Rumpf noch ein wenig mehr zu drehen. Stellen Sie den Stuhl links neben sich und wiederholen Sie die Stellung zur anderen Seite.

Wirkung: Diese Stellung streckt und stärkt die Wirbelsäule und beseitigt Verspannungen in der oberen und mittleren Rückenpartie.

Kamel (Ustrasana)

Knien Sie sich auf den Boden, Knie und Beine hüftweit auseinander. Legen Sie die Handflächen auf Ihr Gesäß, und drücken Sie Ihre Oberschenkel beim Ausatmen leicht nach vorn, während Sie gleichzeitig den Brustkorb heben. Beugen Sie sich allmählich so weit wie möglich nach hinten; heben Sie die Brust und dehnen Sie die Schultern. Bewegen Sie die Hände vom Gesäß zu den Füßen und umfassen Sie Ihre Fer-

sen (siehe Abbildung 30). Wenn Sie Ihre Fersen nicht erreichen können, legen Sie die Hände auf einen hinter Ihnen stehenden Stuhlsitz, wobei Ihre Finger möglichst weit vom Körper wegzeigen. Ihre Oberschenkel sollten einen rechten Winkel mit dem Boden bilden. Legen Sie, wenn es bequem geht, den Kopf zurück und atmen Sie 10 bis 15 Sekunden lang regelmäßig, während Sie in dieser Haltung bleiben. Wenn das zunächst zu schwierig ist, nehmen Sie diese Stellung mehrmals hintereinander für kurze Zeit ein. Um die Stellung zu beenden, heben Sie erst die eine, dann die andere Hand. Während Sie ausatmen, richten Sie sich mithilfe der Oberschenkelmuskeln langsam vom Brustbein aus auf. Ganz zuletzt heben Sie den Kopf.

Wirkung: Die Stellung weitet Ihren Brustraum, hilft Ihnen zu atmen und fördert ein Gefühl der Erfüllung. Zudem regt sie die Wirbel an, mehr Kalzium einzulagern und eine starke Wirbelsäule aufzubauen; darüber hinaus werden die Muskeln in der oberen Rückenpartie gekräftigt.

Kind (Adho-Mukha-Virasana)

Knien Sie sich auf den Boden, die Knie etwas mehr als hüftweit auseinander, die großen Zehen möglicht nahe zusammen. Beugen Sie sich nach vorn und strecken Sie Oberkörper und Arme aus (siehe Abbildung 31). Legen Sie Ihren Kopf auf den Boden oder eine Matte. Bleiben Sie 20 bis 30 Sekunden (oder länger) in dieser Haltung; ziehen Sie dabei die Schulterblätter zurück und strecken Sie den Nacken. Zum Aufrichten drücken Sie sich mit den Händen vom Boden ab und setzen sich langsam auf, wobei Sie den Kopf erst ganz zuletzt heben.

Wirkung: Die Stellung streckt die Wirbelsäule und sorgt für die richtige Muskelspannung in diesem Bereich, während sie gleichzeitig die Muskeln im Nackenbereich und in der oberen Rückenpartie lockert. Diese Stellung dehnt zu-

Abb. 31

dem Ihre Rückenmuskeln nach Rückwärtsbeugen und trägt zur Beruhigung des Nervensystems bei.

Halbe Kerze mit Rolle (Viparita-Karani)

Legen Sie eine Rolle eine Handbreit vor die Wand. Setzen Sie sich so auf die Rolle, dass die rechte Hüfte und Körperseite die Wand berühren. Lehnen Sie sich mit den Händen als Stütze nach hinten und schwingen Sie den Körper so nach rechts, dass Sie erst das rechte, dann das linke Bein senkrecht an die Wand legen können. Das Gesäß sollte dabei möglichst nahe an der Wand liegen. (Wenn sich Ihre Beine in dieser Lage steif oder unbequem anfühlen, rücken Sie mit Ihrem Gesäß ein wenig von der Wand ab.) Legen Sie sich so hin, dass Kreuz und Rippen von der Rolle gestützt werden und Schultern und Kopf auf dem Boden liegen (siehe Abbildung 32). Sollte Ihr Nacken schmerzen, legen Sie

Abb. 32

ein gefaltetes Handtuch oder eine Decke unter. Strecken Sie Ihre Beine gerade nach oben und legen Sie die Arme mit gebeugten Ellenbogen, Handflächen nach oben, seitlich neben den Kopf. Ruhen Sie sich in dieser Haltung mit geschlossenen Augen mindestens fünf bis zehn Minuten aus.

Halbe-Kerze-mit-Rolle-Zyklus

Öffnen Sie, ohne den Rumpf zu bewegen, langsam die Beine (siehe Abbildung 33). Atmen Sie normal und bleiben Sie drei bis fünf Minuten in dieser Position. Beugen Sie, wiederum ohne den Rumpf zu bewegen, die Knie, kreuzen Sie die Beine und bleiben Sie weitere drei bis fünf Minuten in dieser Haltung (siehe Abbildung 34). Dann drücken Sie sich sanft von der Wand, bis Ihr Gesäß vom Polster rutscht und direkt davor zu liegen kommt, während die gekreuzten Beine noch auf der Rolle liegen (siehe Abbildung 35). Bleiben

Abb. 33

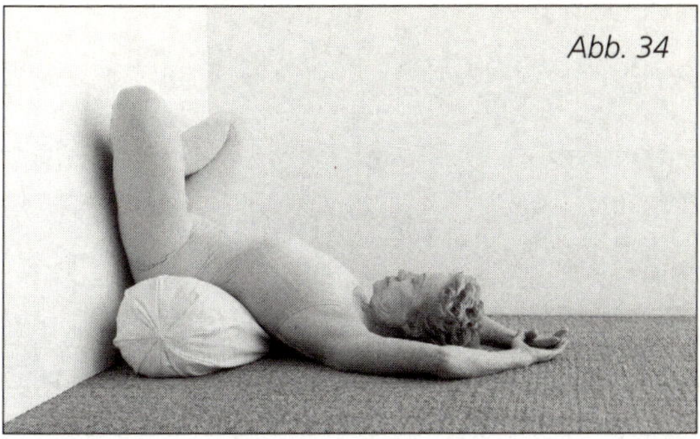

Abb. 34

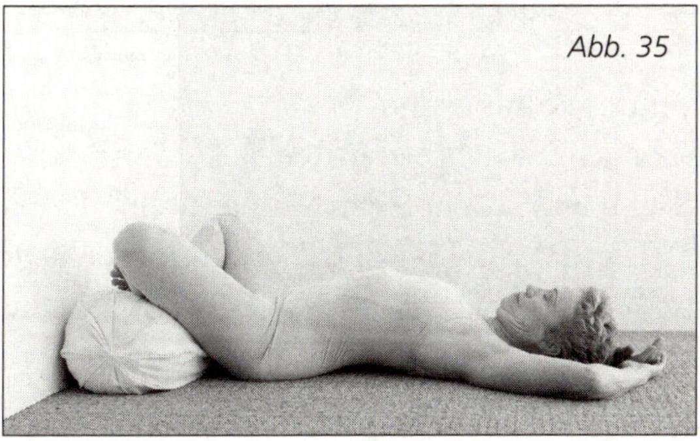

Abb. 35

Sie in dieser Haltung drei bis fünf Minuten oder solange Sie liegen mögen.

Um die Stellung zu beenden, entkreuzen Sie die Beine, drücken sich sanft von der Rolle weg und drehen sich auf die Seite. Nach einigen ruhigen Atemzügen setzen Sie sich mithilfe Ihrer Arme auf.

Wirkung: Diese Stellung lindert nervöse Erschöpfung, trägt zu einem ausbalancierten Nervensystem bei und reduziert die Effekte der Stresshormone Kortisol und Adrenalin.

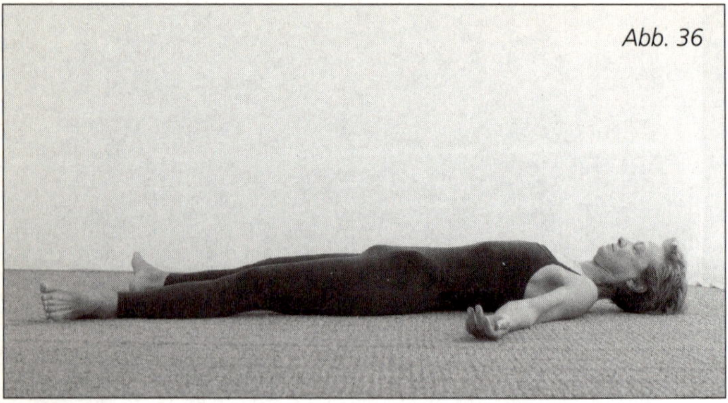

Abb. 36

Totenstellung (Shavasana)

Legen Sie sich mit ausgestreckten Beinen auf den Rücken (wenn Sie es wünschen, legen Sie dabei eine Decke unter den Kopf) (siehe Abbildung 36). Die Arme liegen bequem etwas vom Rumpf entfernt seitlich auf dem Boden, die Handflächen nach oben. Strecken Sie Arme und Beine zunächst aktiv von sich weg und entspannen Sie Arm- und Beinmuskulatur anschließend völlig. Schließen Sie Ihre Augen und lassen Sie alles los. Atmen Sie einige Male tief in die Brust ein, ohne Hals, Nacken oder Zwerchfell anzuspannen. Lassen Sie beim Ausatmen Ihren Körper in den Boden sinken und entspannen Sie dabei Schultern, Nacken und Gesichtsmuskeln. Halten Sie den Unterleib weich und entspannt und lockern Sie das Kreuz, während Ihre Augen entspannt zurück in die Augenhöhlen sinken. Atmen Sie in dieser Position mindestens fünf bis zehn Minuten lang ganz regelmäßig.

Um diese Stellung zu beenden, beugen Sie Ihre Knie, rollen sich langsam auf die Seite und setzen sich nach ein paar ruhigen Atemzügen mithilfe der Arme auf.

Wirkung: Eine wunderbar entspannende Stellung, die das sympathische Nervensystem beruhigt, Erschöpfung und Ängste lindert und die Balance wiederherstellt.

Kapitel 8

Harninkontinenz

Janis Luft

Janis Luft ist als speziell ausgebildete Pflegekraft für Frauengesundheit in der Abteilung für Geburtshilfe/Gynäkologie und Fortpflanzungsmedizin der Universität von Kalifornien, San Francisco (UCSF), tätig und arbeitet als Assistenzprofessorin in der Abteilung für Familiengesundheit der Krankenpflegeschule der Universität. Zusätzlich ist sie als *research nurse practitioner* am Klinischen Forschungszentrum für Frauengesundheit der Universität tätig. Ihren Bachelor of Science in Krankenpflege erhielt sie von der Universität von Pennsylvania, ihren Master of Science im selben Fach vom Ambulatory Women's Health Care Nurse-Practitioner Program an der UCSF. Luft entwarf und koordinierte das Programm und Verhaltenstraining zur Wiederherstellung der Beckenbodenmuskulatur am Frauen-Kontinenzzentrum der Universität. Als Autorin zahlreicher Zeitschriftenartikel, Buchkapitel und Zusammenfassungen zum Thema Harninkontinenz hat sie ausführlich über dieses Thema gearbeitet. Gegenwärtig ist sie leitende Rezensentin für das Altenpflegejournal *Geriatric Nursing*.

Mit 55 Jahren dachte Barbara daran, in Rente zu gehen. Sie hatte ihren Beruf als Lehrerin an einem lebhaften Gemeindecollege stets geliebt und darin persönliche Erfüllung gefunden. Doch ihr täglicher Stundenplan war sehr voll, und in letzter Zeit fiel es ihr zunehmend schwer, zwei Stunden lang zu unterrichten, ohne zur Toilette zu gehen. Nach etwa einer Stunde begann sich das höchst unangenehme Gefühl einzustellen, ihre Blase sei bis zum Platzen gefüllt. Zu langes Warten konnte zu einer Katastrophe führen. Kürzlich war sie am Ende des Unterrichts aus der Klasse geeilt und hatte Schüler, die sie noch etwas fragen wollten, einfach stehen gelassen. Sie schaffte es kaum bis zur Damentoilette einen halben Gang entfernt, nur um dort festzustellen, dass alle Kabinen besetzt waren. Und dann passierte es: Ihr widerfuhr ein Malheur, weil sie einfach nicht länger warten konnte. Obwohl sie lange versucht hatte, es zu ignorieren, plagte sie dieses Problem schon seit einigen Jahren, und es war immer schlimmer geworden, besonders während der letzten sechs Monate. Sie hatte begonnen, die Flüssigkeitsmenge einzuschränken, die sie im Verlauf des Tages trank, und so oft wie möglich zur Toilette zu gehen, aber selbst diese Vorsichtsmaßnahmen reichten nicht mehr aus. Der Gedanke, es könne ihr in der Schule ein zweiter solcher Zwischenfall passieren, trieb ihr die Schamröte ins Gesicht. Obwohl sie sich wirklich wünschte, noch ein paar Jahre länger zu unterrichten, war ihr die Vorstellung unerträglich, in der Klasse die Kontrolle über ihre Blase zu verlieren. Eine Frühpensionierung schien der einzige Ausweg.

Probleme mit der Blase

Ab einem Alter von 65 Jahren hat etwa die Hälfte aller Frauen Kontinenzprobleme: Sie verlieren unfreiwillig Harn. Umgangssprachlich wird das auch als Blasenschwäche bezeichnet. Auch junge Frauen sind davor nicht gefeit. Etwa eine von vier Frauen im fortpflanzungsfähigen Alter leidet gelegentlich unter Inkontinenz. Allerdings sind Blasenprobleme bei ihnen gewöhnlich vorübergehender Natur. So treten sie beispielsweise während oder kurz nach einer Schwangerschaft auf und verschwinden schließlich von selbst wieder.

Wie viele Frauen in Deutschland allerdings wirklich mit Kontinenzproblemen zu kämpfen haben, ist nicht genau bekannt. Die Angaben schwanken zwischen 5 und 25 Prozent – je nachdem, welche Altersgruppe befragt wird, was die Einzelne als »Inkontinenz« empfindet und wie sie ihre Situation einschätzt. Schwangerschaft und Geburt, Wechseljahre und der Bau der Harnwege bei der Frau machen verständlich, warum so viel mehr Frauen als Männer mit Blasenproblemen zu kämpfen haben. Vor allem ältere Frauen sind davon betroffen.

Viele Frauen sehen allerdings im Verlust der Blasenkontrolle kein gesundheitliches Problem, das sich beheben lässt, sondern betrachten es als unausweichlichen Teil des Alterns. Es stimmt zwar, dass Blasenprobleme mit zunehmendem Alter häufiger werden. Dennoch ist Harninkontinenz *kein* normaler Vorgang des Alterns. Frauen sollten sich also nicht scheuen, über ihr Problem zu sprechen und Hilfe zu suchen – auch wenn die Ärzte häufig nicht von sich aus nach Beschwerden im Zusammenhang mit der Blasenkontrolle fragen: Eine Blasenschwäche lässt sich medizinisch behandeln.

Blasenschwäche ist mehr als nur lästig. Sie kann die Lebensqualität eines Menschen stark beeinträchtigen. Die Furcht vor unfreiwilligem Harnabgang oder peinlichen Vorfällen kann zu einem ständigen Gefühl der Verlegenheit und zu sozialer Isolation führen.[1] Eine Frau, die sich sorgt, weil sie möglicherweise einnässt und dann nach Urin riecht, treibt unter Umständen keinen Sport mehr, verbringt kaum noch Zeit mit Familie und Freunden und unternimmt keine Reisen mehr – kurz gesagt, sie verzichtet auf all die Dinge, die das Leben lebenswert machen. Dranginkontinenz (auch als überaktive Blase bezeichnet) erhöht bei älteren Menschen die Wahrscheinlichkeit von Hüft- und anderen Knochenbrüchen, denn nächtliches Aufstehen zum Wasserlassen ist einer der Hauptgründe für Stürze.[2] Wie Untersuchungen gezeigt haben, erhöht eine überaktive Blase zudem das Risiko für Harnweginfektionen, Hautreizung und Hautinfektionen sowie Depressionen beträchtlich.[3]

Blasenprobleme und Wechseljahre

Viele Fachleute sind der Meinung, dass die Wechseljahre ein Hauptrisikofaktor für Belastungs- und Dranginkontinenz sind. Harninkontinenz tritt bei Frauen mit zunehmendem Alter immer häufiger auf, und oft bemerken Frauen erstmals in der Lebensmitte Probleme mit der Blasenkontrolle. Zudem entwickeln sich Harnwege und -organe aus denselben embryonalen Strukturen wie der Geschlechtstrakt. Ähnlich wie Vulva, Scheide und Gebärmutter sind Harnblase, Harnröhre und Harnleiter dicht mit Östrogenrezeptoren besetzt. Der Rückgang der Östrogenproduktion, wie es für die Wechseljahre charakteristisch ist, führt zu anatomischen und physiologischen Veränderungen im Harntrakt von Frauen. Dazu gehört, dass die Schleimhaut, die die Harnröhre auskleidet, dünner wird, sich der Druck verringert, der für den Verschluss der Harnröhre notwendig ist, und die Empfindungsfähigkeit, ab wann man zur Toilette gehen muss, nachlässt. Diese Veränderungen, so wird angenommen, tragen dazu bei, dass die Blasenmuskulatur schwächer wird, was wiederum das Inkontinenzrisiko erhöht.

Eine direkte Beziehung zwischen den Wechseljahren und der Entwicklung von Blasenschwäche ließ sich bisher jedoch nicht nachweisen. Dennoch ist offenkundig, dass Harninkontinenz mit zunehmendem Alter häufiger auftritt. Epidemiologen, die 13 Studien überprüften, in denen es um Harninkontinenz bei Frauen ging, stellten fest, dass 20 bis 30 Prozent aller jungen, erwachsenen Frauen unter mehr oder minder stark ausgeprägtem unfreiwilligen Harnabgang litten; dieser Prozentsatz erhöhte sich in mittlerem Alter auf 30 bis 40 Prozent und stiegt mit zunehmendem Alter weiter (je nach Studie auf 30 bis 50 Prozent).[4]

Da Blasenschwäche für Frauen über fünfzig ein zunehmend wichtiges Thema ist und ein Teil dieser Frauen häufig auch unter Wechseljahrsbeschwerden leidet, sind wir der Meinung, dass es sinnvoll ist, ein Kapitel über dieses häufig verschwiegene Gesundheitsproblem in ein Buch über Wechseljahre aufzunehmen.

Die normale Blasenfunktion

Die Harnblase hat zwei Aufgaben: Harn zu speichern und zu entlassen. Frauen mit einer Blasenschwäche müssen zwar oft Wasser lassen, doch mit dem Speichern hapert es oft.

Die Harnblase liegt im Becken, zwischen dem Schambein (vorn), der Gebärmutter (oben) und dem Enddarm (hinten). Zwei lange, dünne Schläuche, die Harnleiter (Ureteren), münden auf beiden Seiten in die Kuppel der Harnblase. Sie leiten den Urin, den die Nieren produzieren, in die Blase. Die Harnblase selbst besteht vorwiegend aus glatter Muskulatur vom selben Typ, wie man ihn in Darm und Lunge findet.

Der Urin verlässt die Harnblase durch die Harnröhre (Urethra), eine 2,5 bis 5,0 Zentimeter lange Röhre, deren Wand aus glatter Muskulatur (wie in Lunge und Darm) und quer-

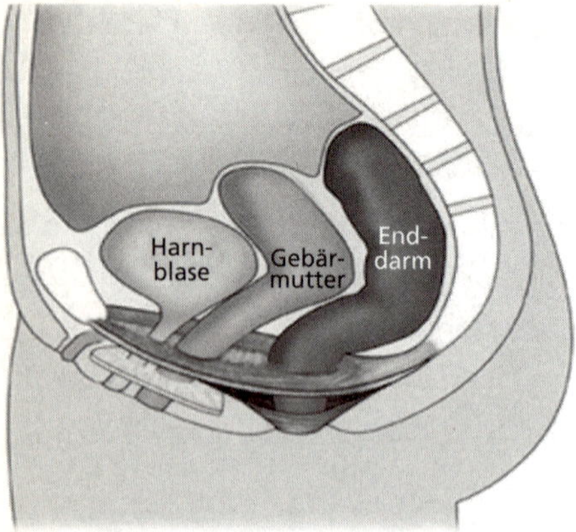

Abb. 37:
Die Lage der Harnblase im Becken

gestreifter Muskulatur (wie in den Muskeln, die Sie willentlich betätigen können) besteht. Die Harnröhre ist mit einer Schleimhaut ausgekleidet. Sie ist eng gefaltet und hilft, die Harnröhre zu verschließen und den Harn in der Harnblase zu halten. Die Harnröhre verläuft durch eine starke Muskelschicht, die den Beckenboden bildet. Diese Muskeln ziehen von vorn, das heißt von der Symphyse des Schambeins (Os pubis), nach hinten bis zum Steißbein (Os coccygis) und heften sich seitlich an der Beckenwand an. Auch Scheide (Vagina) und Enddarm (Rektum) ziehen durch kleine Öffnungen durch die Beckenbodenmuskulatur. Im Ruhezustand steht die Beckenbodenmuskulatur unter leichter Spannung. Damit unterstützt sie den Verschlussmechanismus des Blasenschließmuskels. Dieses Zusammenspiel von Beckenbodenmuskulatur, Harnröhrenmuskulatur und Schleimhautauskleidung der Harnröhre hält den Druck auf den Blasenausgang aufrecht und sorgt dafür, dass der Urin in der Harnblase bleibt, bis die Blase bei Bedarf gewollt entleert wird.

Die Harnblase einer jungen Erwachsenen fasst etwa 300 bis 500 Milliliter; diese Kapazität nimmt mit steigendem Alter ab. Im Durchschnitt lassen die meisten jungen Frauen alle fünf bis sechs Stunden Wasser. Bis zu achtmal am Tag Wasser zu lassen, gilt als normal. Im Alter von 65 Jahren kann es allerdings normal sein, alle drei bis vier Stunden Wasser zu lassen und ein- bis zweimal nachts zur Toilette zu gehen. Wenn sich die Blase mit Urin füllt, dehnt sie sich aus, um das steigende Volumen aufzunehmen, ohne dass sich der Druck in der Blase merklich erhöht. Solange der Urin gespeichert wird, ist der Druck in der Harnröhre stets größer als der Druck im Innern der Harnblase. So halten wir unse-

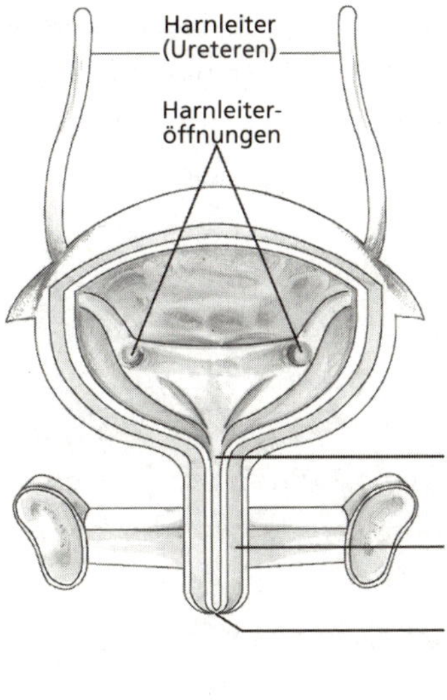

Abb. 38:
Die Harnblase

ren Urin, bis wir bereit sind, unsere Blase zu entleeren. Wenn wir bereit zum Wasserlassen sind, sitzen wir gewöhnlich, die Beckenbodenmuskulatur entspannt sich, woraufhin sich die Harnblase – mithilfe des »Blasenentleerungsmuskels« Musculus detrusor vesicae – zusammenzieht: Der Urin fließt ab.

Beim Neugeborenen ist Wasserlassen eine automatische, »unwillkürliche« Aktivität: Die Blase füllt sich, und wenn die Dehnungsrezeptoren in der Blasenwand eine entsprechend starke Füllung signalisieren, schickt das Blasenentleerungszentrum im Rückenmark der Blase den Befehl, sich zusammenzuziehen. Die Blase entleert sich. Im Laufe der Zeit entwickeln sich dann das Gehirn und die Muskelkontrolle und mit ihrer Hilfe lernt allmählich jeder gesunde Mensch, seine Blase zu kontrollieren. Dabei wird der denkende Teil des Gehirns, die Großhirnrinde, darauf trainiert, die Blase davon abzuhalten, sich zusammenzuziehen, bis man sich in einer zur Entleerung geeigneten Umgebung befindet.

Während sich die Blase allmählich füllt, signalisieren die Dehnungsrezeptoren in der Blasenwand dem Gehirn »Die Blase ist voll«. Nähert sich das Volumen der Fassungsgrenze, nehmen diese Signale an Stärke zu. Das Miktionszentrum in der Großhirnrinde hemmt die Blasenkontraktion, bis wir entscheiden, dass es an der Zeit ist, die Toilette aufzusuchen. Dann laufen Signale durch das Rückenmark und werden durch den Pudendusnerv und durch Spinalnerven zu den entsprechenden Endorganen geleitet. Diese beiden Nerven treten im unteren Bereich der Wirbelsäule aus dem Rückenmark aus. Durch einen chemischen Botenstoff, den Neurotransmitter Azetylcholin, erhält die Blase den Befehl, sich zusammenzuziehen. Andere Neurotransmitter übermitteln der Beckenbodenmuskulatur die Botschaft, sich zu entspannen. (Später in diesem Kapitel, wenn wir über Indikationen zur Behandlung von Inkontinenz sprechen, wird sich die Bedeutung dieser Information zeigen.)

Die inkontinente Blase

Harninkontinenz kann hin und wieder plötzlich und unerwartet auftreten. Bei älteren Frauen kann eine akute Harninkontinenz ein Zeichen für eine Harnweginfektion sein. In jüngeren Jahren sind die Hauptsymptome für eine Harnweginfektion oder eine Blasenentzündung zunehmend häufigeres und dringenderes Wasserlassen, verbunden mit Schmerzen oder einem brennenden Gefühl. Die ältere Harnblase ist jedoch unter Umständen nicht mehr in der Lage, die Reizung der Blasenwand wahrzunehmen, die die Infektion hervorrufen kann. Bakterienwachstum in der Harnblase und das, was die Bakterien produzieren, können jedoch dazu führen, dass der Druck in der Harnröhre abnimmt. Dann erhöht sich das Risiko für unfreiwilligen Harnabgang.

Gewisse Medikamente, die gegen andere gesundheitliche Beschwerden verordnet werden, können das Risiko für eine akute Harninkontinenz erhöhen. Prüfen Sie zusammen mit Ihrem Arzt, ob Sie seit kurzem ein neues Medikament neh-

Medikamente, die die Blasenfunktion beeinträchtigen können

Gruppe	*Wirkstoffe*	*Nebenwirkungen auf die Blase*
Beruhigungsmittel	Diazepam, Chlordiazepoxid	Benommenheit, Blasenentleerungsstörungen
Krampflösende Mittel	Methocarbamol, Orphenandrin, Baclofen, Dantrolen	Blasenentleerungsstörungen
Mittel bei Psychosen	Promethazin, Chlorpromazin	Blasenentleerungsstörungen
Depressionsmittel	Amitriptylin, Fluctin, Sertralin	Blasenentleerungsstörungen
Entwässerungsmittel	Diazid, Furosemid	Erhöhen die Harnproduktion
	Koffein	Erhöht die Harnproduktion
Anticholinergika	Pilokarpin, Atropin	Blasenentleerungsstörungen
Blutdruckmittel	Prasozin, Reserpin, Terazosin	Senken den Druck in der Harnröhre
Herz- und Blutdruckmittel	Atenolol, Metoprolol, Propranolol	Blasenentleerungsstörungen
Asthmamittel	Theophyllin	Blasenentleerungsstörungen

men und seitdem vermehrt Probleme mit der Blasenkontrolle festgestellt haben. Auf Seite 338 finden Sie eine Liste von Medikamenten, die die Blasenfunktion negativ beeinflussen können.

Bei vielen Frauen verschlimmert sich die Inkontinenz über die Jahre hinweg, aber sie unternehmen so lange nichts dagegen, bis die Situation wirklich unerträglich wird. Erst wenn die Blasenfunktion ihr Leben immer stärker bestimmt und sie sich immer stärkere Einschränkungen auferlegen, trauen sich die Frauen vielleicht endlich, mit ihrem Arzt über das Problem zu reden. Wenn Sie meinen, Sie bemerkten bei sich Anzeichen einer Harninkontinenz, ist es wichtig zu verstehen, um was es sich handelt, warum es passiert und welche Behandlungsmöglichkeiten es gibt.

Verschiedene Formen der Inkontinenz

Belastungsinkontinenz

Belastungsinkontinenz heißt, dass bei Aktivitäten, bei denen der Druck im unteren Bauchraum ansteigt – dazu gehören Husten, Niesen, Lachen, Heben, Laufen, Springen – unfreiwillig Urin abgeht. Bei einer sehr ausgeprägten Form kann schon das schlichte Aufstehen aus dem Sitzen oder ein Vom-Bordstein-Treten zu unfreiwilligem Harnabgang führen. *Belastung* bezieht sich in diesem Zusammenhang auf den Druck, der auf die Blase ausgeübt wird. Früher nannte man die Form der Inkontinenz auch Stressinkontinenz. Zu den

Risikofaktoren einer Belastungsinkontinenz bei Frauen gehören fortgeschrittenes Alter, Geburten, Rauchen und erhebliches Übergewicht. Erkrankungen, die zu chronischem Husten führen, wie chronische Bronchitis und Asthma, können das Risiko für eine Belastungsinkontinenz ebenfalls erhöhen.

Eigentlich sollte die Harnröhre auch dann in ihrer normalen anatomischen Position bleiben, wenn der Druck im unteren Bauchraum ansteigt. Dabei spannen sich nämlich die Muskeln des Beckenbodens, welche die Harnröhre umfassen, stark an, und stellen so sicher, dass die Harnröhre geschlossen bleibt. Ist der Beckenboden allerdings nicht stark genug, kann die Harnröhre »durchhängen«. Dann kann sie ihren Innendruck nicht mehr aufrechterhalten. Da außerdem die unterstützende Funktion des Beckenbodens beim sicheren Verschluss der Blase fehlt, kann dann Urin abgehen.

Dranginkontinenz

Bei der Dranginkontinenz (auch: überaktive Blase) verspüren die Betroffenen einen plötzlichen oder wachsenden Drang, Wasser zu lassen, hervorgerufen durch unwillkürliche Blasenkontraktionen. Diese können zufällig auftreten oder durch einen äußeren Reiz ausgelöst werden, wie dem Geräusch fließenden Wassers.

Dranginkontinenz tritt mit zunehmendem Alter häufiger auf. Im höheren Alter ist eine Inkontinenz bei Frauen dann häufig eine Mischform aus Belastungs- und Dranginkontinenz.[5] Frauen mit Dranginkontinenz berichten, dass sie größere oder kleinere Mengen Urin verlieren, weil sie es nicht mehr rasch genug auf die Toilette geschafft haben. Das kann selbst dann passieren, wenn die Blase nicht besonders voll ist. Frauen mit diesem Problem klagen in der Regel auch darüber, dass sie häufig zur Toilette müssen und auch nachts mehrmals zum Wasserlassen aufstehen müssen.

Oft wird für Dranginkontinenz auch die Bezeichnung »überaktive Blase« verwandt. Im allgemeinen Sinne ist mit »überaktiver Blase« der Symptomkomplex häufiges Wasserlassen, Harndrang und nächtliche Toilettengänge gemeint. Unfreiwilliger Harnabgang lässt sich unter Umständen durch sorgfältig kontrollierte Flüssigkeitsaufnahme, häufiges Aufsuchen der Toilette und umsichtige Planung bei Besorgungen (Wo ist die nächste öffentliche Toilette?) vermeiden. Der Schlaf wird immer wieder unterbrochen. Verschlimmert sich das Problem, dann kann es dazu kommen, dass die Betroffene ihre sozialen Aktivitäten einschränkt oder ihre Lebensweise verändert, um immer eine Toilette in der Nähe zu wissen.

Auch wenn die Ursachen von Dranginkontinenz und überaktiver Blase weitgehend unbekannt sind, nimmt man an, dass eine Fehlfunktion der Nerven, welche die Blase kontrollieren, eine Rolle spielt. Verletzungen der Blase, zum Beispiel durch Divertikel oder Blasensteine, können ebenfalls zum Problem beitragen.

Überlaufblase

Eine Überlaufblase kann bei älteren Frauen und solchen mit Folgeerkrankungen eines Diabetes auftreten, bei denen sich

Formen von Harninkontinenz

Typ	*Ursache*	*Symptome*
Belastungsinkontinenz	Erhöhter Druck im Bauchraum verringert den Druck in der Harnröhre	Harnverlust beim Husten, Niesen, Lachen, Heben, körperlicher Belastung (Sport)
Dranginkontinenz (überaktive Blase)	Unwillkürliche Blasenkontraktion	Häufiger und starker Harndrang, auch nachts, Harnverlust bei plötzlichem Harndrang
Mischinkontinenz	Kombination von Belastungs- und Dranginkontinenz	Harnverlust mit allen oben genannten Symptomen
Überlaufblase	Blockade der Harnröhre oder schwache Blasenkontraktion – unvollständige Entleerung der Blase	Schwierigkeiten, mit der Blasenentleerung zu beginnen, schwacher Strahl, Tröpfeln, unkontrollierter Harnverlust
Funktionelle Harninkontinenz	Körperliche oder geistige Hindernisse beim Toilettengang	Eingeschränkte Mobilität/Geschicklichkeit oder Unfähigkeit, Signale zu erkennen, die einen Toilettenbesuch nahelegen

die Blase nicht kraftvoll genug zusammenzieht, um den Harn auszutreiben. Diese Art von Inkontinenz kann auf Problemen im Bereich der Nerven beruhen oder auf Veränderungen in der Blasenstruktur.

Funktionelle Harninkontinenz

Der Begriff funktionelle Harninkontinenz wird gebraucht, wenn die Inkontinenz vor allem durch zugrunde liegende Gesundheitsprobleme bedingt ist und nicht durch ein mechanisches Problem innerhalb des Harnsystems. Selbst wenn das Harnsystem relativ gut funktioniert, können körperliche Behinderungen, wie Immobilität, schwere Arthritis sowie Demenzerkrankungen, es schwer machen, rechtzeitig die Toilette zu erreichen oder auch nur die Signale zu erkennen, dass es an der Zeit ist, die Toilette aufzusuchen.

Risikofaktoren für Harninkontinenz

Studien über die Häufigkeit (Prävalenz) und die Risikofaktoren, die mit einem bestimmten Gesundheitsproblem einhergehen, erfordern Untersuchungen an einer großen Gruppe von Menschen, die dann über lange Zeit hinweg beobachtet werden müssen. Die Ärztin Jeanette Brown, M.D., und ihre Kollegen befassten sich mit einer Gruppe von 7949 Frauen, die an einer Studie über Osteoporose und Knochenbrüche (Study of Osteoporotic Fractures, SOF) teilnahmen. Die Teilnehmerinnen dieser Studie stammten aus vier verschiedenen Regionen der USA; sie waren zwischen 69 und 101 Jahre alt, lebten zu Hause und konnten ohne Hilfe gehen. Sämtliche Frauen wurden viele Jahre lang in regelmäßigen Abständen klinisch untersucht. Ihr körperlicher Zustand wurde überprüft, sie wurden zu ihrer medizinischen Vorgeschichte und zu den Medikamenten befragt, die sie regelmäßig einnahmen. Im sechsten Jahr der Studie wurden sie auch nach Harninkontinenz gefragt. Etwas mehr als 41 Prozent der Frauen berichteten über Harninkontinenz mindestens einmal pro Monat, 14 Prozent litten nach eigenen Angaben jeden Tag unter diesem Problem.[6] Als die Forschungsgruppe die Faktoren untersuchte, die mit täglicher Harninkontinenz einhergingen, stieß sie auf einige überraschende Ergebnisse. Die Risikofaktoren für die Entwicklung einer Harninkontinenz sind in der Tabelle auf Seite 345 zusammengefasst.

Was können wir mit diesen Informationen anfangen? Risikofaktoren zu identifizieren, hilft uns zu verstehen, worauf eine Harninkontinenz basieren kann. Und wenn wir die Gesundheitsprobleme und Verhaltensweisen kennen, die unser Harninkontinenz-Risiko beeinflussen, können wir Strategien entwickeln, um dem Problem langfristig vorzubeugen. Nehmen wir zum Beispiel Übergewicht. Wenn wir auch nicht genau verstehen, auf welche Weise ein erhöhter Body-Mass-Index (BMI, eine Maßeinheit zur Beurteilung des Körpergewichts) zu Harninkontinenz beiträgt, können wir doch annehmen, dass Übergewicht den Druck auf die Blase erhöht, sodass es der Harnröhre schwerer fällt als sonst, geschlossen zu bleiben. Überschüssiges Fett kann zu

Faktoren, die mit täglicher Harninkontinenz einhergehen können	*Erhöhtes Risiko (in Prozent)*
Einnahme von Östrogen	90 %
Schlaganfall	80 %
Diabetes	70 %
Schlechter Allgemeinzustand	60 %
Übergewicht	50 %
Chronisch-obstruktive Lungenerkrankung	40 %
Entfernung der Gebärmutter	40 %
Älter als 65 Jahre (Zunahme alle 5 Jahre)	30 %
Eine oder mehr Lebendgeburten	20 bis 30 %

einer Bindegewebsschwäche führen, sodass die Blase nicht mehr gut abgestützt wird. Es kann die Durchblutung stören und die Nervenversorgung der Blase behindern. Sind diese Veränderungen reversibel? Kann Gewichtsverlust einer Inkontinenz vorbeugen oder sie bessern? Studien, die Forscher an der Universität von Kalifornien, San Francisco, (UCSF) durchgeführt haben, sprechen dafür, dass sich die Inkontinenz bessert, wenn die Frauen abnehmen. In einer Studie nahmen Frauen, die mehr als 90 Kilogramm wogen, an einem Programm zum Abnehmen teil. Am Ende des Programms zeigte sich, dass ein Gewichtsverlust von 15 Prozent und mehr (13,5 Kilogramm oder mehr in dieser Gruppe) die Blasenschwäche um 50 Prozent oder mehr besserte.[7]

Und was ist mit den anderen Risikofaktoren, die in diesem Kapitel aufgeführt werden? Einige kann man beeinflussen, andere hingegen nicht. Die Auswirkungen des Alterns betreffen uns alle. Es würden wohl auch nur wenige Frauen deshalb auf Kinder verzichten, weil Geburten das Risiko erhöhen, später eine Harninkontinenz zu entwickeln – zumal Kinderlosigkeit kein Garant für eine zukünftige Kontinenz ist. Die Risikofaktoren für Harninkontinenz zu kennen, bestärkt Sie jedoch vielleicht darin, gesund zu leben und so das Risiko für Erkrankungen zu senken, die zu einer Inkontinenz beitragen können, wie zum Beispiel Typ-2-Diabetes. Und Frauen, die ein erhöhtes Schlaganfallrisiko haben, werden vielleicht dazu angeregt, ihren Blutdruck zu kontrollieren und/oder das Rauchen aufzugeben. Und – nicht zuletzt: Sie können so früh wie möglich damit beginnen, Ihren Beckenboden zu stärken, damit Sie einer beginnenden Inkontinenz etwas entgegenzusetzen haben.

Harninkontinenz diagnostizieren

Der erste Schritt, Harninkontinenz zu überwinden, besteht darin, fachkundige Hilfe zu suchen. Wenn Sie *meinen*, Sie hätten ein Problem mit Harninkontinenz, dann haben Sie wahrscheinlich Recht damit. Vielen Frauen ist es peinlich zuzugeben, dass sie ein Problem mit der Blase haben. Nur Babys können ihren Harnabgang nicht kontrollieren, nicht wahr? Falsch! Blasenschwäche ist auch kein Teil des normalen Alterungsprozesses. Sie mag häufig sein, aber normal ist sie *nicht*. Es ist eine Krankheit. Und sie *lässt* sich behandeln.

Doch über Blasenschwäche zu reden, fällt schwer. Viele Frauen sprechen weder mit ihren Freundinnen noch mit ihrer Familie über dieses Leiden, und sie möchten es auch nicht mit dem Arzt diskutieren. Doch wenn Sie verstehen, dass Blasenschwäche ein Gesundheitsproblem ist, das sowohl häufig als auch behandelbar ist, gelingt es Ihnen vielleicht eher, über Ihren eigenen Schatten zu springen und Hilfe zu suchen. Es ist keineswegs nötig, still zu leiden.

Nun, da Sie entschlossen sind, etwas gegen Ihre Blasenschwäche zu unternehmen, wo fangen Sie an? Mit Ihrem Hausarzt oder Gynäkologen zu sprechen, ist ein guter erster Schritt. Oft bedarf es keiner aufwändigen Tests, um zu einer Diagnose zu kommen, und viele Behandlungsmöglichkeiten, die Ihnen offenstehen, haben kaum oder keine Nebenwirkungen. Ein Gespräch mit Ihrem Hausarzt oder Gynäkologen ist unter Umständen der erste und der letzte Schritt, den Sie tun müssen, um das Problem mit Ihrer Blasenschwäche anzugehen. Wenn Sie aber überlegen, Ihr Problem operativ beheben zu lassen, oder wenn vorherige Behandlungsversuche ohne Erfolg geblieben sind, wird Ihr Arzt Sie möglicherweise an einen Urologen überweisen. Oder man rät Ihnen, ein Kontinenzzentrum aufzusuchen, wo man sich vorwiegend mit Störungen der Blasenfunktion befasst. Im Folgenden erfahren Sie, was Sie bei Ihrem ersten Arztbesuch erwartet.

Eine vollständige allgemeine und medizinische Vorgeschichte

Ihr Arzt wird Sie nach Ihrer Krankengeschichte (Anamnese) und früheren chirurgischen Eingriffen fragen. Berichten Sie ihm von allen Becken- oder gynäkologischen Operationen, die Sie gehabt haben. Anschließend geht es um Ihre Blasenfunktion. Hier eine Liste möglicher Fragen.

- Wie oft müssen Sie Wasser lassen?
- Wie oft wachen Sie nachts auf und müssen die Toilette aufsuchen?
- Nässen Sie manchmal ein?
- Verlieren Sie manchmal Harn? Wie oft?
- Unter welchen Umständen verlieren Sie Harn – beispielsweise beim Husten, Niesen, Lachen, Heben von Lasten oder Sporttreiben? Wenn Sie das Geräusch von fließendem Wasser hören?
- Verlieren Sie Harn beim Geschlechtsverkehr?
- Wie lange haben Sie schon ein Problem mit der Blasenkontrolle?
- Benutzen Sie Hygieneprodukte wegen des Harnverlusts, zum Beispiel Slip-Einlagen, Inkontinenzeinlagen oder Ähnliches?

Möglicherweise werden Sie gebeten, ein »Blasentagebuch« (Miktionstagebuch) zu führen, in dem Sie Ihre täglichen Toilettengänge, Ihren Harnverlust und auch Ihre tägliche Flüssigkeitszufuhr notieren. Ein Beispiel für das Blasentagebuch, das wir am UCSF Women's Continence Center verwenden, ist auf Seite 350f. abgedruckt.

Anweisungen zum Führen eines Blasentagebuchs

1. Machen Sie jedes Mal ein Kreuz (X) in die erste Spalte, wenn Sie auf der Toilette Wasser lassen.
2. Machen Sie jedes Mal ein Kreuz (X) in die zweite Spalte, wenn Sie unabsichtlich Urin verlieren.
3. Wenn es zu einem unabsichtlichen Urinabgang kommt, notieren Sie in der dritten Spalte die Ursache oder die näheren Umstände (zum Beispiel »gehustet«, »nach vorne gebeugt«, »plötzlicher Drang«).
4. Unter »Art des Getränks« notieren Sie die Art (Kaffee, Tee, Saft, usw.), unter »Menge des Getränks« die entsprechende Menge (1 Tasse, ein Viertelliter).
5. Markieren Sie, wann Sie ins Bett gehen und wann Sie morgens aufstehen.
6. Notieren Sie in der unter der Tabelle vorgesehenen Zeile Zahl und Art der verwendeten Einlagen.
7. Notieren Sie unter »Bemerkungen« alle zusätzlichen Informationen, wie Art und Dosis von Medikamenten, die Sie einnehmen.

Zeit	*Wasserlassen auf der Toilette*	*Unkontrollierter Harnverlust*	*Ursache*	*Art des Getränks*	*Menge des Getränks*
6:00					
7:00					
8:00					
9:00					
10:00					
11:00					
12:00					
13:00					
14:00					
15:00					
16:00					
17:00					
18:00					
19:00					

Zeit	*Wasser-lassen auf der Toilette*	*Unkontrol-lierter Harn-verlust*	*Ursache*	*Art des Getränks*	*Menge des Getränks*
20:00					
21:00					
22:00					
23:00					
24:00					
1:00					
2:00					
3:00					
4:00					
5:00					

Zahl und Art der innerhalb von 24 Stunden benutzten Einlagen:

....

Bemerkungen:

....

....

Viele Frauen finden, dass Blasentagebücher es ihnen erleichtern, herauszufinden, in welchen Situationen und zu welchen Tageszeiten es ihnen besonders schwer fällt, kontinent zu bleiben. Die Aufzeichnungen können ihnen zudem helfen, ihre Fortschritte festzustellen.

Sie müssen nicht täglich Tagebuch führen, aber es lohnt sich oft, diese Informationen ein- bis dreimal pro Woche schriftlich festzuhalten.

Körperliche Untersuchung

Ihr Arzt wird Sie körperlich untersuchen. Dazu gehören eine neurologische Untersuchung (um zu prüfen, ob die Nerven, die die Blase versorgen, intakt sind und richtig funktionieren) und eine Beckenuntersuchung (um nach Anzeichen für eine Rückbildung von Organen und Geweben zu suchen und danach, ob die Gebärmutter vorgefallen ist). Man wird Sie um eine Urinprobe bitten, die auf Zeichen für eine Harnweginfektion untersucht wird. Unter Umständen wird auch geprüft, wie viel Restharn nach dem Wasserlassen in der Blase zurückbleibt. Ein solcher Test wird durchgeführt, um eine Restharnbildung als Ursache der Harninkontinenz auszuschließen. Durchgeführt wird dieser Test entweder mit einem kleinen Katheter, der in die Blase eingeführt wird, um den Restharn abzuleiten, dessen Volumen anschließend gemessen wird, oder es wird die Menge des Restharns im Ultraschallbild sichtbar gemacht.

Weitere Diagnosemöglichkeiten

In besonderen Situationen kann die Blasenfunktion mit speziellen Tests geprüft werden. Urodynamische Diagnostik ist die weit gefasste Bezeichnung für eine ganze Reihe von Tests: Zystometrogramm, Urethradruckprofil (UDP), Uroflowmetrie (Harnflussmessung) und Zytoskopie (Blasenspiegelung). Eine urodynamische Bewertung ist im Allgemeinen für Patientinnen reserviert, die

- komplexe Blasenprobleme haben, die zusätzliche klinische Information erfordern,
- bereits erfolglos eine Reihe von Inkontinenzbehandlungen versucht haben,
- unter weiteren medizinischen Problemen leiden, die eine exakte Diagnose schwierig machen,
- planen, sich wegen ihrer Inkontinenz einer Operation zu unterziehen.

Hormontherapie und die Behandlung von Harninkontinenz

In der jüngeren Vergangenheit haben Ärzte Frauen mit Blasenschwäche oft vorgeschlagen, sich einer Hormonbehandlung zu unterziehen. Früher durchgeführte Untersuchungen, in denen Frauen nach den Wechseljahren Hormone bei Harninkontinenz einnahmen, erbrachten jedoch widersprüchliche Ergebnisse.

Im Jahr 2001 haben Forscher der Universität von Kalifornien, San Francisco, (UCSF) dann die Ergebnisse einer Studie publiziert, die Anlass gaben, die Empfehlungen für eine Hormonbehandlung bei Harninkontinenz zu überdenken. Sie hatten den Teilnehmerinnen der HERS-Studie (Heart and Estrogen/Progestin Replacement Study) im Rahmen der Studie Fragen über Harninkontinenz gestellt. In der HERS-Studie ging es darum, die Auswirkungen der Hormonbehandlung auf Herz-Kreislauf-Erkrankungen zu ermitteln, und die 2763 Frauen, die an der Studie teilnahmen, waren nach dem Zufallsprinzip in zwei Gruppen eingeteilt worden: Die eine Gruppe nahm ein Östrogen-Gestagen-Präparat ein, die andere Gruppe ein Scheinmedikament (Placebo). Es handelte sich um eine Blindstudie, sodass weder die Frauen noch die Forscher wussten, wer das wirkstoffhaltige und wer das Scheinmedikament erhielt. Zu Beginn der Studie berichteten 1525 Frauen, dass sie mindestens einmal wöchentlich unter Harninkontinenz litten. Diese Frauen wurden in der Folge im Durchschnitt etwas länger als vier Jahre beobachtet, und zu Ende der Studie gaben 39 Prozent der Frauen mit Blasenschwäche, die Hormone nahmen, an, ihre Blasenprobleme hätten sich verschlimmert – im Vergleich zu nur 27 Prozent in der Placebogruppe. Die Forscher zogen daraus den Schluss, dass »die tägliche Einnahme einer Östrogen-Gestagen-Kombination bei älteren postmenopausalen Frauen mit wöchentlicher Inkontinenz mit einer Verschlimmerung der Inkontinenz einhergeht« und rieten von einer derartigen Hormontherapie zur Behandlung von Harninkontinenz ab.[8]

Spätere Studien haben diese Befunde bestätigt. Die Nurses' Health Study hat den Gesundheitszustand von mehr als 100 000 Krankenschwestern in den Vereinigten Staaten seit 1976 verfolgt. Die Frauen erhielten in regelmäßigen Abständen Fragebögen über ihre gesundheitlichen Veränderungen, Medikamenteneinnahme, Ernährung und körperliche Bewegung. Im Jahr 1996 identifizierten die Forscher 39 436 Frauen zwischen 50 und 75 Jahren, die nicht an Harninkontinenz litten. Diese Frauen wurden nach vier Jahren erneut nach einer etwaigen Harninkontinenz gefragt. Unter den Frauen, die mit Hormonen behandelt wurden – sei es in Form von Tabletten oder Pflastern, die nur Östrogen enthielten, sei es in Tabletten oder Pflastern, in denen Östrogen und Gestagen kombiniert waren –, war die Inkontinenzrate 34 bis 68 Prozent höher als bei denjenigen, die keine Hormone anwandten. Die Autoren der Studie kamen zu dem Schluss, dass »eine postmenopausale Hormontherapie offenbar das Risiko erhöht, eine Harninkontinenz zu entwickeln. Dieses Risiko hängt nicht von der Verabreichungsform, vom Hormontyp oder von der eingenommenen Menge ab.«[9]

Aufgrund dieser großen und gut geplanten Studien ist es vernünftig anzunehmen, dass eine Hormonbehandlung ungeeignet ist, um Harninkontinenz vorzubeugen oder sie zu behandeln.

Und wie steht es mit vaginal angewendetem Östrogen, das oft eingesetzt wird, um Scheidentrockenheit und Schmerzen beim Geschlechtsverkehr, wie sie in und nach den Wechseljahren auftreten können, zu behandeln. Vaginal kann Östrogen entweder als Creme oder Zäpfchen angewendet werden, die mehrmals wöchentlich abends mit einem Applikator in die Scheide eingebracht werden, oder als östrogenhaltiger Ring, der bis zu drei Monaten in der Scheide getragen wird. Wenn Östrogen auf diese Weise eingesetzt wird, gelangt nur wenig davon ins Blut, dennoch kann die Wirkung auf das Scheidengewebe deutlich sein. Vaginal angewandtes Östrogen erhöht die Elastizität, Feuchtigkeit und Dicke des Gewebes und lindert Scheidentrockenheit, Scheidenreizung und Schmerzen oder beseitigt diese sogar völlig.

Klinische Studien haben bisher nicht überzeugend belegen können, dass vaginal angewandtes Östrogen zur Vorbeugung oder Behandlung von Harninkontinenz von Nutzen ist. Östrogencreme und der östrogenhaltige Vaginalring haben sich jedoch als hilfreich für Frauen in den Wechseljahren erwiesen, die unter chronischen Harnweginfektionen leiden.

Harninkontinenz: Moderne Behandlungsmöglichkeiten

Hier jedoch eine gute Neuigkeit: Harninkontinenz ist nicht nur behandelbar, sondern es gibt eine ganze Reihe verschiedener Behandlungsmöglichkeiten. Jede Methode hat Vor- und Nachteile, und Sie können diejenige wählen, die am besten zu Ihrem Lebensstil, Ihren Abneigungen und Ihren persönlichen Vorlieben passt. Das kann auf eine Wahl nach dem Prinzip von Versuch und Irrtum hinauslaufen.

Die Methoden zur Behandlung von Harninkontinenz fallen in verschiedene Kategorien (siehe Tabelle Seite 376).

Verhaltenstraining

Ein Verhaltenstraining erfordert die aktive Beteiligung der Person, die Hilfe sucht. Mit anderen Worten: Sie müssen etwas tun – eine neue positive Verhaltensweise annehmen (wie zum Beispiel sich körperlich mehr zu bewegen) oder eine alte negative Verhaltensweise abstellen (beispielsweise weniger Kaffee trinken). Die Tabelle auf Seite 376 fasst die Typen des Verhaltenstrainings zusammen, die sich bei Inkontinenz als wirksam erwiesen haben. Wir werden jeden Typ im Folgenden eingehend diskutieren.

Ernährung

Eine häufige Frage von Frauen mit Blasenproblemen lautet: Soll ich weniger trinken? Um das Risiko eines unkontrollierten Harnabgangs zu vermindern, begrenzen Frauen mit Blasenschwäche oft ihren Flüssigkeitskonsum. Das ist nicht immer klug, denn wenn nur wenig Flüssigkeit ausgeschieden wird, kann sich der Urin stark konzentrieren. Das erhöht die Empfindlichkeit der Blase für geringe Urinmengen. Auf der anderen Seite kann der Konsum von mehr als zwei Litern Flüssigkeit am Tag denselben Effekt haben. Das heißt, Sie müssen häufiger zur Toilette. Jüngeren Frauen sagt im Allgemeinen ihr Durstgefühl, dass es an der Zeit ist, etwas zu trinken, aber mit zunehmendem Alter wird dieses Signal oft nicht mehr richtig wahrgenommen. Daher laufen ältere Menschen leicht Gefahr auszutrocknen. Ein gutes Maß für eine angemessene Flüssigkeitsaufnahme ist die Farbe Ihres Urins. Ein kurzer Blick in die Toilettenschüssel genügt: Ihr Urin sollte die Farbe von Zitronensaft haben. Dieser hellgelbe Urin zeigt Ihnen, dass Sie genug trinken. Ist der Urin eher dunkelgelb, sollten Sie mehr Wasser trinken.

Frauen, die nachts häufig zur Toilette müssen, sollten tagsüber mehr trinken und ihren Flüssigkeitskonsum nach etwa 18.00 Uhr einschränken. Zudem können manche Getränke und Speisen, wie Alkohol, Koffeinhaltiges, konzentrierte Zitrussäfte und stark gewürzte Gerichte, Ihre Blase reizen, sodass Sie häufiger Wasser lassen müssen. Das Führen eines Blasentagesbuchs kann Ihnen helfen, die Speisen und Getränke zu erkennen, die sich negativ auf Ihre Blase auswirken.

Auch ein regelmäßiger Stuhlgang ist für das Management von Harninkontinenz wichtig. Verstopfung und Koteinklemmung können die Blasenreizung verstärken und die Blasenentleerung stören. Achten Sie auf genügend Ballaststoffe in Ihrer Nahrung – das ist für die Blasengesundheit ebenso wichtig wie für die Gesundheit im Allgemeinen. Zu den besten Ballaststoffquellen gehören Vollkornbrot oder Vollkornprodukte, Obst und Gemüse.

Beckenbodentraining

Die Muskeln des Beckenbodens lassen sich willkürlich anspannen und entspannen, um das Öffnen und Schließen der Harnblase zu kontrollieren. Also lassen sie sich auch mit einem gezielten Training stärken. Wenn die Beckenbodenmuskeln schwach sind, kann es zu unbeabsichtigtem Harnverlust kommen. Zahlreiche Studien belegen, dass sich Harninkontinenz bei Frauen durch Beckenbodentraining erfolgreich behandeln lässt.[10]

Es besteht zwar Übereinstimmung darin, dass ein Beckenbodentraining diese Muskeln (siehe Abbildung 39) stärken und Frauen mit Harninkontinenz helfen kann, doch über die beste Art und Weise, dies zu tun, herrscht kein Konsens. Es gibt mehrere Prinzipien, diese Muskeln in der richtigen Weise und sicher zu trainieren.

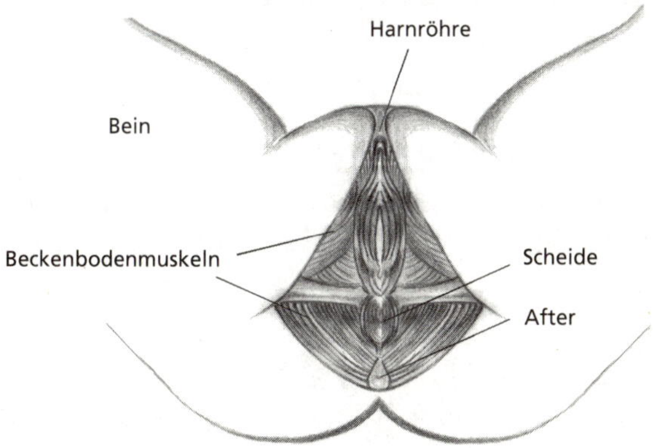

Abb. 39: Die Beckenbodenmuskulatur

Beginnen Sie damit, zunächst die Muskeln, um die es geht, zu erkennen:

1. Pressen Sie den Enddarmbereich zusammen, um den After dicht zu schließen, als wollten Sie versuchen, keine Winde abgehen zu lassen. Fühlen Sie, wie die Muskeln den After nach innen und oben ziehen.

   Oder:

2. Führen Sie einen Finger in die Scheide ein und ziehen Sie die Scheidenmuskeln zusammen. Der Druck, den Sie fühlen, zeigt Ihnen, dass Sie die richtigen Muskeln bewegen.

Im Folgenden einige Tipps zum Trainieren der Beckenbodenmuskulatur:

- Erkennen Sie die richtige Muskelgruppe. Viele Frauen mit schwacher Beckenbodenmuskulatur spannen statt der Beckenbodenmuskulatur irrigerweise ihre Bauch-, Gesäß- oder sogar Oberschenkelmuskeln an.
- Spannen Sie die richtige Muskelgruppe an und halten Sie die Spannung eine gewisse Zeit aufrecht. Beginnen Sie zunächst damit, die Spannung drei Sekunden lang zu halten und die Muskeln anschließend drei Sekunden zu entspannen. Wenn Muskelkraft und Ausdauer zunehmen, erhöhen Sie die Zeiten auf fünf, sieben und schließlich auf zehn Sekunden. Wiederholen Sie die Übungen. Um die Muskeln zu kräftigen, müssen Sie zwei- bis dreimal am Tag 15 dieser Durchgänge absolvieren.

- Konzentrieren Sie sich, während Sie trainieren, auf das, was Sie tun. Beckenbodenübungen stellen eine Physiotherapie für eine nicht richtig funktionierende Muskelgruppe dar. Denken Sie nicht, Sie könnten diese Übungen beim Autofahren trainieren, während Sie bei Rot vor der Ampel warten. Sie kämen nie auf die Idee zu versuchen, einen anderen verletzten Muskel beim Fahren wiederherzustellen, und Ihre Beckenbodenmuskeln bilden da keine Ausnahme. Haben Sie Geduld. Wie bei jedem Training braucht es Zeit, bis sich erste Resultate zeigen.
- Geben Sie Ihrem Programm mindestens sechs bis acht Wochen Zeit, bevor Sie merkliche Verbesserungen erwarten.

Nehmen Sie sich jeden Tag Zeit für drei Trainingsrunden. Wählen Sie diese Zeiten so aus, dass Sie keine Entschuldigung haben, Ihre Übungen nicht zu machen – nach dem Aufwachen, dem Frühstück, dem Mittagessen, dem Abendessen oder vor dem Zubettgehen sind einige möglicherweise günstige Zeiten.

Und denken Sie daran: Es handelt sich um eine *Übung zur Erhöhung der Muskelkondition*, und wie bei anderen Übungen ist es wichtig, sie korrekt durchzuführen, um den größten Nutzen daraus zu ziehen. Konzentrieren Sie sich darauf, die Beckenbodenmuskulatur isoliert anzusprechen, und atmen Sie während jeder Wiederholung weiterhin normal. Muskeln brauchen Sauerstoff, um zu wachsen und kräftiger zu werden.

Biofeedback

Biofeedback (*feedback* bedeutet so viel wie »Rückmeldung«) ist eine Therapie, die es Ihnen ermöglicht, eine physiologische Veränderung in Ihrem Körper durch ein Signal oder eine Zahl wahrzunehmen, die Ihnen etwas über diese Veränderung sagt. Wenn Sie beispielsweise beim Sport einen Pulsmonitor tragen, teilt dieser Ihnen mit, wie rasch Ihr Herz als Antwort auf erhöhte körperliche Aktivität schlägt. Das ist eine Form von Biofeedback.

Im Rahmen des Kontinenztrainings wird Biofeedback eingesetzt, um Frauen zu helfen, Fehlfunktionen der Beckenbodenmuskulatur zu erkennen und zu behandeln. Sensoren, die in die Scheide oder den After eingeführt oder auf der Haut in der Nähe des Afters angebracht werden, können die Aktivität der Beckenbodenmuskulatur während des Beckenbodentrainings wahrnehmen. Die Informationen, die die Sensoren empfangen, werden dann auf elektronischem Weg in Kurven, Lichtsignale und/oder akustische Signale umgewandelt, die Ihnen angeben, was passiert ist.

Biofeedback-Therapie wird von vielen Kontinenzzentren und Physiotherapeuten angeboten, um Frauen dabei zu helfen, ein Beckenbodentraining zu erlernen und zu verbessern. Solche Sitzungen dauern 30 bis 60 Minuten, und oft sind mehrere Sitzungen nötig.

Kleine Gewichte, die in der Scheide getragen werden – so genannte Konen –, stellen eine einfache Form von Biofeedback dar. Diese wie ein Tampon geformten Plastikgewichte werden in die Scheide eingeführt und durch Kontraktion der

Beckenbodenmuskulatur an Ort und Stelle gehalten. Sobald Sie in der Lage sind, einen Konus von einem bestimmtem Gewicht 15 Minuten lang zu halten, gehen Sie zum nächstschwereren Konus über.

Es gibt auch elektronische Heimmonitore. Bei den meisten handelt es sich um Kompaktgeräte, die mit einem Sensor ausgestattet sind, der in die Scheide eingeführt wird. Jede Kontraktion des Beckenbodens führt dazu, dass eine Reihe von Lichtern aufleuchtet. Diese Monitore sind besonders für Frauen geeignet, deren Muskelfunktion so stark beeinträchtigt ist, dass sie die Kontraktion ihrer Beckenbodenmuskulatur nicht spüren können. Akustisches oder optisches Feedback kann ihnen zeigen, dass sie tatsächlich die richtigen Muskeln anspannen.

Hilft Biofeedback, die Beckenbodenmuskulatur zu trainieren? Einige Frauen finden, dass sie die Übungen anhand einfacher Instruktionen eigenständig durchführen können. Anderen Frauen, deren Muskeln schwach sind und schlecht funktionieren, fällt es unter Umständen jedoch schwer, ihre Muskelkontraktionen genügend deutlich zu spüren, um zu wissen, dass sie die Übungen korrekt durchführen. Für diese Frauen ist Biofeedback ein sehr nützliches Hilfsmittel zur Behandlung von Harninkontinenz.

Blasentraining

Blasentraining mit zeitlich genau geplanten Toilettengängen ist ein gut etabliertes Verhaltenstraining bei Harninkontinenz, das helfen soll, eine normale Blasenfunktion wiederzuerlangen. Blasentraining kann von Frauen angewandt werden, die unter Drang- und Belastungsinkontinenz leiden.[11] Ziel des Blasentrainings ist es,

- die Zeitspanne zwischen den Toilettengängen zu erhöhen,
- die Flüssigkeitsmenge zu erhöhen, die Ihre Blase halten kann,
- das Dringlichkeitsgefühl und/oder den Harnverlust zu verringern, der mit Ihrem Problem einhergeht.

Die Frauen werden angewiesen, tagsüber zu bestimmten Zeiten Wasser zu lassen, ob sie nun den Drang zum Wasserlassen verspüren oder nicht. Der Zeitplan kann individuell angepasst werden, aber es ist wichtig, sich an den einmal gewählten Zeitplan zu halten.

Beginnen Sie Ihren Zeitplan mit Intervallen, die eine gewisse Herausforderung darstellen, aber zu bewältigen sind. Es ist wichtig, ein Tagebuch über Ihre Blasenaktivität zu führen. Das hilft Ihrem Arzt, das richtige Startintervall für Sie zu wählen und Ihre Fortschritte im Lauf des Trainingsprogramms zu überwachen.

Wenn Sie ein Blasentagebuch führen, stellen Sie vielleicht fest, dass Sie im Laufe von drei aufeinander folgenden Tagen alle 45 Minuten bis zwei Stunden Wasser gelassen haben. Daher entschließen Sie sich vielleicht, nach der ersten morgendlichen Blasenentleerung jede Stunde die Toilette aufzusuchen. Dann gehen Sie stündlich zur Toilette, ganz gleichgültig, ob Sie vorher Harndrang spüren oder der geplante Termin kommt, ohne dass Sie »müssen«. Der entscheidende Punkt dabei ist, dass Sie Ihrer Blase wieder beibringen, dass Ihr Gehirn darüber entscheidet, wann sie sich entleert.

Wenn Sie dieses Intervall gemeistert haben, was gewöhnlich etwa eine Woche dauert, strecken Sie die Zeitspanne um 15 bis 30 Minuten, bis Sie einen normalen Abstand zwischen den Toilettengängen erreicht haben – gewöhnlich drei bis vier Stunden. Wenn der Blasendruck oder der Drang zur Blasenleerung übermächtig zu werden droht, versuchen Sie es mit Entspannungs-, Ablenkungs- oder »Drangunterdrückungs«-Techniken.

Empfehlungen zum Blasentraining:

1. Leeren Sie Ihre Blase sofort nach dem Aufstehen. Damit beginnt Ihr Trainingsprogramm.
2. Warten Sie die volle geplante Zeitspanne ab, bevor Sie erneut Wasser lassen, und wenn dieser Zeitpunkt gekommen ist, leeren Sie Ihre Blase, selbst wenn Sie keinen Harndrang verspüren.
3. Folgen Sie diesem Zeitplan *nur* tagsüber, solange Sie wach sind. Suchen Sie die Toilette nachts lediglich dann auf, wenn Sie wach werden und Harndrang verspüren.
4. Wenn Sie vor dem nächsten vorgesehenen Zeitpunkt einen Drang zum Wasserlassen verspüren, benutzen Sie die unten beschriebene Drangunterdrückungstechnik oder versuchen Sie es mit Entspannungstechniken, wie tiefem Atmen.

5. Konzentrieren Sie sich darauf, alle anderen Muskeln zu entspannen.
6. Setzen Sie sich, wenn möglich, hin, bis das Gefühl verschwindet.
7. Wenn das Gefühl unterdrückt ist, halten Sie sich an Ihren Zeitplan.
8. Wenn sich der Drang nicht unterdrücken lässt, warten Sie fünf Minuten und gehen dann langsam zur Toilette; nehmen Sie anschließend den Zeitplan wieder auf.
9. Wiederholen Sie dieses Verfahren jedes Mal, wenn Sie außerhalb Ihres Zeitplans einen Drang zum Wasserlassen verspüren.
10. Ihr Blasentagebuch wird Ihnen helfen, Ihre Fortschritte zu sehen und Ihre Problemzeiten zu erkennen.

Drangunterdrückung

Wenn eine Frau ein starkes Bedürfnis hat, Wasser zu lassen, und nicht in der Lage ist, rechtzeitig die Toilette zu erreichen, spricht man von Dranginkontinenz. Der Drang zeigt, dass es Zeit ist, die Blase zu leeren. Ihr Ziel ist, die Kontrolle über Ihre Blase zu behalten, bis Sie die Toilette erreicht haben. Eine normal funktionierende Blase kann warten, bis sich eine geeignete Gelegenheit findet, sich zu entleeren; eine schwache Blase kann das nicht. Wenn Sie unter Dranginkontinenz leiden, ist das Verkehrteste, was Sie tun können, eilig zur Toilette zu *hasten*, wenn Sie starken Harndrang verspüren. Dieses Hasten führt nämlich zu einer erhöhten Blasenreizbarkeit und beeinträchtigt Ihre Fähigkeit, Ihre Blase zu kontrollieren. Wenn Sie von dem Drang zum Wasserlassen übermannt werden, sollten Sie folgende Techniken zur Drangunterdrückung anwenden, um die Kontrolle zu behalten:

1. Bleiben Sie auf der Stelle bewegungslos stehen.
2. Setzen Sie sich, wenn möglich, hin. Still zu stehen oder sitzen zu bleiben, verbessert Ihre Kontrollmöglichkeiten.
3. Spannen Sie Ihre Beckenbodenmuskulatur mehrfach rasch und kräftig an. Entspannen Sie diese Muskeln zwischen diesen sehr raschen Kontraktionen nicht völlig. Die Beckenbodenmuskulatur auf diese Weise anzuspannen, signalisiert der Blase, sich zu entspannen, und gibt Ihnen das Gefühl, die Kontrolle zu behalten.
4. Atmen Sie tief ein und entspannen Sie sich.
5. Heben Sie die Schultern und lassen Sie sie anschließend hängen.
6. Entspannen Sie den Rest Ihres Körpers.
7. Konzentrieren Sie sich darauf, das Dranggefühl zu unterdrücken. Manche Frauen finden Ablenkung dabei hilfreich.
8. Wenn der starke Drang zum Wasserlassen nachlässt, gehen Sie langsam und ruhig zur Toilette.
9. Wenn sich der Drang erneut aufzubauen beginnt, wiederholen Sie die oben genannten Schritte.

10. Sie können auch versuchen, Ihre Muskeln auf dem Weg zur Toilette anzuspannen.
11. Erinnern Sie sich daran: Zur Toilette zu gehen, ist kein Notfall!

Elektrostimulation

Frauen, die geschädigte oder nicht richtig funktionierende Muskeln einfach nicht erkennen und darum auch nicht gezielt anspannen können, fällt es unter Umständen schwer, ein Beckenbodentraining durchzuführen oder selbst mit Biofeedback zurechtzukommen. In diesem Fall kann man auf eine elektrische Stimulation der Beckenbodenmuskulatur zurückgreifen. Dazu dient ein batteriebetriebenes Stimulationsgerät, etwa so groß wie eine TV-Fernbedienung, mit einem Sensor (Elektrode), der aussieht wie ein Tampon und in die Scheide oder den Enddarm eingeführt wird. Wird das Gerät aktiviert, gibt die Elektrode schwache elektrische Stromstöße ab. Dadurch ziehen sich die umliegenden Muskeln reflexartig zusammen.

Elektrostimulation wird in der Regel zusammen mit einem Programm zur Rehabilitation der Beckenbodenmuskulatur eingesetzt, das von einem Kontinenzspezialisten überwacht wird.

Hilfsmittel zur Behandlung von Harninkontinenz

Mit diesen Hilfsmitteln lässt sich die Ursache einer Inkontinenz nicht beheben, aber der unfreiwillige Harnverlust lässt sich durch sie verringern oder beheben. Solche Hilfsmittel können langfristig oder im Rahmen eines Trainingsprogramms eingesetzt werden.

Scheideneinlagen (Pessare)

Ein Pessar ist ein Gerät aus Silikonkautschuk, das in die Scheide eingeführt und wie ein Diaphragma getragen wird. Es dient dazu, Gebärmutter und/oder Blase und Rektum zu stützen (siehe Abbildung 40). Pessare gibt es in vielen Typen und Formen; am häufigsten wird ein fester Ring verwendet, der gegen die Wand von Scheide und Harnröhre drückt, um unfreiwilligen Harnverlust zu verringern und eine vorgefallene Scheide oder Gebärmutter zu stützen (siehe Abbildung 41). Ein Pessar muss von einer medizinischen Fachkraft angepasst werden. Es kann täglich oder nur dann getragen werden, wenn Aktivitäten geplant sind, die mit stärkerer körperlicher Belastung verbunden sind. Ein Pessar kann jede Nacht oder nur für eine regelmäßige Reinigung entfernt

Abb. 40

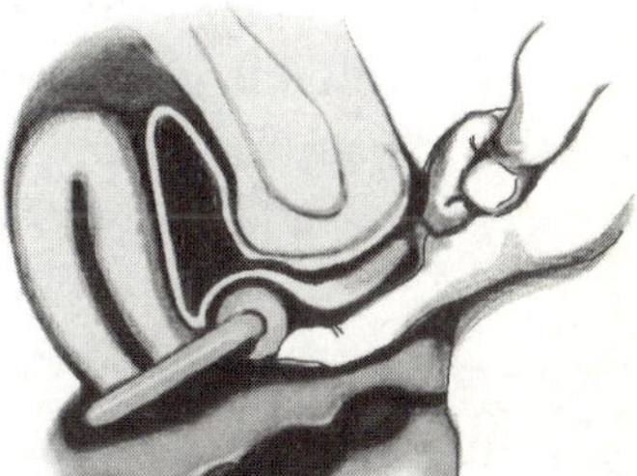

Abb. 41

werden. Ein gut sitzendes Pessar sollte seiner Trägerin keinerlei Beschwerden oder Unannehmlichkeiten bereiten. Leider ist ein Pessar nicht für alle Frauen geeignet; bei manchen »sitzt« es einfach nicht richtig. Für diejenigen, die ein Pessar tragen können, stellt es eine wirksame, risikoarme Möglichkeit dar, mit Belastungsinkontinenz umzugehen.

Medikamente

Medikamente können eine Inkontinenz nicht heilen, aber sie können sehr hilfreich sein, um Probleme bei der Blasenkontrolle zu lindern oder zu beseitigen. Medikamente zur Behandlung von Dranginkontinenz und überaktiver Blase, so genannte Anticholinergika, wirken dadurch, dass sie unerwünschte Blasenkontraktionen blockieren. (Belastungsinkontinenz wird durch einen Druckverlust in der Harnröhre bewirkt. Diesen Zustand beeinflussen Anticholinergika nicht.) Viele dieser Medikamente sind selbst bei langfristigem Gebrauch sicher; Menschen mit einem Grünen Star (Glaukom) sollten jedoch ihren Augenarzt konsultieren, bevor sie Anticholinergika einnehmen.

Anticholinergika haben eine Reihe unerwünschter Wirkungen. Die häufigste ist Mundtrockenheit, die geringfügig sein kann, manche Menschen aber auch erheblich beeinträchtigt. Verstopfung und trockene Augen treten ebenfalls auf. Selten kommt es zu Benommenheit, Verwirrtheit und Herzrasen. Je nach Situation muss das Medikament einmal oder mehrmals pro Tag genommen werden, um seine Wirkung zu entfalten. Oxybutynin gibt es auch als Pflaster; es

Medikamente bei Inkontinenz

Wirkstoff	*Präparat (Beispiel)*	*Zubereitung*	*Mittlere Dosierung*
Oxybutynin	Dridase	5 mg Tabletten	Dreimal täglich $1/2$ bis 1 Tablette (= 7,5–15 mg Oxybutynin)
Oxybutynin	Lyrinel	5 mg, 10 mg, 15 mg Retard-tabletten	Einmal täglich 1 Tablette
Oxybutynin	Kentera Pflaster	3,9 mg/Tag	Alle drei bis vier Tage wechseln
Tolterodin	Detrusitol	1 mg, 2 mg Filmtabletten	Zweimal täglich 2 mg
Tolterodin	Detrusitol retard	4 mg Kapseln	Einmal täglich 4 mg
Solifenacin	Vesikur	5 mg, 10 mg Filmtabletten	Einmal täglich 5 mg
Darifenacin	Emselex	7,5 mg, 15 mg Tabletten	Einmal täglich 7,5 mg

wird auf dem Bauch, der Hüfte oder dem Gesäß getragen und alle drei bis vier Tage gewechselt.

Die Medikamente können allein oder in Kombination mit Physiotherapie, Beckenbodentraining und einer der bereits besprochenen Verhaltenstherapien bei Harninkontinenz eingesetzt werden. Manchmal ist es eine Sache von Versuch und Irrtum, die individuell richtige Medikation zu finden. Und lassen Sie einem neu verschriebenen Medikament etwas Zeit, bevor Sie entscheiden, ob es Ihnen hilft oder nicht. Ich empfehle, es mit einem neuen Medikament mindestens einen Monat lang zu versuchen.

Operative Behandlung von Harninkontinenz

Bei Belastungsinkontinenz können der Blasenhals und die Harnröhre operativ wieder aufgerichtet und in ihre normale Position gebracht werden. Die bekanntesten drei chirurgischen Eingriffe zur Behandlung von Harninkontinenz sind Blasenhalssuspension, Schlingenverfahren und spannungsfreies Vaginalband (nach der englischen Bezeichnung *tension-free vaginal tape* kurz TVT-Operation genannt), ein neuerer, weniger invasiver Eingriff. Welches Verfahren man wählt, hängt von einer ganzen Reihe individueller Faktoren ab. Wenn Sie eine Operation in Betracht ziehen, sprechen Sie mit Ihrem Chirurgen darüber, welche Form des Eingriffs für Ihren Fall am besten geeignet ist. Wie bei jedem Eingriff sollte man darauf achten, einen Chirurgen zu wählen, der speziell auf dem Gebiet der Inkontinenzchirurgie viel Erfahrung hat.

Blasenhalssuspension

Bei der Blasenhalssuspension (Suspension = Aufhängung) werden auf beiden Seiten der Harnröhre Nähte (kleine Stiche) angelegt, um eine wiegenartige Aufhängung zu schaffen, die an starken Bändern oder am Schambein verankert wird und die Harnröhre so stützt und stabilisiert. Dieser Eingriff kann mithilfe einer langen Nadel durch die Scheide oder durch einen Schnitt in der Bauchdecke erfolgen; andere Probleme im Beckenbereich (zum Beispiel ein Gebärmuttervorfall) können zur selben Zeit korrigiert werden. Eine Blasenhalssuspension erfordert einen kurzen Krankenhausaufenthalt, und schweres Heben bleibt im Allgemeinen mehrere Monate lang verboten.

Schlingenverfahren

Beim pubovaginalen Schlingenverfahren (von Pubis [Schambein] und Vagina [Scheide]) wird ein starkes Bindegewebeband aus einer anderen Körperregion (gewöhnlich aus der Bauchregion) verwendet, um unter Harnröhre und Blasenhals eine stützende Hängematte zu schaffen und so Harnverlust besonders bei körperlicher Belastung zu verhindern. Dieses Verfahren zur Behandlung von Harninkontinenz wird wegen seiner hohen Erfolgsrate häufig eingesetzt.

TVT-Operation

Das TVT-Verfahren (»spannungsfreies Vaginalband«) ist eine minimalinvasive Methode, das heißt sie ist wesentlich schonender als die beiden anderen Verfahren, die stets unter Vollnarkose durchgeführt werden müssen. TVT benötigt keinen Bauchschnitt und kann unter Lokalanästhesie durchgeführt werden; der Eingriff dauert nur etwa ein halbe Stunde. Daher erholen sich die Patientinnen in der Regel rasch, und es bleiben praktisch keine Narben zurück. TVT und ähnliche Verfahren sind allerdings relativ neu, und ob der Erfolg solcher Eingriffe von Dauer ist, muss sich erst noch zeigen. Bisher sind die Ergebnisse jedoch vielversprechend.

Implantate
Frauen, die unter einer Form der Belastungsinkontinenz leiden, die als intrinsische Sphinkterinsuffizienz (ISD, Schwäche von Harnröhrenmuskeln und/oder Blasenschließmuskel) bezeichnet wird, können unter Umständen von Füllsubstanzimplantaten profitieren, die vom Arzt in den Übergangsbereich Blase/Harnröhre gespritzt werden. Das eingespritzte Material füllt den Raum rund um die Harnröhre wie ein Polster auf, sodass sich die Harnröhre besser schließt. Eine derartige Muskelschwäche führt im Allgemeinen zu einem Harnverlust ohne eine Zunahme des Drucks im Bauchraum oder unwillkürliche Blasenkontraktionen. Die Muskulatur der Harnröhre ist ganz einfach schwach und kann, wenn sich die Blase füllt, nicht genügend Druck aufrechterhalten, um den Harn zurückzuhalten. Dieser Eingriff lässt sich unter örtlicher Betäubung ambulant durchführen.

Seit neuerem werden zwei Füllstoffe eingesetzt – Contigen und Durasphere. Die Behandlung mit Contigen oder Durasphere kann unter Umständen zeitweilig die normale Blasenentleerung beeinträchtigen, und Frauen, die derartige periurethrale Injektionen erhalten, werden gewöhnlich aufgefordert, so lange in der Praxis zu bleiben, bis sie erfolgreich Wasser gelassen haben. Nur Frauen mit einer intrinsischen Sphinkterinsuffizienz profitieren von periurethralen Injektionen, daher ist es wichtig sicherzugehen, dass die Diagnose stimmt, bevor man zu dieser Therapie greift.

Sakrale Neuromodulationstherapie

Die sakrale Neuromodulation (auch als sakrale Nervenstimulation [SNS] bezeichnet) ist eine relativ neue Entwicklung zur Behandlung schwerer Fälle von Dranginkontinenz (siehe Abbildung 42). InterStim, entwickelt von Medtronics und von der amerikanischen Gesundheitsbehörde 1997 zugelassen, verwendet ein kleines Gerät, um schwache elektri-

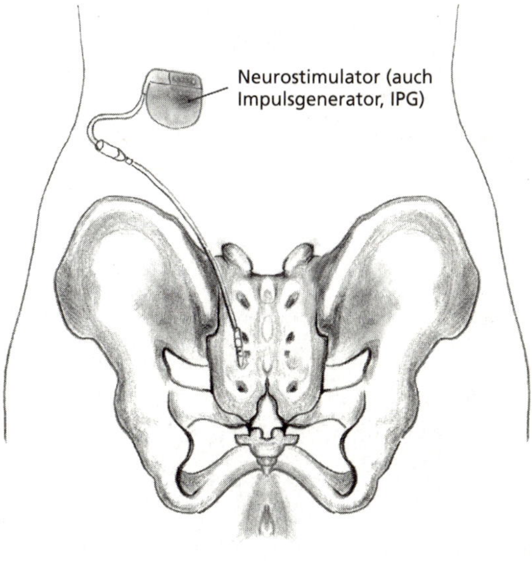

Abb. 42: Vorrichtung zur Sakralnervenstimulation (SNS)

Gegenwärtige Behandlungsmöglichkeiten für Harninkontinenz

Kategorie	*Beispiele*
Verhalten	Ernährung, Beckenbodentraining, Biofeedback, Blasentraining, Drangunterdrückung
Elektrostimulation	MTR-INKONTI plus
Hilfsmittel	Pessare
Medikamente	Dridase, Lyrinel, Kentera, Detrusitol, Vesikur, Emselex
Chirurgischer Eingriff	Blasenhalssuspension, Schlingenverfahren, spannungsfreies Vaginalband (TVT)
Sakrale Nervenstimulation	InterStim

sche Pulse zum Sakralnerv im unteren Bereich des Rückens (Kreuzregion) zu senden. Die elektrische Stimulation kann Blasenkrämpfe lindern oder beseitigen, welche bei Patientinnen, die auf konservativere Behandlung nicht reagieren, eine Blasenüberaktivität verursachen.

Bei dem operativen Eingriff werden Drähte durch Öffnungen im Becken und entlang der Sakralnerven geführt. Diese Drähte werden dann an ein kleines elektrisches Gerät, einen so genannten Neurostimulator angeschlossen, der die

Nerven kontinuierlich elektrisch anregt. Das System wird – ähnlich wie ein Herzschrittmacher – an Bauch oder Gesäß unter der Haut eingepflanzt. Bevor ein Dauergerät implantiert wird, geht eine Versuchsphase voraus, in der die Patientin ein externes Gerät benutzt. In dieser Versuchsphase führt die Patientin etwa eine Woche lang Tagebuch über ihre tägliche Blasenentleerung bzw. unkontrollierten Harnabgang. Dann wird das Gerät wieder entfernt, und die Patientin notiert erneut ihre tägliche Blasenentleerung. Wenn sich zeigt, dass die Situation mit Gerät eine merkliche Verbesserung darstellt, wird das Dauergerät implantiert.

Neue Entwicklungen bei der Behandlung von Harninkontinenz

Forscher in Europa und den Vereinigten Staaten berichten über faszinierende neue Entwicklungen bei der Behandlung von Dranginkontinenz. *Ein* interessanter und neuartiger Ansatz ist der Einsatz von Botulinumtoxin (Präparat: Botox). Kleine Mengen des Neurotoxins werden in mehrere Regionen der Blase gespritzt, um unerwünschte Blasenkontraktionen zu vermindern. Obwohl Botox weder in den USA noch in Deutschland bisher für diesen Zweck zugelassen ist, scheinen die Ergebnisse von Versuchen mit Botox zur Linderung von Dranginkontinenz vielversprechend. Erste Untersuchungen sprechen dafür, dass sich die Häufigkeit der Toilettengänge schon nach einwöchiger Behandlung verringert und es selten oder gar nicht mehr zu unkontrolliertem Harnabgang kommt. Unter Umständen müssen die Injektionen in regelmäßigen Anständen – etwa alle sechs Monate – wiederholt werden, doch einiges spricht dafür, dass sich die Wirkungen wiederholter Injektionen addieren (kumulativer Effekt), und es scheint nur wenig Nebenwirkungen zu geben.

Andere Forscher untersuchen die Wirkung von Capsaicin – des Scharfstoffs aus Chilischoten – bei der Behandlung von Dranginkontinenz oder wie sich kleine Medikamentendosen auswirken, die direkt in die Blase eingebracht werden.

Die gute Nachricht bei Harninkontinenz ist, dass es bei so vielen Behandlungsmöglichkeiten nicht nötig ist, still zu leiden. Auch wenn Inkontinenz häufig ist, ist sie nicht unabänderlich, sondern behandelbar. Also fassen Sie sich ein Herz! Sprechen Sie mit Ihrer Mutter, Ihrer Schwester, Ihrem Kirchenchor. Aber sprechen Sie vor allem mit Ihrem Arzt, und lassen Sie sich helfen.

Anmerkungen

Kapitel 2

Sechzig Jahre Hormonbehandlung: Wo stehen wir heute?

1 Feldman BM, Voda A und Gronseth E. The prevalence of hot flash and associated variables among perimenopausal women. *Res. Nurs. Health.* 1985; 8: 261–268.

2 Barrett-Connor E, Grady D. Hormone replacement therapy, heart disease and other considerations. *Annu Rev Publi. Health.* 1998; 19: 55–72; Grodstein E, Manson JE, Colditz GA et al. A prospective observational study of postmenopausal hormone therapy and primary prevention of cardiovascular disease. *Ann Intern Med.* 2000; 133: 933–41.

3 Stamper MJ, Willet WC, Colditz GA. et al. A prospective study of postmenopausal estrogen therapy and coronary heart disease. *N Engl. Med.* 1985; 313 (17): 1044–49.

4 Grady D, Gebretsadik T, Kerlikowske K et al. Hormone replacement therapy and endometrial cancer risk: a meta-analysis. *Obstet Gynecol.* 1995; 85: 304–13.

5 http://www.wyeth.com/about/period4.asp

6 Autorengruppe der PEPI-Studie. Effects of estrogen or estrogen/progestin regimens on heart disease risk factors in postmenopausal women. *JAMA* 1995; 273: 199–208.

7 Autorengruppe zum Thema hormonelle Faktoren bei Brustkrebs. Breast cancer and hormone replacement therapy: collaborative reanalysis of data from 51 epidemiological studies of 52 705 women with breast cancer and 108 411 women without breast cancer. *Lancet* 1997; 350: 1047–59.

8 Schairer C, Lubin J, Troisi R et al. Menopausal estrogen and estrogen-progestin replacement therapy and breast cancer risk. *JAMA* 2000; 283 (4): 485–91.

9 The Women's Health Initiative Steering Committee. Risks and benefits of estrogen plus progestin in healthy postmenopausal women. *JAMA* 2002; 288 (3): 321–33. Shumaker SA, Legault C, Rapp et al. Estrogen plus progestin and the incidence of dementia and mild cognitive impairment in postmenopausal women. *JAMA* 2003; 289 (20): 2651–62.

10 Hays J, Ockene JK, Brunner RL, et al. Effects of estrogen plus progestin on health related quality of life. *N Eng J Med.* 2003; 348 (19): 1839–54.

11 The Women's Health Initiative Steering Committee. Effects of conjugated equine estrogen in postmenopausal women with hysterectomy. *JAMA* 2004; 291 (14): 1701–12.

12 Grady D. Postmenopausal hormones-therapy for symptoms only. *N Engl J Med.* 2003. 8. Mai: 1835–37.

13 Grady D. 1835–37.

14 Chlebowski R, Hendrix SL, Langer RD, Stefanick M, Gass M, Lane D, Rodabough R, Gilligan MA, Cyr M, Thomson C, Khandekar J, Petrovitch H, McTiernan A. Influence of Estrogen plus Progestin on Breast Cancer and Mammography in Healthy Postmenopausal Women: the Women's Health Initiative Randomized Trial. *JAMA* 2003; 289: 3243–53.

Kapitel 3

Behandlung mit Pflanzen: Ost trifft West

1 Mills, S und Bone, K. *Principles and Practice of Modern Phytotherapy – Modern Herbal Medicine*. Churchill Livingstone. London, 2000, S. 421.

2 Mills, S. 40.

3 Duker, EM. et al. Effects of Extracts from *Cimicifuga racemosa* on Gona-

dotropin Release in Menopausal Women and Ovariectomized Rats. *Planta Medica* 1991; 57: 420–24.

4 Stoll, W. Phytotherapeutikum beeinflusst atrophisches Vaginalepithel: Doppelblindversuch Cimicifuga vs. Östrogenpräparat (»Phytotherapy influences atrophic vaginal epithelium-doubleblind study – Cimicifuga vs. estrogenic substances«). *Therapeutikon* 1987; 1: 23–31. Warnecke, G. Beeinflussung klimakterischer Beschwerden durch ein Phytotherapeutikum: Erfolgreiche Therapie mit Cimicifuga-Monoextrakt (»Influences of phytotherapy on menopausal syndrome: successful treatments with monextract of Cimicifuga«). *Medizinische Welt* 1985; 36: 871–74. Lehmann-Willenbrock, E, und Riedel, H. Klinische und endokrinologische Untersuchungen zur Therapie ovarieller Ausfallserscheinungen nach Hysterektomie unter Belassung der Adnexe (»Clinical and endocrinological examinations concerning climacter symptoms following hysterectomy with remaining ovaries«). *Zentralbl Gynäkol* (1988); 110, 611–18.

5 Jacobson, JS et al. Randomized Trial of Black Cohosh for the Treatment of Hot Flashes Among Women with a History of Breast Cancer. *J Clin Oncol.* (2001); 9 (10) 2739–45.

6 Fugh-Berman, A und Awang, D. Black cohosh. *Alternative Therapies in Women's Health* (2001); 3 (11) 81–85.

7 Upton, R. (Hrsg.). Black Cohosh Rhizome. *American Herbal Pharmacopoeia and Therapeutic Compendium.* Santa Cruz, CA, 2001.

8 Fugh-Berman, A. Herb-Drug Interactions. *Lancet* (2000): 355: 134–38.

9 Nestel, PJ, Pomeroy, S, Kay, S et al. Isoflavones from Red Clover Improve Systemic Arterial Compliance but not Plasma Lipids in Menopausal Women. *J Clin Endocrin Metabol.* (1999); 84 (3): 895–98.

10 Tice JA., Ettinger B, Ensrud K et al. Phytoestrogen supplements for the treatment of hot flashes: the Isoflavone Clover Extract (ICE) Study: a randomized controlled trial. *JAMA* 2003, 9. Juli; 290 (2): 207–14.

Kapitel 4

Die Wechseljahre mit Traditioneller Chinesischer Medizin bewältigen

1 Rossouw JE, Anderson GL, Prentice RL, LaCroix AZ, Kooperberg C, Stefanick ML, et al.: Risks and benefits of estrogen plus progestin in healthy postmenopausal women: Principal results from the Women's Health Initiative randomized controlled trial. *JAMA* 2002; 288 (3): 321–33.

2 Shumaker SA, Legault C, Thal L, Wallace RB, Ockene JK, Hendrix SL, et al. Estrogen plus progestin and the incidence of dementia and mild cognitive impairment in postmenopausal women: The Women's Health Initiative Memory Study: A randomized controlled trial. *JAMA* 2003; 289 (20): 2651–62.

3 Women's Health Initiative Steering Committee. Effects of conjugated equine estrogen in postmenopausal women with hysterectomy: The Women's Health Initiative randomized controlled trial. JAMA 2004; 291: 1701–12.

Kapitel 5

Phytoöstrogene und natürliche Hormone

1 Kuiper G, Carlsson B, Grandien K et al. Comparison of the ligand binding specificity and transcript tissue distribution of estrogen receptors alpha and beta. *Endocrinology* 1997; 138: 863–70.

2 Messina M, Loprinzi C. Soy for breast cancer survivors: A critical review of the literature. *J Nutr* 200 1; 3095S-3108S.

3 Cassidy A, Gingham S und N, Setchell K. Biological effects of a diet of soy protein rich in isoflavones on the menstrual cycle of premenopausal women. *Am J Clin Nutr* 1994; 60: 333–340.

4 Anderson J, Ambrose W und Garner S. Orally dosed genistein from

soy and prevention of cancellous bone loss in two ovariectomized rat models. *J Nutr.* 1995; 125: 799S.

5 Anderson J et al. *N Engl J Med* 1995; 333 (5): 276–82.

6 Han K, Soares J, Haidar M et al. Benefits of soy isoflavone therapeutic regimen on menopausal symptoms. *Am Coll Ob/Gyn* 2002; 99 (3): 389–40.

7 Walter S und Jensen H. The effect of treatment with oestradiol and oestriol on fasting serum cholesterol and triglyceride levels in postmenopausal women. *British J Obstet and Gyn* 1977; 84 (11): 869–72.

8 Follingstad A. Estriol, the forgotten estrogen? *JAMA* 1978; 239: 29–30.

9 Lippman M, Monaco M und Bolan G. Effects of estrone, estradiol, and estriol on hormone-responsive human breast cancer in long-term tissue culture. *Cancer Research* 1977; 37: 1901–07.

10 Lee J. *What Your Doctor May Not Tell You about Menopause*. New York: Warner Books, 1996.

11 Hirvonen E. Progestins. *Maturitas* 1996; 23: S13.

12 Adams M, Register T, Golden D et al. Medroxyprogesterone acetate antagonizes inhibitory effects of conjugated equine estrogens on coronary artery atherosclerosis. *Art Thrombo Vascu Biol* 1997; 17: 217.

13 Autorengruppe der PEPI-Studie. Effects of hormone replacement therapy on endometrial histology in postemenopausal women. The Postmenopausal Estrogen/ Progestin Interventions (PEPI) Trial. *JAMA* 1996; 275(5): 370–75.

14 Autorengruppe der PEPI-Studie. Effects of Hormone Therapy on Bone Mineral Density. Results From the Postmenopausal Estrogen/Progestin Interventions (PEPI) Trial. *JAMA* 1996; 276 (17). 1389–96.

15 Autorengruppe der PEPI-Studie. Effects of estrogen or estrogen/progestin regimens on heart disease risk factors in postmenopausal women. The Postmenopausal Estrogen/Progestin Interventions (PEPI) Trial. *JAMA* 1995; 273(3): 199–208.

16 Prometrium (progesterone, USP) Capsules. Prometrium-Kapseln, Packungsbeilage. Solvay Pharmaceuticals. 1998.

17 Dobay B, Balos R und Willard N. Improved menopausal symptom relief with estrogen-androgen therapy. Vorgestellt auf der Jahreskonferenz der nordamerikanischen Menopausegesellschaft (Annual Conference of the North American Menopause Society); Sept. 1996; Chicago, Illinois.

18 Watts N, Notelovitz M, Timmons M et al. Comparison of oral estrogens and estrogens plus androgen on bone mineral density, menopausal symptoms, and lipidlipoprotein profiles in surgical menopause. *Obstet Gynecol* 1995; 85: 529–37.

19 Rako S. *The Hormone of Desire*. New York: Harmony Books,1996.

Kapitel 6

Osteoporose im Alter ist vermeidbar

1 Dawson-Hughes B, Harris SS, Krall EA und Daltal GE. Effect of withdrawal of calcium and vitamin D supplements on bone mass in elderly men and women. *American Journal of Clinical Nutrition*. Sept. 2000, 72 (3): 745–50.

2 Sinaki M, Itoi E, Wahner HW, Wollan P, Gelzcer R, Mullan BP, Collins DA und Hodgson SE. Stronger back muscles reduce the incidence of vertebral fractures: a prospective 10 year follow-up of postmenopausal women. *Bone*. Juni 2002; 30 (6): 836–41.

Kapitel 7

Yoga für gesunde Knochen

1 Greendale GA et al. Yoga for Women with Hyperkyphosis: Results of a Pilot Study, *American Journal of Public Health*. Okt. 2002; 92: 1611–14.

2 Hopper JL und Seeman E. The Bone Density of Female Twins Discordant for Tobacco Use, *N Eng J Med.* 10. Feb. 1994; 330 (6): 387–92.

3 Michelson D, Stratakis C, Hill L, Reynolds J, Galliven E, Chrousos G, Gold P. Bone mineral density in women with depression. *N Eng J Med.* 17. Okt. 1996; 335 (16): 1176–81.

Kapitel 8

Harninkontinenz

1 Brown IS, Subak LL, Gras J, Brown BA, Kuppermann M und Posner SF. Urge incontinence: the patient's perspective. *J Womens Health.* Dez. 1998; 7 (10): 1263–69.

2 Brown JS, Vittinghoff E, Wyman JF, Stone KL, Nevitt MC, Ensrud KE und Grady D. Urinary incontinence: does it increase risk for falls and fractures? Study of Osteoporotic Fractures Research Group. *J Am Geriatr Soc.* Juli 2000; 48 (7): 721–25.

3 Brown JS, McGhan WF und Chokroverty S. Comorbidities associated with overactive bladder. *Am J Manag Care.* Juli 2000; 6 (11 Suppl): S574–79. Übersichtsartikel.

4 Hunskaar S, Arnold EP und Burgio, K. Epidermiology and natural history of urinary incontinence. *Int Urogynecol Journal,* 2000, 11: 301–19.

5 Niederstadt C.J. et al: Harninkontinenz. Z Allg Med 2004; 80: 523–28.

6 Brown JS, Seeley DG, Fong J, Black DM, Ensrud KE und Grady D. Urinary incontinence in older women: who is at risk? Study of Osteoporotic Fractures Research Group. *Obstet Gynecol.* Mai 1996; 87 (5 Pt 1): 715–21.

7 Subak LL, Johnson C, Whitcomb E, Boban D, Saxton J und Brown JS. Does weight loss improve incontinence in moderately obese women? *Int Urogynecol J Pelvic Floor Dysfunct.* 2002; 13 (1): 40–43.

8 Grady D, Brown JS, Vittinghoff E, Applegate W, Varner E und Snyder T; HERS-Forschungsgruppe. Postmenopausal hormones and incontinence: the Heart and Estrogen/Progestin Replacement Study. *Obstet Gynecol.* Jan. 2001; 97 (1): 116–20.

9 Grodstein F, Lifford K, Resnick NM und Curhan GC. Postmenopausal hormone therapy and risk of developing urinary incontinence. *Obstet Gynecol.* Feb. 2004; 103 (2): 254–60.

10 Bo K, Talseth T und Holme I. Single blind, randomised controlled trial of pelvic floor exercises, electrical stimulation, vaginal cones, and no treatment in management of genuine stress incontinence in women. *BMJ*. 20. Feb. 1999; 318 (7182): 487–93. Mclntosh LJ, Frahm JD, Mallett VT und Richardson DA. Pelvic floor rehabilitation in the treatment of incontinence. *J Reprod Med.* Sep. 1993; 38 (9): 662–66.

11 Fantl JA, Wyman JF, McClish DK, Harkins SW, Elswick RK, Taylor JR und Hadley EC. Efficacy of bladder training in older women with urinary incontinence. *JAMA*, 6. Feb. 1991; 265 (5): 609–13.

Register

Gesund jung bleiben

16726

16445

16444

Mosaik bei GOLDMANN